感谢扬州大学出版基金对本教材的资助

微观经济学
MICROECONOMICS

周春平 / 编著

经济管理出版社

图书在版编目（CIP）数据

微观经济学／周春平编著 .—北京：经济管理出版社，2020.9
ISBN 978-7-5096-7358-4

Ⅰ.①微… Ⅱ.①周… Ⅲ.①微观经济学—高等学校—教材 Ⅳ.①F016

中国版本图书馆 CIP 数据核字（2020）第 152415 号

组稿编辑：杨　雪
责任编辑：杨　雪　陈艺莹
责任印制：黄章平
责任校对：王纪慧

出版发行：经济管理出版社
　　　　　（北京市海淀区北蜂窝 8 号中雅大厦 A 座 11 层　100038）
网　　址：www.E-mp.com.cn
电　　话：（010）51915602
印　　刷：北京晨旭印刷厂
经　　销：新华书店
开　　本：787mm×1092mm/16
印　　张：14.25
字　　数：330 千字
版　　次：2020 年 11 月第 1 版　2020 年 11 月第 1 次印刷
书　　号：ISBN 978-7-5096-7358-4
定　　价：58.00 元

·版权所有　翻印必究·
凡购本社图书，如有印装错误，由本社读者服务部负责调换。
联系地址：北京阜外月坛北小街 2 号
电话：（010）68022974　邮编：100836

目前,国内微观经济学教材来源大致有两种:一种是由国内学者组织编写的本土教材,其优点是编写思路、语言风格比较适合中国学生阅读,主要不足在于教材多从概念、特点的阐述到意义、理论的分析,其间充斥各种复杂的公式与图表,学生阅读起来比较枯燥。另一种是国外翻译引进教材,其优点是容易让学生明白什么是经济学,也比较通俗易懂,但一般部头较大、内容庞杂,较难适合国内紧张的教学课时安排,同时,由于国内外教材语言表达上的文化差异以及忠于原版的生硬翻译,阅读起来并不轻松。本教材借鉴国外"贴近学生"的写法,力求通俗易懂,通过简单的例子和图表等,让学生轻松学习经济学。

正如本书第十一章所介绍的,经济学原理教材市场属于垄断竞争市场。不同的经济学原理教材有着大致相同的教学内容,不同教材具有很大的替代性和竞争性;但每本教材又与众不同,有着独特的写作风格,具有一定程度的垄断性,比如一位偏好曼昆《经济学原理》的读者选择其他作者的教材的可能性不大。在国内充满竞争的经济学原理教材市场中,笔者努力去做的就是尽可能的"与众不同",凸显本书的特色。

与现有教材相比,笔者认为本书有以下几方面特色:一是读者无须具备高等数学知识就可以轻松学习经济学原理,本书尽量避免使用高等数学知识,所以,数学不会成为本书读者学习经济学的门槛。二是语言文字轻松活泼,每一章开篇均配有精心设计的案例导入,书中尽量运用生活中的例子说明经济学基本原理,克服已有教材为了"案例而案例"的呆板做法。三是从资源配置效率这一微观经济学核心思想谋篇布局,让学生抓住经济学的核心思想和学习经济学的根本目的,而不是学完经济学只记得一些图表和公式。四是每章均配有适量的练习题,便于学生自学与复习巩固。

感谢扬州大学出版基金对本书的资助。感谢同事们对本书写作提出的宝贵意见,他们是陈杰、成新华、孙玉松、韩宏华、谭洪波、吉粉华、顾丽娟、卢宇峰、陈昊、陈曙东、黄杰、沈桂林、李春来、时磊、王兴稳、胡凤霞。感谢经济管理出版社杨雪编辑的热心支持，本书虽早已成稿，但出于种种原因一直未能如期出版，在经济管理出版社杨雪编辑的热情帮助下得以顺利出版，在此表示衷心感谢！

在写作过程中，笔者参阅了大量资料，在此对原作者表示衷心感谢。尽管笔者在写作过程中已经做到一丝不苟、字斟句酌，但难免存在疏漏之处，恳请读者批评指正，来信请发至电子信箱：yuzcp@163.com。

周春平

2020 年 2 月

第一章 导论

第一节 什么是经济学 / 001
一、生产可能性边界 / 001
二、经济学研究对象 / 004
三、什么是微观经济学 / 005

第二节 比较优势与贸易增益 / 006
一、绝对优势与比较优势 / 006
二、比较优势与贸易收益 / 007

复习思考题 / 009

第二章 需求、供给与均衡价格

第一节 需求 / 012
一、需求曲线 / 012
二、需求函数 / 015

第二节 供给 / 016
一、供给曲线 / 016
二、供给函数 / 018

第三节 需求与供给共同作用——均衡 / 019
一、均衡 / 019
二、均衡的变动：对均衡的冲击 / 021
三、均衡变动的数学分析 / 023

第四节 管制价格：政府干预的后果 / 024
一、最高限价 / 024
二、最低限价 / 025

复习思考题 / 026

第三章 弹性

第一节 需求弹性 / 029
一、需求量对价格变动的敏感度：需求的价格弹性 / 029
二、需求量对其他商品价格变动的敏感度：需求的交叉价格弹性 / 034
三、需求量对收入变动的敏感度：需求的收入弹性 / 034
四、需求的价格弹性与销售收入 / 035

第二节 供给弹性 / 037
一、供给曲线上两点之间的弹性 / 037
二、线性供给曲线上各点的弹性 / 038
三、影响供给的价格弹性的因素 / 040

复习思考题 / 041

第四章 消费者行为理论

第一节 基数效用论 / 044
一、边际效用递减规律 / 044
二、效用最大化 / 045
三、需求曲线向下倾斜 / 047

第二节 无差异曲线 / 048
一、偏好 / 049
二、无差异曲线 / 049
三、边际替代率 / 051

第三节 预算线 / 053
一、什么是预算线 / 053
二、价格变化、收入变化对消费的影响 / 054

第四节 最优消费组合 / 055
一、效用最大化的消费组合 / 055
二、偏好与选择 / 056
三、替代品与互补品的选择 / 057

第五节 需求曲线的推导 / 059
一、价格变化对消费者均衡的影响 / 059
二、收入变化对消费者均衡的影响 / 060

目 录

　　第六节　价格变化的影响：替代效应和收入效应 / 063

　　　　一、正常商品的替代效应和收入效应 / 063

　　　　二、低档商品的替代效应和收入效应 / 064

　　复习思考题 / 065

第五章　生产函数

　　第一节　投入与产出 / 068

　　　　一、生产函数 / 068

　　　　二、技术效率与经济效率 / 069

　　　　三、时期与投入的变动 / 071

　　第二节　短期生产：一种可变投入与一种固定投入 / 071

　　　　一、短期生产函数 / 071

　　　　二、短期产量曲线之间的关系 / 073

　　　　三、边际报酬递减规律 / 074

　　　　四、短期生产的合理投入区间 / 075

　　第三节　长期生产：两种可变投入 / 076

　　　　一、等产量曲线 / 076

　　　　二、投入的替代 / 078

　　　　三、规模收益 / 080

　　复习思考题 / 081

第六章　成本

　　第一节　短期生产成本 / 084

　　　　一、从短期生产函数到短期总成本函数 / 084

　　　　二、企业短期成本的类型 / 085

　　　　三、企业短期成本曲线之间的关系 / 087

　　　　四、企业短期成本曲线的形状 / 088

　　第二节　长期生产成本 / 091

　　　　一、等成本线 / 091

　　　　二、成本最小化 / 092

　　　　三、长期成本曲线 / 094

　　复习思考题 / 098

第七章　完全竞争市场

第一节　完全竞争厂商的需求曲线 / 101
一、利润最大化目标 / 101
二、完全竞争厂商的需求曲线 / 103

第二节　完全竞争厂商的短期生产 / 104
一、厂商追求利润最大化的条件 / 104
二、完全竞争厂商短期生产中的盈利与亏损 / 106
三、单个厂商的短期供给曲线 / 108
四、完全竞争市场的短期供给曲线 / 110

第三节　完全竞争厂商的长期生产 / 111
一、厂商对最优生产规模的选择 / 111
二、厂商进出一个行业 / 112

第四节　竞争与效率 / 113

复习思考题 / 114

第八章　消费者剩余与生产者剩余

第一节　消费者剩余与生产者剩余 / 117
一、消费者剩余 / 117
二、生产者剩余 / 120
三、竞争性均衡与效率 / 122

第二节　价格管制与社会福利损失 / 123
一、价格上限与社会福利损失 / 123
二、价格下限与社会福利损失 / 124

第三节　税收与社会福利损失 / 126
一、税收的分摊 / 126
二、税收与无谓损失 / 128

第四节　国际贸易的收益 / 130
一、进口、出口对社会福利的影响 / 130
二、关税降低了总剩余 / 132

复习思考题 / 134

第九章　一般均衡和经济福利

第一节　一般均衡 / 136
一、局部均衡分析与一般均衡分析 / 136
二、两个相互依赖的市场——向一般均衡移动 / 137
三、一般均衡的实现 / 138

第二节　交易的效率 / 138
一、两人间的交易帕累托效率 / 138
二、竞争性市场的交易效率 / 141

第三节　生产的效率 / 141
一、两人间生产的帕累托效率 / 141
二、竞争性市场的生产效率 / 143

第四节　产出组合的效率 / 143
一、生产可能性边界 / 143
二、有效的产出组合 / 145
三、竞争与有效产出组合 / 146

第五节　市场为什么会失灵 / 147
一、垄断 / 147
二、不完全信息 / 147
三、外部性 / 147
四、公共物品 / 148

复习思考题 / 148

第十章　垄断

第一节　垄断的成因 / 150
一、垄断厂商的需求曲线 / 150
二、垄断形成的原因 / 151

第二节　垄断厂商的利润最大化 / 152
一、垄断厂商的收益曲线 / 152
二、垄断厂商的价格或产量决策 / 155
三、垄断与完全竞争的比较 / 156

第三节　垄断与公共政策 / 157
一、垄断造成福利净损失 / 157
二、对垄断厂商的最优管制价格 / 158

三、对自然垄断的价格管制 / 159

第四节　价格歧视 / 160

一、价格歧视的原因和条件 / 160

二、一级价格歧视 / 162

三、二级价格歧视 / 164

四、三级价格歧视 / 165

复习思考题 / 167

第十一章　寡头垄断和垄断竞争

第一节　市场结构的类型 / 170

一、在完全竞争和垄断之间：寡头垄断与垄断竞争 / 170

二、市场结构的类型 / 171

第二节　寡头垄断 / 172

一、什么是寡头垄断 / 172

二、古诺模型 / 172

三、斯塔克伯格模型 / 175

四、双头垄断下的各种均衡比较 / 176

第三节　垄断竞争 / 177

一、什么是垄断竞争 / 177

二、垄断竞争厂商短期均衡 / 178

三、垄断竞争厂商长期均衡 / 179

四、垄断竞争与完全竞争比较 / 180

复习思考题 / 181

第十二章　要素市场与收入分配

第一节　要素的价格决定与要素收入 / 185

一、生产要素的种类 / 185

二、要素的价格与要素收入 / 186

第二节　劳动市场 / 187

一、利润最大化与劳动投入 / 187

二、劳动的需求曲线 / 189

三、劳动的供给曲线 / 192

四、劳动市场的均衡 / 194

第三节 资本市场 / 195

　　一、资本需求的原则 / 195

　　二、投资需求曲线 / 195

第四节 土地市场 / 196

　　一、土地市场的均衡 / 196

　　二、经济租金 / 197

复习思考题 / 199

第十三章 外部性与公共物品

第一节 外部性 / 201

　　一、外部性的含义与类型 / 201

　　二、负外部性与资源配置效率 / 202

　　三、正外部性与资源配置效率 / 203

　　四、外部性的解决办法 / 204

第二节 公共物品 / 207

　　一、不同类型的物品 / 207

　　二、公共物品与市场失灵 / 208

　　三、公共物品的供给 / 209

复习思考题 / 210

参考文献 / 213

第一章

导论

进入大学后,你可能面临很多选择。周末,你是选择寻找一份兼职工作获得额外报酬,还是选择看书提升你的知识水平?毕业后,你是选择读研还是选择就业?在日常生活中,我们处处面临着权衡取舍。由于时间是宝贵的,你现在就要选择是看微观经济学还是学习英语,抑或是看一场你期待已久的电影。也就是说,你要选择如何配置你的时间资源。

经济学是研究稀缺资源如何在多种用途之间进行配置的科学。通过本章的学习,你将知道:什么是经济学,市场主体之间贸易的基础是什么,人们如何从贸易中获益。

第一节 什么是经济学

一、生产可能性边界

1. 资源与稀缺

稀缺是经济学之母。如果不用工作就可以得到想要的衣服、食品、车子和房子,那么,现实生活中就不存在经济问题。然而,大部分物品都是稀缺的,我们并不能自由地获得所需要的物品。经济学就是研究消费者或者企业如何配置有限的资源,让自己的状况变得更好。那么,什么是资源呢?资源是那些可以用来生产商品和服务的物品,包括劳动、土地、资本和企业家才能。

(1)劳动是人们为生产物品和劳务付出的时间和努力。比如,那些在农场、建筑工地、工厂、商店工作的人所付出的体力和脑力。劳动的质量取决于人力资本的水平。人力资本是人们从教育、在岗培训和工作经历中获得的知识与技能。比如,学习经济学也是在积累人力资本,是为了将来能获得更高的劳动报酬。

(2) 土地是人们日常所说的自然禀赋。比如石油、水、空气、矿藏、土地、森林等。

(3) 资本是用来生产其它物品的物品。比如工具、机器、厂房等。

(4) 企业家才能是把土地、劳动和资本组织起来的人力资源。

在某个特定时间内，一个社会的劳动、土地、厂房和机器等资源是有限的。当把土地用于修建房屋，就不能用来生产粮食；当把时间用来学习经济学，就不能用来学习英语或者听音乐。总之，当把资源用于某个特定用途，就不能用于其他用途。因此，稀缺的资源必须得到有效配置。而且，富人与穷人一样，都面临着稀缺与资源配置问题。一个囊中羞涩的人，需要考虑把不多的钱用来购买食品还是换一部心仪已久的手机；投资大师巴菲特也要考虑把10亿美元存入银行还是购买苹果公司的股票。

2. 什么是生产可能性边界

生产可能性边界是一个能帮助我们很好地理解资源配置问题的简单模型。它既可以用来解释个人或者企业的行为选择，也可以用来解释一个经济体如何配置资源。**生产可能性边界是指在既定的资源和技术条件下，充分利用现有资源，一个经济体所能得到的两种产品的最大产出组合。**

很显然，生产可能性边界模型隐含了一些假设：①假定一个经济体资源的数量与技术是不变的。②假定一个经济体仅仅生产两种产品：黄油与大炮。③黄油满足吃的需要，大炮满足安全的需要。尽管这些假设并不符合现实，但是根据这些假设可以得出关于稀缺资源配置的有价值分析。经济学家通过假设，可以使复杂的世界简单化，并使得解释这个世界更为容易①。

假定一个经济体在现有资源禀赋及技术条件下，能够生产的黄油与大炮的组合如表1-1所示。A组合表示资源得到有效配置，经济体最多可以生产10亿千克黄油，而不生产大炮；B组合表示最多可以生产9亿千克黄油和10万门大炮；E组合表示最多可以生产40万门大炮，而不生产黄油。

表1-1 某经济体的生产可能性组合

组合	A	B	C	D	E
黄油（亿千克）	10	9	7	4	0
大炮（万门）	0	10	20	30	40

请仔细观察表1-1，当经济体从B组合移动到C组合，也就是把大炮的产量从10万门增加到20万门，必须放弃多少黄油呢？显然，必须放弃2亿千克黄油。所放弃的2亿千克黄油，就是经济体多生产10万门大炮的机会成本。**机会成本是指当把资源用于生产某种产品时，所放弃的另一种产品的数量。**类似地，当经济体从C组合移动到D组合，多生产10万门大炮的机会成本是3亿千克黄油。

---

① 经济学家在研究经济问题、构建理论模型时，通常会做出一些假定，既然是假定，就一定不符合现实。这样处理只是为了分析问题的简便，但并不影响理论模型的解释力。

接下来，用一张二维平面图来表示生产可能性边界，如图 1-1 所示，横轴表示大炮的数量，纵轴表示黄油的数量，根据表 1-1 中的数据画出生产可能性边界。生产可能性边界把第一象限划分成了三个部分：

（1）生产可能性边界上的组合，如 A、B、C。这些组合表示资源得到充分利用，经济体所能生产的产出，也称为有效率的产出。不减少黄油的生产，就不能增加大炮的生产，经济体就达到了生产效率。也就是说，当生产有效率时，经济体处于生产可能性边界上。

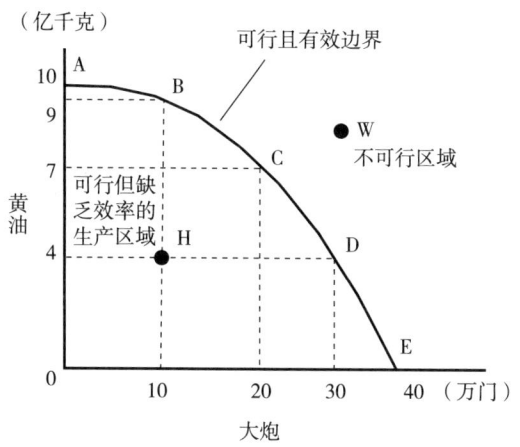

图 1-1　生产可能性边界

（2）生产可能性边界以内的组合，如 H。这些组合表示社会的资源没有得到充分利用，存在闲置的情形，称为无效率的产出。

（3）生产可能性边界以外的组合，如 W。这些组合表示在既定的资源与技术约束下，经济体不能达到的产出。

任何一项经济活动都存在机会成本，要增加一种产品的生产就必须减少另一种产品的生产，因此，图 1-1 中的生产可能性边界向右下方倾斜。经济体要增加大炮的生产就必须放弃一定数量黄油的生产，增加 1 万门大炮的生产所放弃的黄油的数量，就是生产这 1 万门大炮的机会成本。

3. 生产可能性边界的形状

在生产可能性边界的左上方，经济体生产的大炮比较少，而黄油比较多，此时，增加 1 万门大炮的生产需要放弃的黄油比较少。当沿着生产可能性边界向右下方移动时，经济体生产的大炮越来越多，黄油越来越少，这时，再增加 1 万门大炮的生产需要放弃的黄油比较多。如图 1-2（a）所示，从生产可能性边界上的 A 组合移动到 E 组合的过程中，增加第 1 个 10 万门大炮的生产需要放弃 1 亿千克黄油，增加第 2 个、第 3 个、第 4 个 10 万门大炮的生产，分别需要放弃 2 亿千克、3 亿千克、4 亿千克的黄油。每增加 1 个 10 万门大炮的生产，所需要放弃的黄油的数量是递增的。**正是由于生产一种物品的机会成本递增，生产可能性边界向外凸。**

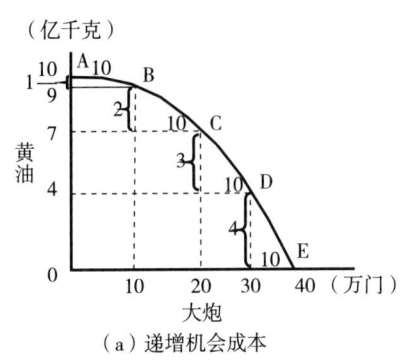 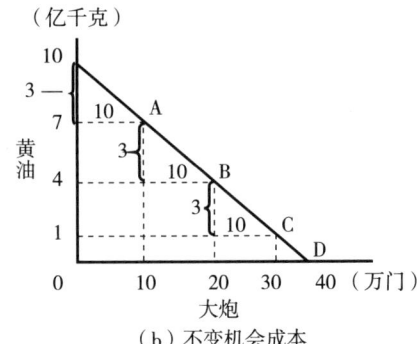

图 1-2　递增与不变的机会成本

那么，为什么生产大炮的机会成本是递增的呢？原因在于，当生产的大炮比较少而黄油比较多的时候，最有效的做法是，把黄油生产中价值相对较低的资源转移到大炮的生产中来，将那些最有效率的资源用于生产黄油。但随着资源不断从黄油的生产转移到大炮的生产，社会不得不把黄油生产中价值较高的资源用来生产大炮，从而必须放弃越来越多的黄油。

图 1-2(b) 显示了另一种特殊情况。在经济体从 A 组合移动到 C 组合的过程中，增加第 1 个 10 万门大炮的生产需要放弃 3 亿千克黄油，增加第 2 个、第 3 个 10 万门大炮的生产，同样需要放弃 3 亿千克黄油。每增加 1 个 10 万门大炮的生产，需要放弃的黄油的数量不变。由于生产大炮的机会成本不变，生产可能性边界的斜率为常数，其形状就是线性的。

生产可能性边界模型还可以帮助我们理解什么是经济增长。在生产可能性边界模型中，经济增长意味着生产可能性边界向右移动，经济体能够有更多的产出。经济增长的源泉为：一是更多的资源投入生产得到更多的产出，比如劳动、土地、资本等投入增加。二是提高社会生产力，同样的资源投入生产得到更多的产出，比如工人得到更好的培训，单位时间的产出增加；合理施肥与改良种子，每亩土地的产出增加；等等。

二、经济学研究对象

1. 选择与经济学

根据生产可能性边界，一个经济体必须选择在哪个组合生产，是选择 B 组合还是 C 组合？或者其他某一个组合？这是一个经济体需要做出的选择。**选择是指一个经济体如何利用既定的资源去生产经济物品，最大限度地满足人们的欲望和需求**。选择包括三个方面的问题：

(1) 生产什么。用既定的资源生产大炮还是黄油？生产多少大炮和多少黄油？

(2) 如何生产。由谁来生产黄油？谁来生产大炮？用什么资源、技术生产？生产方法实际就是如何对各种生产要素进行组合。不同方法可以达到相同的产量，但经济效率并不相同。

（3）为谁生产。生产出来的产品如何分配？谁来享用生产出来的产品？比如：教师、运动员、快递员、医生，谁应当得到更高的收入？

选择的三个问题称为经济学的基本问题即资源配置问题。资源配置问题在今天和人类文明之初同样重要和关键，经济学正是为了解决资源配置问题而产生的。**经济学研究的对象就是由稀缺性而引起的选择问题即资源配置问题。**也正是在这个意义上，将经济学定义为研究稀缺资源在各种可供选择的用途之间进行分配的科学。

在市场经济体制下，资源如何配置或者说如何解决选择的三个方面的问题呢？**市场经济是这样一种经济：在这种经济中，生产什么、如何生产、为谁生产等有关资源配置的问题主要由市场供需决定。**在市场经济下，生产什么取决于消费者的货币选票，如何生产取决于不同生产者之间的竞争，为谁生产取决于消费者为市场提供的生产要素的数量和价格。

2. 规范分析与实证分析

临近大学毕业，大学生需要在读研与就业之间做出选择。当然，不同的人会有不同的选择。有人认为，学历对未来发展更重要，这样他就应该选择读研；有人认为，读研的机会成本很高，就业不仅可以减轻经济压力，而且积累工作经验对未来的发展同样重要，这样他就应该选择就业。

像这样分析经济社会问题时，以一定的伦理信条和价值判断为基础，研究社会经济系统应该如何运行，个体应当如何作为，侧重回答"应该是什么"的问题，称为规范分析。例如，穷人必须工作才能得到政府的帮助吗？应该提高失业率以确保通货膨胀不会迅速上升吗？由于这些问题涉及伦理、价值而非事实本身，答案也就无所谓正确或错误，它们只能依靠政治辩论和决策来解决，而不能仅仅依靠经济分析。

与规范分析相对应的是实证分析。**实证分析排除一切价值判断，只研究经济现象的内在规律，分析经济变量之间的关系，并用于进行分析和预测，侧重回答"是什么"的问题。**比如，研究历届奥运获得的金牌数与GDP总量之间的关系可以发现，随着综合国力的提升，中国获得的奥运金牌数与GDP总量之间呈正相关关系，这样的分析便是实证分析。再比如，新冠肺炎疫情对人们的消费习惯影响如何？钱能带来幸福吗？尽管这些问题很难回答，但只要利用数据进行分析以及经验例证就可以找到答案。

三、什么是微观经济学

微观经济学以单个经济单位为研究对象，通过研究个体的经济行为和相应的经济变量单项数值的决定，说明价格机制如何配置资源。亚当·斯密被认为是微观经济学的创始人。亚当·斯密在《国富论》中考察了物品价格的形成，以及土地、劳动和资本的价格如何决定等问题，揭示了市场机制的好处和弊端，说明了"看不见的手"在资源配置中的作用。微观经济学研究单个消费者和生产者的决策，侧重分析价格在资源配置中的作用，买者和卖者的行为如何决定价格，以及价格如何影响买者和卖者的决策与行为，因此，微观经济学也被称为价格理论。

微观经济学在研究个体的行为时，**假定消费者和厂商都是理性的经济人**。理性是指选择者选择最好的手段实现其目的的能力。显然，现实中的人并不具备这样的能力，个体不是完全理性的，而是有限理性的。经济人还具有利己的特征，他们关注自身的利益。消费者追求效用最大化，生产者追求利润最大化，每个人都追求自身利益最大化，最终实现整个社会的利益最大化。

第二节 比较优势与贸易增益

一、绝对优势与比较优势

1. 绝对优势

前面我们提到，生产可能性边界模型能够帮助我们理解什么是经济增长。在生产可能性边界模型中，经济增长意味着生产可能性边界向右移动，经济体能够有更多的产出。更多的资源以及更高的社会生产力都可以实现经济增长。

贸易是生产可能性边界向右移动、增加产出的另一条途径。一个经济体专注于生产比较擅长的产品，并与其他经济体生产的产品交换，该经济体就可以获得更高的产出水平、实现经济增长。接下来，我们讨论贸易的基础是什么，经济体如何从贸易中获益。

与自给自足所有产品相比，一个经济体集中资源从事专业化生产将生产出更多产品，这被称为贸易收益。**与另一个经济体相比，某一经济体用较少的资源生产相同的产品，该经济体在生产该产品上就具有绝对优势**。比如，假定中国生产一件衬衫需要2小时劳动，美国生产一件衬衫需要3小时劳动，那么，中国在生产衬衫方面具有绝对优势。

2. 比较优势

事实上，即使某个国家在所有方面的生产力都比另一个国家高，这种贸易收益也是存在的，这便是19世纪英国经济学家大卫·李嘉图提出的比较优势理论。比较优势取决于机会成本，因此，分析贸易收益要从机会成本的概念着手。

从前面的分析中我们知道，一般情况下，生产可能性边界向右上方凸出，也就是说，生产一种产品的机会成本是递增的。在分析贸易收益时，假定生产一种产品的机会成本不变，生产可能性边界是线性的。当然，不管产品的机会成本是递增还是不变，都可以得出相同的结论，即贸易可以使双方获益，之所以这样假定，只是为了分析问题的简便。

假定日本和美国都可以生产黄油和大炮，如表1-2所示，对日本来说，利用现有资源最多可以生产5亿千克黄油或者10万门大炮；对美国来说，利用现有资源最多可以生产10亿千克黄油或者40万门大炮。显然，与日本相比，美国在生产黄油和大炮方面都具有绝对优势。那么，美国和日本能不能通过贸易获益呢？答案是，当然可以。因为，贸易的基础不在于绝对优势，而在于比较优势。

表 1-2　日本和美国生产黄油与大炮的最大产量

	黄油（亿千克）	大炮（万门）
日本	5	10
美国	10	40

根据表 1-2 中的数据，可以计算出美国和日本生产大炮与黄油的机会成本。某一特定资源既可以用来生产黄油，也可以用来生产大炮。生产大炮的机会成本就是放弃黄油的数量，同样，生产黄油的机会成本就是放弃大炮的数量。**机会成本是一种比率，它是沿着生产可能性边界移动时一种产品的减少量除以另一种产品的增加量。**生产产品 A 的机会成本可以用放弃的其他产品的产量除以产品 A 的增加量来表示，即

$$产品\ A\ 的机会成本 = \frac{放弃的其他产品的产量}{产品\ A\ 的增加量} \qquad (1-1)$$

对日本来说，将资源用来生产 5 亿千克黄油，就要放弃 10 万门大炮，那么，生产 1 亿千克黄油的机会成本就是 2 万门大炮。反之，将资源用来生产 10 万门大炮，就要放弃 5 亿千克黄油，那么，生产 1 万门大炮的机会成本就是 0.5 亿千克黄油。

对美国来说，将资源用来生产 10 亿千克黄油，就要放弃 40 万门大炮，那么，生产 1 亿千克黄油的机会成本就是 4 万门大炮。反之，将资源用来生产 40 万门大炮，就要放弃 10 亿千克黄油，那么，生产 1 万门大炮的机会成本就是 0.25 亿千克黄油。表 1-3 反映了日本和美国生产黄油和大炮的机会成本。

表 1-3　日本和美国生产黄油与大炮的机会成本

	日本的机会成本	美国的机会成本
1 亿千克黄油	2 万门大炮	4 万门大炮
1 万门大炮	0.5 亿千克黄油	0.25 亿千克黄油

通过计算生产某种产品的机会成本，可以分析某一经济体的比较优势。**一个经济体生产某种产品具有更低的机会成本，该经济体在这种产品生产上就具有比较优势**。虽然美国在生产黄油和大炮两种产品上都比日本具有绝对优势，但是，日本生产黄油的机会成本比美国低，在生产黄油方面具有比较优势，美国生产大炮的机会成本比日本低，在生产大炮方面具有比较优势。同一生产者可能同时在两种物品上都具有绝对优势，但不可能同时在两种物品上都具有比较优势。绝对优势反映了生产力的高低，比较优势反映了相对机会成本的高低。

二、比较优势与贸易收益

接下来，运用生产可能性边界模型与比较优势理论，分析日本和美国是如何从贸易

中获益的。图1-3（a）中生产可能性边界的斜率为0.5，这意味着，日本增加1万门大炮的生产需要放弃0.5亿千克黄油，也就是说，日本生产1万门大炮的机会成本是0.5亿千克黄油。由于生产可能性边界是线性的，日本生产大炮的机会成本是不变的。图1-3（b）中生产可能性边界的斜率为0.25，这意味着，美国增加1万门大炮的生产需要放弃0.25亿千克黄油，也就是说，美国生产1万门大炮的机会成本是0.25亿千克黄油。由于生产可能性边界是线性的，美国生产大炮的机会成本也是不变的。

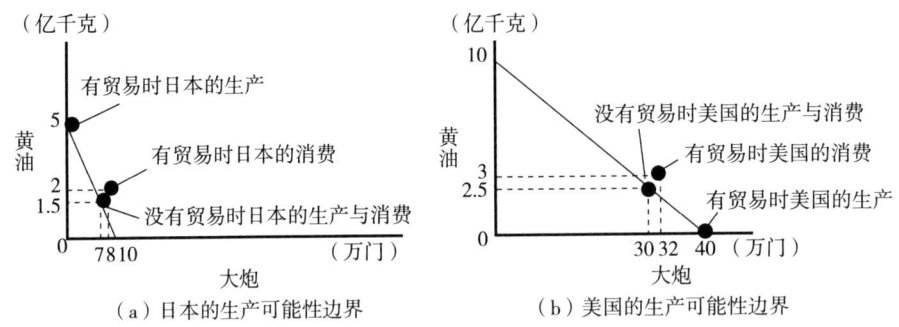

图1-3 日本与美国的生产可能性边界

如果没有国际贸易，两个国家都自给自足，那么，每个国家就只能在各自的生产可能性边界上生产和消费。比如，日本可以选择生产7万门大炮和1.5亿千克黄油，美国可以选择生产30万门大炮和2.5亿千克黄油。现在的问题是，两个国家能否通过专业化分工与贸易获得好处呢？答案是肯定的。

日本在生产黄油方面具有比较优势，专门从事黄油的生产，可以生产5亿千克黄油，然后，将其中的3亿千克黄油给美国；美国在生产大炮方面具有比较优势，专门从事大炮的生产，可以生产40万门大炮，然后，将其中的8万门大炮给日本。结果如表1-4所示，通过专业化分工和国际贸易，日本消费8万门大炮、2亿千克黄油，与没有贸易的情形相比，分别增加了1万门大炮和0.5亿千克黄油；美国消费32万门大炮、3亿千克黄油，与没有贸易的情形相比，分别增加了2万门大炮和0.5亿千克黄油。

表1-4 美国和日本如何从贸易中获得收益

国家	产品	没有贸易		有贸易		贸易收益
		生产	消费	生产	消费	
日本	大炮（万门）	7	7	0	8	+1
	黄油（亿千克）	1.5	1.5	5	2	+0.5
美国	大炮（万门）	30	30	40	32	+2
	黄油（亿千克）	2.5	2.5	0	3	+0.5

通过专业化分工，各自生产擅长的产品，并进行贸易，两个国家的福利都得到了改善。尽管我们将日本和美国生产黄油和大炮的例子做了很大程度的简化，但仍然可以得出适用于现实经济的一些重要原理。

第一，贸易可以增进彼此的福利。只要国家之间同意专业化分工，并相互为对方提供产品，就可以生产出更多的产品。与自给自足相比，双方的福利都得到了改善。

第二，贸易的基础不在于绝对优势，而在于比较优势。在前面的例子中，美国在大炮与黄油的生产上都比日本要好。利用现有资源，美国不仅可以生产更多的大炮，而且可以生产更多的黄油。美国在大炮与黄油生产方面都具有绝对优势，然而，在同日本的交易中是不是就不能获得好处呢？答案是否定的。美国在同日本的交易中确实获得了好处，因为双方获益的基础是比较优势而不是绝对优势。

在生产黄油方面，美国具有绝对优势但不具有比较优势，因为美国生产黄油的机会成本比较高；日本不具有绝对优势但具有比较优势，因为日本生产黄油的机会成本比较低。

在生产大炮方面，美国不仅具有绝对优势而且具有比较优势，因为美国生产大炮的机会成本比较低；日本既不具有绝对优势也不具有比较优势，因为日本生产大炮的机会成本比较高。因此，美国专门生产大炮、日本专门生产黄油，并进行交易，双方都可以获益。

复习思考题

1. 术语和概念

生产可能性边界；机会成本；规范分析；实证分析；绝对优势；比较优势

2. 选择题

(1) 资源稀缺性意味着生产可能性边界是_____。

A. 向外凸的　　　　　　　　B. 线性的

C. 向下倾斜的　　　　　　　D. 向上倾斜的

(2) 生产效率意味着_____。

A. 稀缺性不再是一个问题

B. 在增加一种物品生产的同时又不减少另一种物品的生产是不可能的

C. 在生产中，尽可能少地使用资源

D. 增加1单位某种产品的生产没有机会成本

(3) 生产可能性边界的形状向外凸，_____。

A. 是由于资本积累

B. 反映了生产中技术的不均衡应用

C. 说明增加横轴所衡量的物品的生产不会产生机会成本，而增加纵轴所衡量的物品的生产会产生机会成本

D. 是由于生产中存在机会成本递增

(4) 为了实现贸易收益最大化，人们应该根据_____实行专业化分工。

A. 产权 　　　　　　　　　　　B. 生产可能性边界
C. 绝对优势 　　　　　　　　　D. 比较优势

（5）老张一天可以洗车 45 辆，或者修理草坪 15 亩。老王一天可以洗车 40 辆，或者修理草坪 10 亩。下面关于绝对优势的描述，正确的是_____。
  A. 老张在洗车和修理草坪方面都具有绝对优势
  B. 老张只在洗车方面具有绝对优势
  C. 老张只在修理草坪方面具有绝对优势
  D. 老王在洗车和修理草坪方面都具有绝对优势

（6）老张一天可以洗车 45 辆，或者修理草坪 15 亩。老王一天可以洗车 40 辆，或者修理草坪 10 亩。那么，老张_____。
  A. 在洗车和修理草坪方面都具有比较优势
  B. 只在洗车方面具有比较优势
  C. 只在修理草坪方面具有比较优势
  D. 在洗车和修理草坪方面都不具有比较优势

（7）老张一天可以洗车 45 辆，或者修理草坪 15 亩。老王一天可以洗车 40 辆，或者修理草坪 10 亩。那么，老王_____。
  A. 在洗车和修理草坪方面都具有比较优势
  B. 只在洗车方面具有比较优势
  C. 只在修理草坪方面具有比较优势
  D. 在洗车和修理草坪方面都不具有比较优势

（8）老张一天可以洗车 45 辆，或者修理草坪 15 亩。老王一天可以洗车 40 辆，或者修理草坪 10 亩。那么，老张和老王_____。
  A. 都可以从交易中获益，如果老张专门从事修理草坪，而老王专门从事洗车的工作
  B. 都可以从交易中获益，如果老张专门从事洗车，而老王专门从事修理草坪的工作
  C. 可以进行交易，但是，只有老张会从交易中获益
  D. 可以进行交易，但是，只有老王会从交易中获益

（9）一个国家，_____能够在其生产可能性边界之外的点上进行生产。
  A. 在同其他国家贸易时 　　　　B. 在尽可能有效地生产物品时
  C. 在没有失业时 　　　　　　　D. 没有任何时候

（10）一个国家，_____能够在其生产可能性边界之外的点上进行消费。
  A. 在同其他国家贸易时 　　　　B. 在尽可能有效地生产物品时
  C. 在没有失业时 　　　　　　　D. 没有任何时候

3. 分析讨论题

（1）什么是机会成本？你玩 1 小时手机游戏的机会成本是什么？

（2）假设你和室友平时都可以做蛋糕和饮料来度过愉快的周末。你制作 1 块蛋糕需要 1 个小时，制作 1 瓶饮料需要 2 个小时；你的室友制作 1 块蛋糕需要 6 个小时，制作 1 瓶饮料需要 4 个小时。

①你和室友制作 1 瓶饮料的机会成本分别是什么？

②谁在制作饮料上具有绝对优势？谁在制作饮料上具有比较优势？
③你和室友之间怎么进行交易？
（3）图1-4为美国和法国的生产可能性边界，根据图形以及所学知识回答问题。

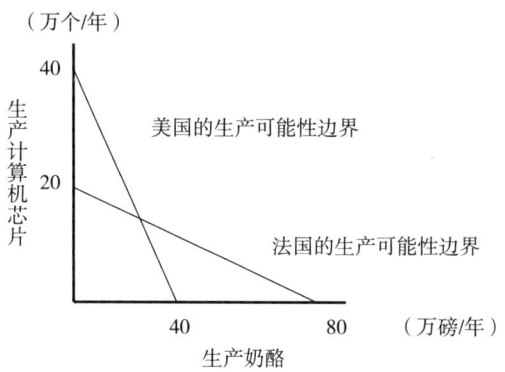

图1-4 美国和法国的生产可能性边界

①美国和法国生产计算机芯片的机会成本分别是多少？哪个国家生产计算机芯片具有比较优势？
②美国和法国生产奶酪的机会成本分别是多少？哪个国家生产奶酪具有比较优势？
③美国与法国进行贸易时，谁出口计算机芯片？谁出口奶酪？
④假设贸易之前，美国生产计算机芯片20万个，生产奶酪20万磅；法国生产计算机芯片10万个，生产奶酪40万磅。如果美国和法国按照比较优势分工，请你计算两个国家贸易前后两种产品的总产量，并说明两个国家如何从贸易中受益。

第二章

需求、供给与均衡价格

2019年,猪肉价格急剧上升。国家统计局公布的数据显示,2019年第二季度猪肉价格同比上涨28.1%。猪肉价格上涨的主要原因有:一是受非洲猪瘟疫情影响,生猪存栏量下降,导致上市量减少;二是近年来开展的环境治理工作提高了养猪门槛,农村生猪散养以及中小规模养猪场退出市场。

猪肉价格上涨,增加了居民的支出,提高了生活成本。面对不断上涨的猪肉价格,你是希望政府采取行政手段,比如限制价格,来抑制价格上涨,还是由市场自发调节,可能导致价格进一步上涨?通过本章的学习,我们可以利用均衡价格模型,分析猪肉价格为什么会上涨以及政府对价格干预的弊端。

第一节 需求

一、需求曲线

1. 需求表与需求曲线

当我们说消费者对某商品有需求时,必须满足以下条件:

(1) 消费者要有购买的欲望。如果消费者对某商品没有购买欲望,则不能形成对该商品的需求。

(2) 消费者要能买得起这种商品。如果消费者对某商品仅有购买欲望,但没有购买能力,同样不能形成对该商品的需求。

(3) 消费者已经做出了购买计划。如果消费者对某商品有购买欲望和购买能力,但没有购买计划,也不能形成对该商品的需求。

一种商品的需求(Demand)是指在各种可能的价格水平下,消费者愿意并且能够购买该商品的数量，需求就是商品的价格与需求量之间的全部组合。一种商品的需求量（Quantity Demanded）是消费者以特定的价格计划购买该商品的数量。某种商品的市场需求等于该商品所有个人需求的总和。在其他条件不变的情况下，一种商品的价格越高，需求量越小；价格越低，需求量越大。价格与需求量之间的关系可以通过需求表和需求曲线来描述。

需求表表示某种商品的价格和与各种价格水平相对应的需求数量之间关系的数字序列表。表2-1是一张某地区消费者对猪肉的需求表。当价格相对便宜时，假如为10元，消费者愿意购买的数量为120万千克；价格上升为11元，一些消费者会认为价格过高，减少购买，需求量下降为110万千克；价格进一步上升为15元，需求量下降为70万千克。可见，价格上升，消费者愿意购买的数量下降。

表 2-1 某地区消费者对猪肉的需求表

组合点	价格（元/千克）	需求量（万千克）
A	10	120
B	11	110
C	12	100
D	13	90
E	14	80
F	15	70

根据需求表，我们可以绘制一条市场的需求曲线 D，如图 2-1 所示。**需求曲线是用几何图形表示的各种价格水平下消费者愿意购买商品的数量**。习惯上，用纵轴表示自变量价格，横轴表示因变量需求量。要想理解需求曲线，重要的一点是弄清楚哪些信息没有在图形中反映出来。我们知道，除了商品本身的价格会影响消费者的需求量外，消费者的偏好、收入、其他商品的价格、预期等因素也会影响商品的需求数量，但这些因素并未在图形上反映出来，这是因为假定这些因素不变，仅仅考察价格对需求量的影响。

需求曲线向右下方倾斜，表明在其他条件不变的情况下，商品的价格上升，消费者的需求量下降；商品的价格下降，消费者的需求量上升。这就是需求定理。

向下倾斜的需求曲线反映了消费者对商品的支付意愿递减的特征。关于这一点可以从两个方面来理解。从整个市场来看，当商品的价格比较高的时候，只有很少的消费者愿意并能够购买该商品，需求量较小；随着商品的价格下降，更多的消费者愿意并且能够购买该商品，需求量上升。从单个消费者来看，随着购买数量的增加，消费者从每增加的1单位商品消费中获得的满足程度下降，支付意愿随之下降，因此，需求曲线也被称为边际支付意愿曲线。

2. 其他因素对需求的影响

从上面的分析中我们知道，需求曲线衡量的是在影响需求的其他因素保持不变的情况下，价格的变动对需求量的影响。那么，如何运用需求曲线来揭示其他因素的变动，

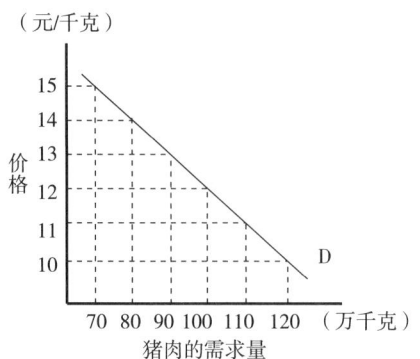

图 2-1 某地区消费者对猪肉的需求曲线

比如消费者的嗜好、预期、收入、其他商品的价格等，对需求数量的影响呢？

（1）嗜好是消费者对某种商品的喜好程度。你喜欢吃冰激凌，会多买一些冰激凌；你不喜欢吃汉堡，就不会购买太多的汉堡。经济学家通常不研究人们的嗜好，因为嗜好是由历史、心理等因素决定的。但经济学家要考察嗜好发生变化时，消费者对某种商品需求变动的情况。

（2）预期也会影响消费者对某种商品的需求。你预期下个月会得到一笔额外收入，可能会减少储蓄，用更多的当前收入去购买食品和衣服。你预期一件心仪已久的衣服下周会打折，大概不太愿意以今天的价格去购买这件衣服。

（3）收入是影响需求的一个重要因素。你的收入增加，对商品的需求可能会增加；你失业了，收入减少，对商品的需求可能会减少。**在其他条件不变的情况下，随着收入的增加，消费者对某种物品的需求增加，该物品称为正常物品。随着收入的增加，消费者对某种物品的需求减少，该物品称为低档物品。**乘坐公共汽车就是一个低档物品的例子，你的收入增加，你不太可能去乘坐公共汽车，可能会选择乘坐出租车或者自己开车。

（4）替代品和互补品的价格变化会影响商品的需求。**一种物品的价格上升，引起另一种物品的需求增加，两种物品之间互为替代品。**替代品是那些经常相互替代使用的物品，例如，牛肉和猪肉、热狗和汉堡等。牛肉的价格上升，引起人们对猪肉的需求增加；牛肉的价格下降，引起人们对猪肉的需求减少。**一种物品的价格上升，引起另一种物品的需求减少，两种物品之间的关系为互补品。**互补品是那些同时使用的成对物品，例如，汽油和汽车、电脑和软件、羽毛球和羽毛球拍等。在其他条件不变的情况下，汽油的价格上升，引起人们对汽车的需求减少；汽油的价格下降，会引起人们对汽车的需求增加。

在几何图形中，用需求曲线的移动来表示价格以外的其他因素变化引起的需求变化。我们来考察替代品的价格变化对某种商品需求的影响。通常，牛肉是猪肉的替代品，牛肉的价格上升，比如从 50 元上升到 60 元，消费者会减少牛肉的购买而增加猪肉的购买，如图 2-2（a）所示，猪肉的需求曲线从 D_0 向右移动到 D_1。需求曲线 D_0 反映的是，在牛肉的价格没有上涨的情况下，也就是 50 元时，猪肉的价格与消费者愿意购买的猪肉数量之间的关系；需求曲线 D_1 反映的则是，当牛肉的价格上涨为 60 元后，猪肉的价格与消费者愿意购买的猪肉数量之间的关系。

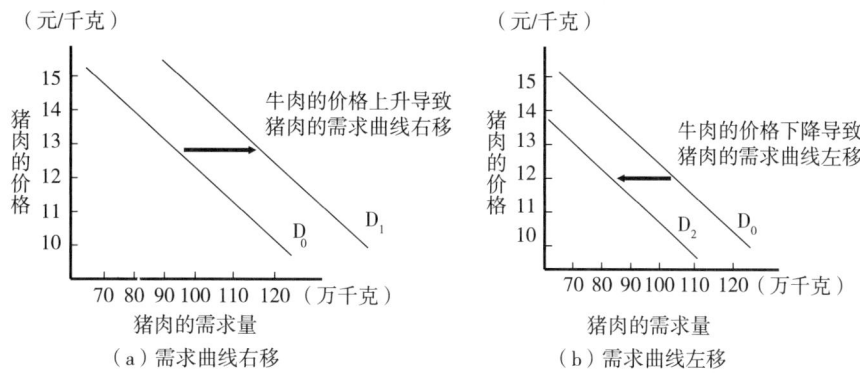

图 2-2 需求曲线的移动

相反，牛肉的价格下降，比如从 50 元下降到 40 元，消费者会增加牛肉的购买而减少猪肉的购买，如图 2-2（b）所示，猪肉的需求曲线从 D_0 向左移动到 D_2。需求曲线 D_2 反映的是，当牛肉的价格下降为 40 元后，猪肉的价格与消费者愿意购买的猪肉数量之间的关系。

需要再次提醒的是，商品价格的变化导致需求数量的变动，用沿着需求曲线的移动来表示，商品价格以外的其他因素导致需求数量的变动，用需求曲线本身的移动来表示。

二、需求函数

除了用需求表和需求曲线来反映价格和需求量之间的关系外，还可以用需求函数反映价格与需求量之间的关系。把影响需求的各种因素作为自变量，需求作为因变量，需求函数可以表示为：

$$Q_d = f(T, I, P, P_i, E)$$

其中，Q_d 表示商品的需求量。各个自变量符号的含义是：T 表示偏好，I 表示收入，P 表示价格，P_i 表示相关商品的价格，E 表示预期。

假定其他条件不变，仅仅分析商品本身的价格对需求量的影响，需求函数表示为：

$$Q_d = f(P)$$

其中，P 表示商品的价格，Q_d 表示需求量。

线性需求函数为：

$$Q_d = a - bP$$

其中，P 是商品的价格，Q_d 是需求量，a 和 b 均为正的常数。对于该线性需求函数有：

（1）当价格为 a/b 时，需求量为 0，a/b 为需求曲线在纵轴上的截距；当价格为 0 时，需求量为 a，a 为需求曲线在横轴上的截距。

（2）自变量价格 P 的系数为负，表示需求量与价格之间呈反方向变动，需求曲线向右下方倾斜。价格下降，需求量增加；价格上升，需求量减少。也可以说，随着需求量的增加，消费者愿意支付的最后 1 单位商品的最高价格下降。

（3）需求曲线的斜率为 $-1/b$。斜率反映需求曲线的陡峭程度，反映随着消费者消费的商品数量的增加，消费者愿意为产品所支付的最高价格下降得有多快。

第二节 供给

一、供给曲线

1. 供给表与供给曲线

当我们说一家企业对某产品或服务有供给时，必须满足以下条件：

（1）企业必须拥有生产这种物品的资源和技术。资源和技术是企业提供产品和服务的基本条件。

（2）企业可以从生产中获利，从而愿意提供该产品和服务。若提供产品不能获利，企业就没有生产该产品和提供服务的动力。

（3）企业已经做出了生产计划。如果生产者对某商品有生产意愿和生产能力，但没有生产计划，也不能形成对该商品的供给。

一种商品的供给（Supply）就是在各种可能的价格水平下，生产者愿意并且能够提供该商品的数量，供给就是商品的价格与供给量之间的全部组合。一种商品的供给量（Quantity Supplied）是生产者以特定的价格计划销售该商品的数量。某种商品的市场供给等于该商品所有个人供给的总和。在其他条件不变的情况下，一种商品的价格越高，供给量越大；价格越低，供给量越小。价格与供给量之间的关系可以通过供给表和供给曲线来描述。

供给表表示某种商品的价格和与各种价格水平相对应的供给数量之间关系的数字序列表。表 2-2 就是一张某地区生产者对猪肉的供给表。当价格比较低的时候，比如为 10 元，生产者愿意提供的数量为 80 万千克；价格上升为 11 元，增加产量有利可图，生产者愿意提供 90 万千克；价格进一步上升为 15 元，生产者愿意提供 130 万千克。可见，价格上升，生产者愿意生产的数量增加。

表 2-2 某地区生产者对猪肉的供给表

组合点	价格（元/千克）	需求量（万千克）
A	10	80
B	11	90

续表

组合点	价格（元/千克）	需求量（万千克）
C	12	100
D	13	110
E	14	120
F	15	130

根据供给表，可以绘制一条市场的供给曲线 S，如图 2-3 所示。**供给曲线是用几何图形表示的各种价格水平下生产者愿意销售商品的数量**。习惯上，用纵轴表示自变量价格，横轴表示因变量供给量。同样，要想理解供给曲线，重要的一点是弄清楚哪些信息没有在图形中反映出来。我们知道，商品本身的价格会影响生产者的供给量，成本、技术、预期以及其他商品的价格也会影响供给量，但这些因素并未在图中反映出来，这是因为我们假定这些因素不变，仅仅考察价格对供给量的影响。

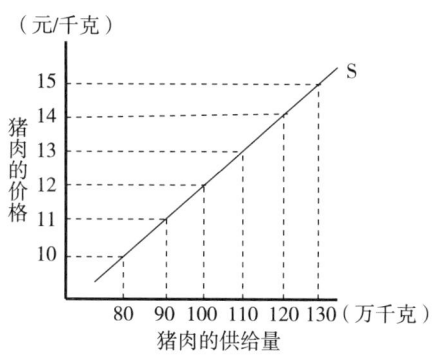

图 2-3 生产者对猪肉的供给曲线

供给曲线向右上方倾斜，表明在其他条件不变的情况下，商品的价格上升，生产者的供给量上升；商品的价格下降，生产者的供给量下降，这就是供给定理。

向上倾斜的供给曲线反映了生产者对商品愿意接受的最低价格递增的特征。关于这一点可以从两个方面来理解。从整个市场来看，当商品的价格比较低的时候，只有成本较低的生产者能够实现盈利并愿意生产，商品的供给量较小；随着商品的价格上升，成本较高的生产者也能够实现盈利并愿意生产，商品的供给量增加。从单个生产者来看，产量较低的时候由于产品的边际收益高，相应的边际成本较低，生产者愿意接受的价格比较低，随着产量的增加，产品的边际成本上升，生产者愿意接受的价格也上升。

2. 其他因素对供给的影响

从上面的分析我们知道，供给曲线衡量的是，在影响供给的其他因素保持不变的情况下，价格的变动对供给量的影响。那么，如何运用供给曲线来揭示其他因素的变动，比如成本、技术、相关商品的价格、预期等，对供给数量的影响呢？

（1）投入品的价格是影响供给的重要因素。饲料的价格上升，养猪的成本增加，生产者的利润下降，养猪变得不是那么有利可图，猪肉的供给量下降。投入品的价格继续上升,生产者还可能停止生产,根本不提供猪肉给市场。因此,一种物品的供给量与投入品的价格负相关。

(2)生产者的供给量还取决于预期。预期未来猪肉的价格上升,生产者会扩大规模,补充苗猪的存栏数,以便将来增加供给量;相反,预期未来猪肉的价格下跌,生产者会缩小规模,减少猪肉的供给量。

在几何图形中,用供给曲线的移动来表示价格以外的其他因素变化引起的供给变化。 由于干旱、病虫害等因素影响,玉米的价格上升,比如从 2.7 元上升到 3 元,导致养猪成本增加,生产者的积极性下降,如图 2-4(a)所示,猪肉的供给曲线从 S_0 向左移动到 S_1。供给曲线 S_0 反映的是,投入品玉米的价格没有变化,即为 2.7 元时,猪肉的价格水平与生产者愿意生产的数量之间的关系;供给曲线 S_1 反映的则是,当玉米的价格上涨为 3 元后,猪肉的价格水平与生产者愿意生产的产量之间的关系。

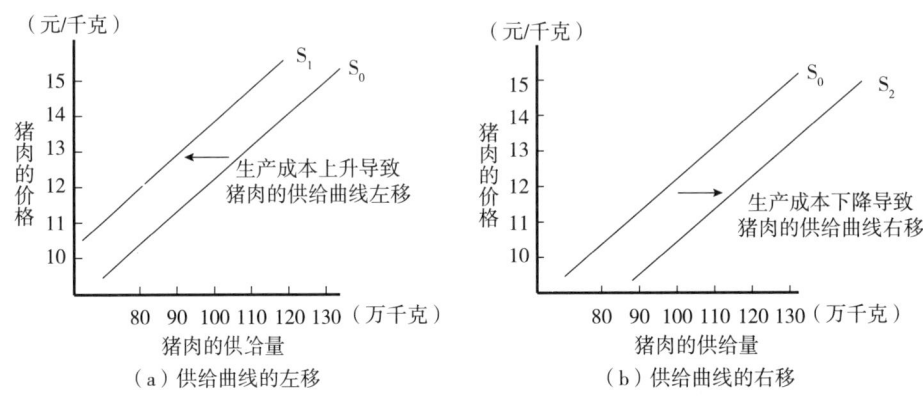

图 2-4 供给曲线的移动

相反,玉米的价格下降,比如从 2.7 元下降到 2.5 元,导致养猪成本减少,生产者的积极性增加,如图 2-4(b)所示,猪肉的供给曲线从 S_0 向右移动到 S_2。供给曲线 S_2 反映的是,当玉米的价格下降为 2.5 元后,猪肉的价格水平与生产者愿意生产的产量之间的关系。

需要再次提醒的是,商品价格的变化导致供给量的变动,用沿着供给曲线的移动来表示;商品价格以外的其他因素导致供给数量的变动,用供给曲线本身的移动来表示。

二、供给函数

除了用供给表和供给曲线来反映价格和供给量之间的关系以外,还可以用供给函数反映价格和供给量之间的关系。把影响供给的各种因素作为自变量,供给作为因变量,供给函数可以表示为:

$$Q_s = f(T, C, P, P_i, E)$$

其中,Q_s 表示商品的供给量。各个自变量符号的含义是:T 表示技术,C 表示成本,P 表示价格,P_i 表示相关商品的价格,E 表示预期。

假定其他条件不变,仅仅分析商品本身的价格对供给量的影响,供给函数表示为:
$$Q_s = f(P)$$
其中,P 表示商品的价格,Q_s 表示商品的供给量。

线性供给函数为:
$$Q_s = -c + dP$$
其中,P 表示商品的价格,Q_s 表示供给量,c 和 d 为正的常数。对于该线性供给函数有:

(1) 当价格为 c/d 时,供给量为 0。c/d 为供给曲线在纵轴上的截距。

(2) 自变量价格 P 的系数为正,表示供给量与价格之间呈正方向变动,供给曲线向右上方倾斜。价格上升,供给量增加;价格下降,供给量减少。也可以说,随着供给量的增加,生产者愿意接受的最后 1 单位产品的最低价格上升。

(3) 供给曲线的斜率为 1/d。斜率反映供给曲线的陡峭程度,反映随着生产者供给的商品数量的增加,生产者愿意接受的产品的最低价格上升得有多快。

第三节 需求与供给共同作用——均衡

一、均衡

需求曲线说明了消费者对某种商品在每一价格下的需求量是多少,供给曲线说明了生产者对某种商品在每一价格下的供给量是多少。但是,它们都没有说明这种商品的价格究竟是如何决定的。那么,商品的价格如何决定呢?微观经济学中的价格是指商品的均衡价格,均衡价格是在商品的需求和供给这两种相反力量的作用下形成的。在某个价格水平上,生产者对商品的计划供给量等于消费者的计划需求量,市场就会出现均衡。**均衡是相互对立的因素处于相对静止的状态。当市场价格使得买方的计划购买量等于卖方的计划销售量时,市场就达到了均衡。使供给量与需求量相等的价格称为均衡价格。**在均衡价格水平上,每个有意愿且有能力购买的消费者都能购买到所希望购买的数量,每个有意愿且有能力生产的生产者都能卖出所希望卖出的数量。**市场均衡时的交易数量称为均衡数量。**例如,从表 2-3 可以看出,当价格为 12 元时,猪肉的需求量等于供给量,市场达到均衡,均衡数量为 100 万千克。

当市场价格低于均衡价格时,需求量超过供给量,形成短缺。比如,当价格为 10 元时,由于价格比较低,需求量为 120 万千克,供给量为 80 万千克,市场短缺 40 万千克,短缺将推动价格上涨。随着价格的上升,需求量减少,供给量增加,市场价格向均衡价格靠拢,需求量与供给量趋于一致。

表 2-3 猪肉的需求表和供给表

价格（元/千克）	10	11	**12**	13	14	15
需求量（万千克）	120	110	**100**	90	80	70
供给量（万千克）	80	90	**100**	110	120	130
市场状态（万千克）	短缺40	短缺20	**均衡**	过剩20	过剩40	过剩60

当市场价格高于均衡价格时，供给量超过需求量，形成剩余。比如，当价格为14元时，由于价格比较高，供给量为120万千克，需求量为80万千克，市场过剩40万千克，过剩将造成价格下跌。随着价格的下跌，需求量上升，供给量下降，市场价格向均衡价格靠拢，需求量与供给量趋于一致。

当市场处于均衡时，既不存在短缺，也不存在过剩，需求量等于供给量，此时，价格没有变动的动力。如图2-5所示，需求曲线D与供给曲线S的交点为均衡点，均衡价格为12元，均衡数量为100万千克。

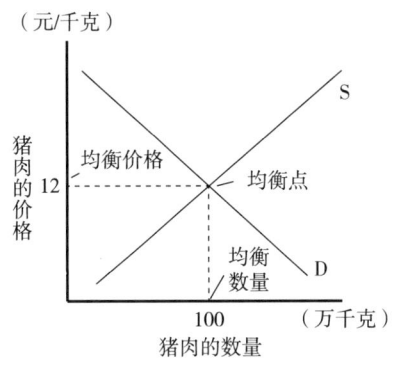

图 2-5 均衡价格

当价格高于均衡价格时，如图2-6（a）所示，比如为14元，这时，供给量大于需求量，市场出现过剩，过剩总量为40万千克。但是，这种过剩状态并不会持续太久，由于供给量大于需求量，生产者之间的竞争会导致价格下跌。随着价格下跌，消费者的需求量增加，生产者的供给量减少，市场最终趋向于均衡数量100万千克，价格趋向于均衡价格12元。

当价格低于均衡价格时，如图2-6（b）所示，比如为10元，这时，需求量大于供给量，市场出现短缺，短缺总量为40万千克。当然，这种短缺状态也不会持续太久，由于需求量大于供给量，消费者之间的竞争会导致价格上升，随着价格上升，消费者的需求量减少，生产者的供给量增加，市场最终趋向于均衡数量100万千克，价格趋向于均衡价格12元。

我们知道，当价格高于均衡价格时，商品的价格被迫下降。为什么生产者不抵制价格下降，并在较低的价格水平停止销售呢？这是因为，即使价格下降，生产者愿意接受的价格仍然低于现行价格，而且在现行价格下生产者不能售完他们想卖的数量。从某种

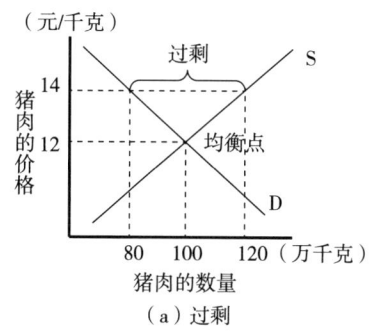
（a）过剩

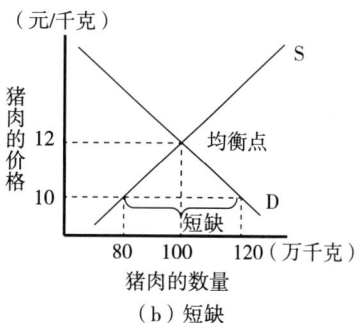
（b）短缺

图 2-6　非均衡的市场：过剩与短缺

意义上，生产者就是使价格下降的人，因为生产者愿意接受更低的价格。

相反，当价格低于均衡价格时，商品的价格被迫上升。为什么消费者不抵制价格上升，并在较高的价格水平停止购买呢？这是因为，即使价格上升，消费者对商品的估价仍然高于现行价格，而在现行的价格下不能满足消费者的需求。从某种意义上说，消费者就是使价格上升的人，因为消费者愿意支付更高的价格。

当市场达到均衡时，买卖双方都无法找到一个更好的价格进行交易。在均衡价格水平上，消费者为购买最后 1 单位商品支付他们愿意支付的最高价格，生产者为销售最后 1 单位商品接受他们愿意接受的最低价格。

在自由交易下，消费者努力以尽可能低的价格购买商品，生产者努力以尽可能高的价格销售商品，最终，市场达到了均衡，此时，进行交易的价格是均衡价格，均衡价格使得需求量等于供给量。价格起着协调消费者的购买数量与生产者的销售数量的作用，买卖双方不再有改变价格的激励。

二、均衡的变动：对均衡的冲击

一旦市场达到均衡，这种状态就会保持下去。但是，市场出现外来冲击，比如消费者的偏好、收入、预期等发生变化，或者生产者的成本、技术等发生变化，导致需求曲线或者供给曲线移动，均衡就会被打破，均衡价格和均衡数量将会发生变化。接下来，分别考察需求与供给的变动对均衡的影响。

1. 需求曲线的移动对均衡的影响

牛肉是猪肉的替代品，牛肉的价格上升，消费者对猪肉的需求增加；牛肉的价格下降，消费者对猪肉的需求减少。如图 2-7 所示，在初始均衡点上，均衡价格为 12 元，均衡数量为 100 万千克。假定牛肉的价格上升，消费者对猪肉的需求曲线从 D_0 向右移动到 D_1，供给曲线不变，仍为 S，猪肉的需求量从 100 万千克增加到 120 万千克，但是，在初始均衡价格水平 12 元时，生产者只愿意提供 100 万千克，这时，就会出现 20 万千克超额需求。在市场力量的作用下，猪肉的价格上升，并且一直上升到新的均衡位置，此时，新的均衡价格为 13 元，均衡数量上升为 110 万千克。相反，牛肉的价格下降，会引起猪肉的需求减少，需求曲线向左移动，导致均衡价格和均衡数量下降。

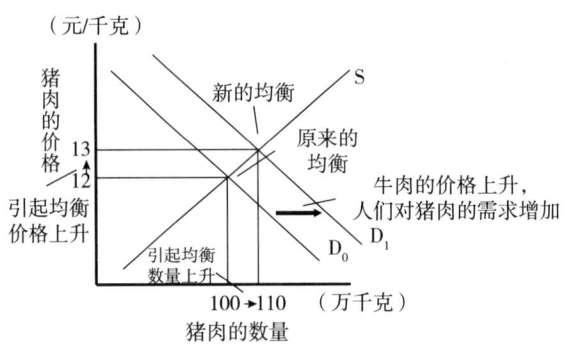

图 2-7 需求的变动对均衡的影响

在供给不变的情况下，需求增加导致需求曲线向右移动，从而，使得均衡价格和均衡数量都增加；需求减少导致需求曲线向左移动，从而使得均衡价格和均衡数量都减少。

2. 供给曲线的移动对均衡的影响

玉米是养猪的重要饲料，玉米的价格上升，养猪成本增加，供给减少；玉米的价格下降，养猪成本减少，供给量增加。如图 2-8 所示，在初始均衡点上，均衡价格为 12 元，均衡数量为 100 万千克。假定玉米的价格上升，养猪成本增加，生产者对猪肉的供给曲线从 S_0 向左移动到 S_1，需求曲线不变，仍然为 D，猪肉的供给量从 100 万千克下降到 80 万千克，但是，在初始均衡价格水平 12 元时，消费者仍然愿意购买 100 万千克，这时，就会出现 20 万千克超额需求。在市场力量的作用下，猪肉的价格将会上升，并且一直上升到新的均衡位置，此时，均衡价格为 13 元，均衡数量下降为 90 万千克。相反，玉米的价格下降，会引起猪肉的供给量增加，供给曲线向右移动，导致均衡价格下降，均衡数量增加。

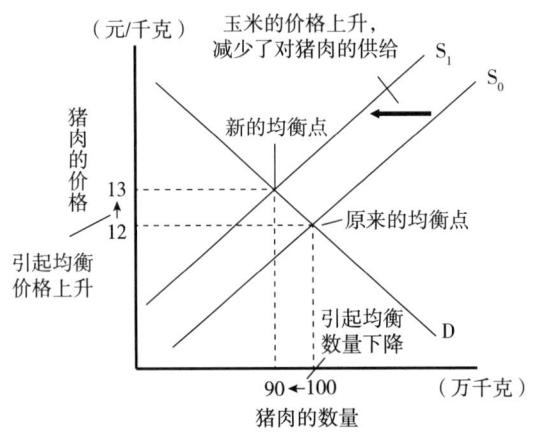

图 2-8 供给的变动对均衡的影响

在需求不变的情况下，供给增加导致供给曲线向右移动，从而使得均衡价格下降，均衡数量增加；供给减少导致供给曲线向左移动，从而使得均衡价格上升，均衡数量减少。

3. 需求曲线、供给曲线同时移动对均衡的影响

如果外部冲击同时影响需求曲线和供给曲线，那么均衡价格与均衡数量的变动取决于两条曲线变动的具体方向和程度。假定牛肉的价格上升，与此同时，天气干旱使得玉米减产，玉米的价格上升。为了分析这两件事对均衡的共同影响，遵循三个步骤：

第一步，确定需求曲线、供给曲线都应该移动。牛肉的价格上涨影响了人们对猪肉的需求，因为它改变了消费者在每一个既定价格水平下想要购买的猪肉的数量。同时，玉米的价格上升，改变了生产者在每一个既定价格水平下想要出售猪肉的数量。

第二步，确定需求曲线、供给曲线移动的方向。牛肉的价格上升，人们会增加替代品猪肉的需求，猪肉的需求曲线向右移动。投入品玉米的价格上升，生产成本增加，生产者提供的猪肉减少，猪肉的供给曲线向左移动。

第三步，比较新的均衡与原来的均衡。由于需求和供给同时变动，均衡的结果取决于需求和供给变动幅度的相对大小。如图 2-9（a）所示，需求大幅增加，供给小幅减少，最终均衡价格上升，均衡数量增加。如图 2-9（b）所示，需求小幅增加，供给大幅减少，最终均衡价格上升，均衡数量减少。

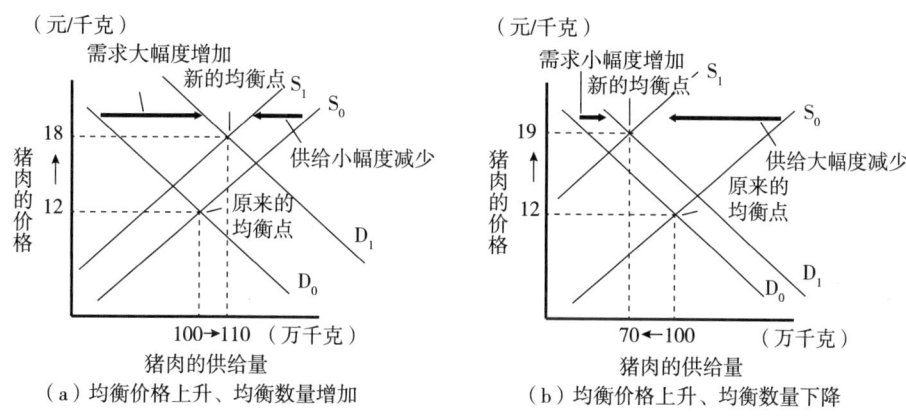

图 2-9　供给与需求同时变动对均衡的影响

三、均衡变动的数学分析

我们还可以用需求函数、供给函数来说明均衡以及均衡的变动。假定猪肉的初始需求函数为 $Q_d = 220 - 10P$、供给函数为 $Q_s = -20 + 10P$，其中，Q_d 为猪肉的需求量，Q_s 为猪肉的供给量，P 为猪肉的价格。均衡价格是市场需求量与市场供给量相等时所对应的价格，由此就有：

$$Q_d = Q_s$$

则有：

$$220 - 10P = -20 + 10P$$

通过计算可以得到，均衡价格 $P = 12$ 元，均衡数量 $Q = 100$ 万千克。进一步地，通过供给函数、需求函数我们还可以分析需求的变动与供给的变动对均衡价格、均衡数量的影响。

（1）供给的变动对均衡的影响。假定养猪的成本上升，导致猪肉的供给减少，供给函数由原来的 $Q_s=-20+10P$ 变化为 $Q_s=-40+10P$，消费者对猪肉的需求没有变化，需求函数仍然为 $Q_d=220-10P$。通过计算得到新的均衡价格为 13 元，均衡数量为 90 万千克。可见，当需求量不变，生产者的成本上升时，供给减少，均衡价格上升，均衡数量下降。

（2）需求的变动对均衡的影响。假定牛肉的价格上升，导致消费者对猪肉的需求增加，需求函数由原来的 $Q_d=220-10P$ 变化为 $Q_d=240-10P$，生产者对猪肉的供给没有变化，供给函数仍然为 $Q_s=-20+10P$，通过计算得到新的均衡价格为 13 元，均衡数量为 110 万千克。可见，当生产者的供给不变，替代品的价格上升或者消费者的收入增加时，需求增加，均衡价格上升，均衡数量增加。

第四节 管制价格：政府干预的后果

前面我们讨论了商品的市场需求和供给共同作用形成均衡价格，以及外部冲击对均衡价格的影响。事实上，政府的某些政策能够直接改变需求曲线或供给曲线的位置，从而引起均衡价格和均衡数量的变动，如政府通过补贴或鼓励生产者增加产量，就会导致供给曲线右移。政府增加税收，消费者的收入减少，对产品的需求下降，导致需求曲线左移。不仅如此，政府还可以直接对价格进行管制，比如规定商品的最高限价、最低限价，从而产生超额需求或超额供给。

一、最高限价

当由市场自发调节的时候，猪肉的均衡价格为 12 元，均衡数量为 100 万千克。在均衡价格为 12 元时，政府可能认为价格太高，影响了居民的生活水平，如图 2-10 所示，设定一个低于均衡价格的价格，比如说 10 元，该价格就是最高限价或者叫作价格上限。**最高限价是政府规定的商品最高价格。最高限价必须低于均衡价格，否则最高限价对生产者没有约束，对消费者也没有意义。**

当价格限制在 10 元时，需求量上升为 120 万千克，供给量下降为 80 万千克，供不应求，形成短缺。如果不存在价格上限，短缺将推动价格上涨。随着价格的上升，消费者的需求量减少，生产者的供给量增加，最终，供给量与需求量趋于相等。但是，最高限价的存在阻碍了价格向均衡价格回归。

在价格上限处，猪肉的销售量等于生产者的供给量，即 80 万千克，这一数量低于没有最高限价时的均衡数量 100 万千克。价格上限不仅会导致产品短缺，而且还会引起社会福利损失，关于这一点将在第八章讨论。

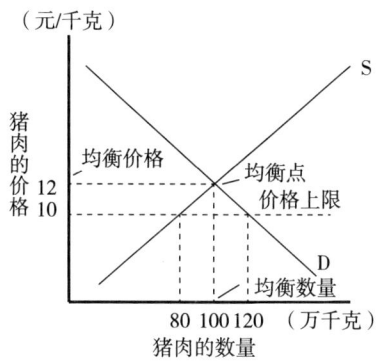

图 2-10 最高限价

二、最低限价

当由市场自发调节的时候，猪肉的均衡价格为 12 元，均衡数量为 100 万千克。在均衡价格 12 元时，政府也可能认为价格太低，影响了生产者的积极性，如图 2-11 所示，政府设定一个高于均衡价格的价格，比如说 14 元，该价格就是最低限价或者叫作价格下限。**最低限价是政府规定的商品最低价格。最低限价必须高于均衡价格，否则最低限价对生产者没有意义。**

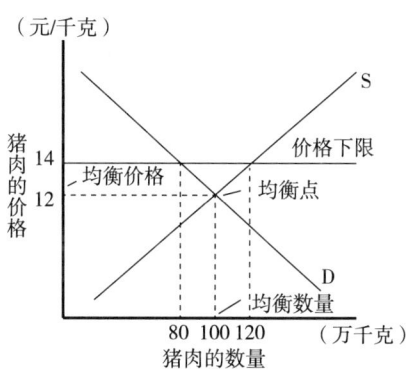

图 2-11 最低限价

当价格限制在 14 元时，需求量减少为 80 万千克，供给量上升为 120 万千克，供过于求，形成过剩。如果不存在价格下限，过剩将推动价格下降。随着价格的下降，消费者的需求量增加，生产者的供给量减少，最终，供给量与需求量趋于相等。但是，价格下限的存在阻碍了价格向均衡价格回归。

在价格下限处，猪肉的销售量等于消费者的需求量，即 80 万千克。这一数量低于没有最低限价时的均衡数量 100 万千克。价格下限和价格上限都会阻止企业的销售量达到市场均衡水平，价格下限不仅会导致产品过剩，同样也会引起社会福利损失，价格管制是无效率的。

复习思考题

1. 术语和概念

需求；正常物品；低档物品；供给；均衡价格；沿着需求曲线的移动；需求曲线的移动；沿着供给曲线的移动；供给曲线的移动；最高限价；最低限价

2. 选择题

（1）一位销售经理正在谈论销售工作，下面谈及"沿着需求曲线移动"的是_____。

　A. "竞争对手提高了价格，我们的销售因此翻了一番"
　B. "今年是暖冬，我们的销售因此下降了50%"
　C. "降价促销，我们的销售因此上升了30%"
　D. 以上各项都未谈及"沿着需求曲线移动"的问题

（2）猪肉的价格下降，生产者减少了猪肉的供给量，这个结果说明了_____。

　A. 供给定理　　　　　　　　　　B. 需求定理
　C. 供给的变化　　　　　　　　　D. 低档物品的特征

（3）_____不会影响小麦供给曲线的移动。

　A. 农业工人的工资上升　　　　　B. 种子改良和耕作方法改进
　C. 人们决定要购买更多的小麦　　D. 小麦的种植面积扩大

（4）供给曲线除了表示不同的价格水平下所提供的商品的数量外，还可以被认为是_____。

　A. 愿意并有支付能力的曲线　　　B. 边际收益曲线
　C. 供给的最低价格曲线　　　　　D. 供给的最高价格曲线

（5）如果玉米市场出现短缺，则玉米的需求量_____供给量，其价格将会_____。

　A. 小于；上升　　　　　　　　　B. 小于；下降
　C. 大于；上升　　　　　　　　　D. 大于；下降

（6）对消费者来说，披萨和汉堡包是替代品，则当披萨的价格上升会导致汉堡包的价格_____，汉堡包的需求量_____。

　A. 上升；增加　　　　　　　　　B. 上升；减少
　C. 下降；增加　　　　　　　　　D. 下降；减少

（7）极端寒冷天气会引起羽绒服的均衡数量_____和均衡价格_____。

　A. 上升；增加　　　　　　　　　B. 上升；减少
　C. 下降；增加　　　　　　　　　D. 下降；减少

（8）当你注意到小麦的价格在上升，并且小麦的交易量也在增加，这组观察可能是_____的结果。

A. 小麦的需求曲线向右移动　　　　　B. 小麦的需求曲线向左移动
C. 小麦的供给曲线向右移动　　　　　D. 小麦的供给曲线向左移动

（9）假定用于生产图书的纸张价格上涨，同时，更多的人决定购买图书，则图书的均衡价格_____。

A. 一定会上升　　　　　　　　　　　B. 一定不会上升
C. 一定会减少　　　　　　　　　　　D. 可能上升，可能下降，可能不变

（10）假定用于生产图书的纸张价格上涨，同时，更多的人决定购买图书，则图书的均衡数量_____。

A. 一定会上升　　　　　　　　　　　B. 一定不会上升
C. 一定会减少　　　　　　　　　　　D. 可能上升，可能下降，也可能不变

3. 分析讨论题

（1）假设你所在大学的电影票的价格由市场决定，电影票的需求与供给如表 2-4 所示，根据表格中的信息回答问题。

表 2-4　电影票的需求与供给

价格（元）	需求量（张）	供给量（张）
4	3500	2000
8	3000	2000
12	2500	2000
16	2000	2000
20	1500	2000
24	1000	2000
28	500	2000

①画出需求曲线和供给曲线，供给曲线有什么特征？为什么？
②电影票的均衡价格和均衡数量是多少？
③明年你所在大学计划扩招 5000 名学生，新生的电影票需求表如表 2-5 所示。请你把原来的需求表与新生的需求表加在一起计算整个大学的新需求表，计算新的均衡价格和均衡数量是多少，并用图形来表示，注意需求曲线的移动。

表 2-5　新增学生的需求表

价格（元）	需求量（张）
4	900
8	800
12	700
16	600
20	500

续表

价格（元）	需求量（张）
24	400
28	300

（2）市场研究显示出以下有关大米的市场信息，消费者的需求表可以表示为方程：$Q_d=16-P$，Q_d 是需求量，P 是价格。生产者的供给表可以表示为方程：$Q_s=10+P$，Q_s 是供给量，P 是价格。

①计算大米的市场均衡价格和均衡数量。

②如果政府规定大米的价格不得高于 2，则消费者的需求量和生产者的供给量分别为多少？市场上的大米会短缺多少？

第三章

弹性

2019年下半年，苹果的价格持续下跌，收购价格最低跌至每斤0.8元，一些果农甚至连成本都很难收回。苹果价格下跌的主要原因在于，风调雨顺，产量大幅度增加，形成过剩的局面。农民丰收了，收入却减少，出现了所谓"果贱伤农"的现象。"果贱伤农"的根本原因在于：农产品属于缺乏弹性的商品，产量增加导致价格大幅下跌。

对一些企业来说，提高价格能否增加销售收入是与弹性有关的。这个问题非常关键，无论是航空公司还是电影院或者杂志社，都要决定是否值得提高价格，较高价格增加的收益能否弥补需求量下降带来的损失。通过本章对弹性理论的学习，我们可以很容易回答这些问题。

第一节　需求弹性

一、需求量对价格变动的敏感度：需求的价格弹性

1. 需求曲线上两点之间的弹性

根据需求规律，需求曲线向右下方倾斜，价格下降，需求量上升。但是，价格下降，需求量上升的幅度是大还是小？需求量变动对价格变动的敏感程度如何？这就需要计算需求的价格弹性了。

需求的价格弹性衡量需求量对价格变动的反应程度，或者说，当价格变动1%，需求量变动百分之几。一种物品需求量对价格变动的反应大，该物品就是富有弹性的；相反，一种物品需求量对价格变动的反应小，该物品就是缺乏弹性的。计算公式为：

$$e_d = -\frac{\text{需求量变动百分比}}{\text{价格变动百分比}} = -\frac{\Delta Q/Q}{\Delta P/P} \tag{3-1}$$

其中，ΔQ 表示需求量的变化量，ΔP 表示价格的变化量，$\Delta Q/Q$ 表示需求量变动百分比，$\Delta P/P$ 表示价格变动百分比，e_d 表示需求的价格弹性。由于需求量变动的方向与价格变动的方向相反，为了便于比较需求的价格弹性的大小，我们在计算公式前面加了一个负号，也就是对需求的价格弹性取绝对值。弹性值大，表示需求量对价格变动敏感；弹性值小，表示需求量对价格变动不敏感。比如，新车的价格上升10%，对应的需求量下降了20%，则新车需求的价格弹性为-(-20%)/10%=2。这意味着，当新车的价格上升1%，需求量将下降2%，新车需求对价格变动比较敏感。

当分别考察某商品涨价与降价的情形时，计算出的弹性值并不相同。比如，猪肉的价格从10元上升到11元，上涨幅度为10%，相应地，需求量从120万千克下降到100万千克，下降幅度为16.67%，则涨价时需求的价格弹性为-(16.67%)/10%=1.67。当价格从11元下跌到10元时，下跌幅度为9.1%，相应地，需求量从100万千克上升到120万千克，上升幅度为20%，则降价时需求的价格弹性为-20%/(-9.1%)=2.2。

可见，当区分涨价和降价时，需求曲线上同一区间的弹性值并不相同。那么，我们该如何处理这一问题呢？通常，解决这一问题的理想方法是采用中值法。根据中值法，当价格从 P_1 上升到 P_2 时，价格变动百分比的计算方法为 $\frac{\Delta P}{(P_1+P_2)/2}$，相应地，需求量从 Q_1 下降到 Q_2，需求量变动百分比的计算方法为 $\frac{\Delta Q}{(Q_1+Q_2)/2}$，则需求的价格弹性中值法计算公式为：

$$e_d = -\frac{\text{需求量变动的百分比}}{\text{价格变动的百分比}} = -\frac{\dfrac{\Delta Q}{(Q_1+Q_2)/2}}{\dfrac{\Delta P}{(P_1+P_2)/2}} \tag{3-2}$$

例如，猪肉的价格从10元上升到11元，需求量从120万千克下降到100万千克，根据中值法计算公式，需求的价格弹性为：

$$e_d = -\frac{\dfrac{\Delta Q}{(Q_1+Q_2)/2}}{\dfrac{\Delta P}{(P_1+P_2)/2}} = -\frac{\dfrac{-20}{(120+100)/2}}{\dfrac{1}{(11+10)/2}} = -\frac{-18.18\%}{9.52\%} = 1.91$$

同样地，当猪肉的价格从11元下降到10元，需求量从100万千克上升到120万千克，根据中值法计算的需求的价格弹性也是1.91。因此，如果仅仅是一般地计算需求曲线上两点之间的弹性值，而不是具体强调这种需求的价格弹性是作为涨价还是降价的结果，为了避免不同的计算结果，往往采用中值法计算公式。

2. 需求的价格弹性的类型

由于我们定义需求的价格弹性为正值，其取值范围大于或者等于零。根据弹性值的大小，需求的价格弹性分为五种类型。

（1）$e_d=0$：完全无弹性。**需求量对价格变动没有任何反应，需求曲线是一条垂直于横轴的直线**。如图 3-1（a）所示，无论价格怎样涨跌，需求量固定不变，为 100。通常，生活必需品接近于完全无弹性。对于生活必需品，人们愿意并且能够支付任何价格时，需求量不变，即必需品的需求曲线是垂直的。比如糖尿病患者对胰岛素的需求曲线就是垂直的，因为患者每天的胰岛素用量是一个固定量，当然，在患者能够支付的最高价格以下才是完全无弹性的。

（2）$0<e_d<1$：缺乏弹性。**需求量变动百分比小于价格变动百分比，弹性值在 0 和 1 之间，需求量对价格变动不敏感**。如图 3-1（b）所示，价格上升 25%，需求量下降了 10%，需求的价格弹性为 10%/25%＝0.4。食品、律师服务、香烟等是缺乏弹性的商品。

（3）$e_d=1$：单位弹性。**需求量变动百分比等于价格变动百分比，弹性值为 1，称为单位弹性**。如图 3-1（c）所示，价格上升 25%，需求量下降了 25%，需求的价格弹性为 25%/25%＝1。

（4）$e_d>1$：富有弹性。**需求量变动百分比大于价格变动百分比，弹性值大于 1，需求量对价格变动敏感**。如图 3-1（d）所示，价格上升 25%，需求量下降了 50%，需求的价格弹性为 50%/25%＝2。航空旅行、电影、卫生洁具等是富有弹性的商品。

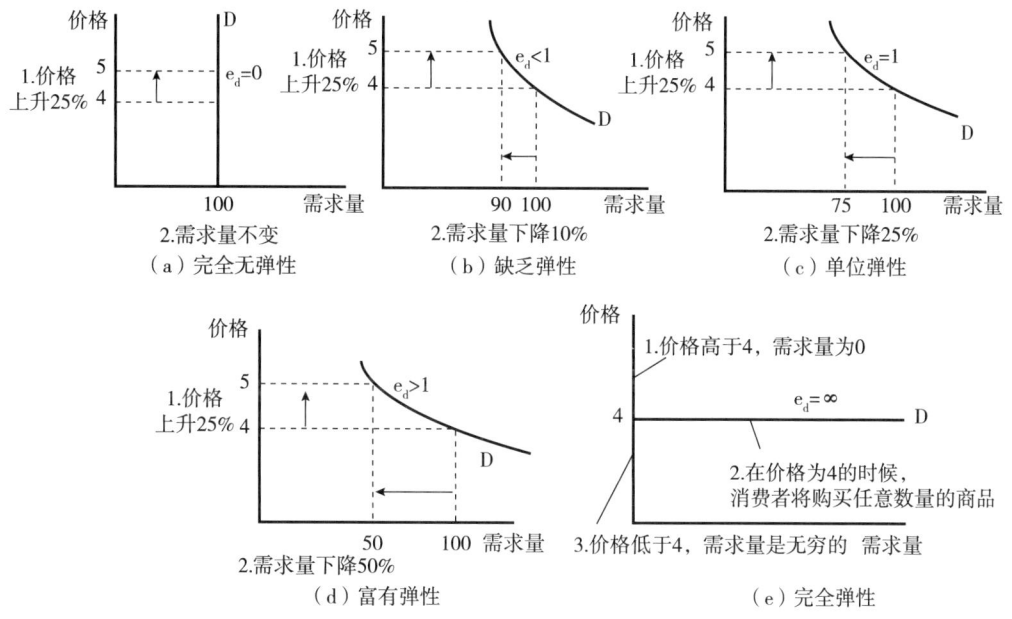

图 3-1　需求的价格弹性的类型

（5）$e_d=\infty$：完全弹性。**价格稍微上涨，需求量便会减少为 0，弹性值为无穷大，需求曲线为一条平行于横轴的直线**。如图 3-1（e）所示，在价格为 4 的时候，消费者购买任意数量的商品，只要价格稍微上升一点，需求量就会减少为 0。一些农产品同其他商品没有任何差别，在给定的市场价格下，消费者对该农产品的需求曲线就是水平的。

3. 线性需求曲线上各点的弹性

前面我们所讨论的弹性实际上是需求曲线上两点之间的弹性，也称为弧弹性。下面我们来考察线性需求曲线上某一点的弹性，也就是点弹性。**点弹性与弧弹性本质上是相同的，两者都是研究需求量对于价格变动的敏感程度，不同之处在于，弧弹性考察两点之间的弹性值，点弹性考察某一点的弹性值。**

我们知道，直线的斜率是不变的，斜率的定义是"价格的变化量 ΔP"与"需求的变化量 ΔQ"的比例。线性需求曲线的斜率不变，意味着价格每上升 1 个单位，需求量将减少相同的数量。尽管线性需求曲线的斜率是不变的，但是，向下倾斜的线性需求曲线上每一点的弹性值都是不同的。不过，在水平和垂直的需求曲线上，弹性值是固定不变的。

首先对式（3-1）进行简单的数学变换，这样可以得到一个等价的表达式：

$$e_d = -\frac{\Delta Q / Q}{\Delta P / P} = -\frac{\Delta Q}{\Delta P} \cdot \frac{P}{Q}$$

假定线性需求函数为：

$$Q = a - bP$$

其中，a 和 b 为正的常数，a 为价格 P=0 时的需求量，-b 为价格上升引起需求量减少的比例，即 $\Delta Q/\Delta P$[①]，也是需求曲线斜率的倒数（请注意，在横轴表示因变量需求量、纵横表示自变量价格的坐标图中，线性需求曲线的斜率为 $\Delta P/\Delta Q = -1/b$）。因此，对于线性需求曲线来说，需求价格点弹性公式为：

$$e_d = -\frac{\Delta Q / Q}{\Delta P / P} = -\frac{\Delta Q}{\Delta P} \cdot \frac{P}{Q} = b \cdot \frac{P}{Q} \tag{3-3}$$

从式（3-3）中可以看出，点弹性不仅与需求曲线的斜率有关（斜率是 $\Delta P/\Delta Q = -1/b$），而且还与点的位置有关，也就是与该点的价格 P 和需求量 Q 的数值有关。显然，弹性与斜率并不是一回事，斜率衡量线性需求曲线相对于横轴的倾斜程度，弹性衡量需求量对价格变动的敏感程度。

需求曲线为 $Q_d = 220 - 10p$，根据式（3-3）可以计算出曲线上各点的弹性：

A 点：P=22，Q=0，b=10，$e_d = b \cdot \frac{P}{Q} = 10 \times 22/0 = \infty$。

B 点：P=14，Q=80，b=10，$e_d = b \cdot \frac{P}{Q} = 10 \times 14/80 = 1.75$。

C 点：P=11，Q=110，b=10，$e_d = b \cdot \frac{P}{Q} = 10 \times 11/110 = 1$。

D 点：P=8，Q=140，b=10，$e_d = b \cdot \frac{P}{Q} = 10 \times 8/140 = 0.57$。

E 点：P=0，Q=220，b=10，$e_d = b \cdot \frac{P}{Q} = 10 \times 0/220 = 0$。

[①] 对于线性需求函数 Q=a-bP，当产品的价格从 P_1 上升到 P_2 时，需求量从 Q_1 下降到 Q_2，则需求量的变化量为 $\Delta Q = Q_2 - Q_1 = (a - bP_2) - (a - bP_1) = -b\Delta P$，因此，$\Delta Q/\Delta P = -b$。

可见，需求曲线上各点的弹性值并不相同。如图 3-2 所示，点的位置越高，弹性值越大；点的位置越低，弹性值越小。需求曲线与纵轴相交的点的弹性值为无穷大，与横轴相交的点的弹性值为零，中点的弹性值为 1。

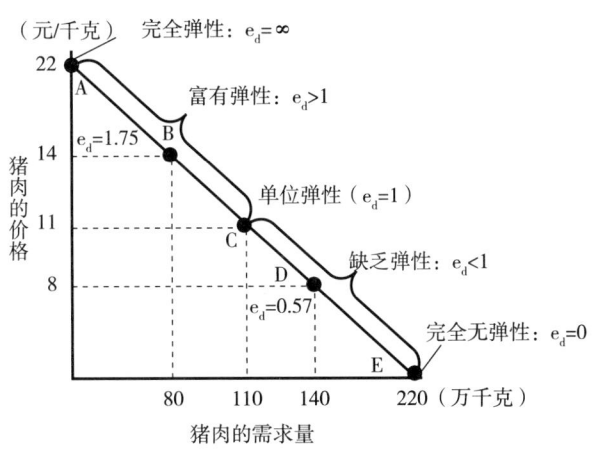

图 3-2 猪肉需求曲线上各点的弹性

4. 影响需求的价格弹性的因素

需求的价格弹性反映需求量的变动对于价格变动的敏感程度。根据经验，我们可以总结出需求的价格弹性影响因素的一般规律。

（1）相近替代品的可获得性。**某商品有相近的替代品，需求往往富有弹性**。因为，当商品的价格上升时，消费者很容易找到替代品，从而减少对该商品的需求。比如，苹果的价格上升，人们会增加对梨子、橘子等的购买，苹果的需求量大幅减少，需求弹性比较大。但是，鸡蛋的价格上升，由于鸡蛋没有相近的替代品，所以需求弹性比较小。

（2）必需品与奢侈品。**必需品的需求弹性小，奢侈品的需求弹性大**。食品的价格上升，人们并不会大幅减少对食品的需求。但是，电影票的价格上升，人们会减少看电影的次数。原因就在于，食品是必需品，看电影是奢侈品。当然，一种物品是必需品还是奢侈品，并不取决于物品本身固有的性质，而取决于消费者的偏好。对于一位非常喜欢看电影而不太在乎吃的消费者来说，看电影可能是缺乏弹性的必需品。

（3）物品的范围定义。**物品的范围定义越窄，需求弹性越大；物品的范围定义越宽，需求弹性越小**。物品范围定义窄，人们更容易找到替代品。比如，食品是一个范围比较宽泛的范畴，巧克力则是一个范围比较狭窄的范畴，因而巧克力富有弹性，因为人们很容易找到其他商品来替代巧克力。再比如，品牌为"好时之吻"的巧克力是一个非常狭窄的范畴，它的需求非常富有弹性，因为其他品牌的巧克力几乎可以完全替代"好时之吻"。

（4）考察时间的长短。**物品的需求在长期内更富有弹性**，因为在长期内人们有充分的时间来改变自己的偏好和消费结构。比如，汽油的价格上升，在最初的一段时间内，汽油的需求量只是略微减少。但随着时间的推移，人们会购买更省油的汽车、乘坐公共交通工具或者搬到离工作地点更近的地方居住。因此，考察的时间越长，汽油的价格上升导致需求量减少得越多，弹性值越大。

二、需求量对其他商品价格变动的敏感度：需求的交叉价格弹性

1. 需求的交叉价格弹性的计算

人们对商品的需求不仅取决于商品本身的价格，而且还与其他商品的价格以及消费者的收入有关。当研究某种商品的需求量对其他商品的价格以及消费者的收入的反应程度时，就要计算需求的交叉价格弹性和需求的收入弹性。

消费者对猪肉的需求不仅受猪肉价格的影响，而且还与牛肉的价格有关。研究牛肉的价格变动对猪肉的需求量影响程度，就要计算需求的交叉价格弹性。**需求的交叉价格弹性等于一种商品需求量变动百分比除以另一种商品价格变动百分比**。计算方法如式（3-4）所示：

$$e_{XY} = \frac{X 商品的需求量变动百分比}{Y 商品价格变动百分比} = \frac{\Delta Q_X / Q_X}{\Delta P_Y / P_Y} \qquad (3-4)$$

其中，ΔQ_X 表示 X 商品需求量的变化量，ΔP_Y 表示 Y 商品价格的变化量，$\Delta Q_X/Q_X$ 表示 X 商品需求量变动百分比，$\Delta P_Y/P_Y$ 表示 Y 商品价格变动百分比，e_{XY} 表示需求的交叉价格弹性。其结果表示，当 Y 商品价格变动 1%，X 商品需求量变动百分之几。比如，当牛肉的价格上升 10%，猪肉的需求量增加了 2%，需求的交叉价格弹性为 2%/10% = 0.2，这意味着，牛肉的价格上升 1%，猪肉的需求量将会上升 0.2%。

为了便于比较弹性值的大小，我们在前面讨论需求的价格弹性时取了绝对值，而需求的交叉价格弹性不能取绝对值，因为它可能为正，也可能为负。进一步地，我们还可以根据需求的交叉价格弹性的符号来判断两种商品之间的关系。

2. 需求的交叉价格弹性与商品之间的关系

（1）$e_{XY}>0$：替代品。**需求的交叉价格弹性为正值，两种商品为替代品**。在其他条件不变的情况下，X 商品的价格上升，Y 商品的需求量增加，需求量的交叉价格弹性为正，X 商品与 Y 商品为替代品的关系。

（2）$e_{XY}<0$：互补品。**需求的交叉价格弹性为负值，两种商品为互补品**。在其他条件不变的情况下，X 商品的价格上升，Y 商品的需求量下降，需求的交叉价格弹性为负，X 商品与 Y 商品为互补品的关系。

（3）$e_{XY}=0$：不相关。**需求的交叉价格弹性为 0，两种商品不相关**。X 商品的需求量不随 Y 商品价格的变化而变化，两者为不相关商品。

三、需求量对收入变动的敏感度：需求的收入弹性

1. 需求的收入弹性的计算

需求的收入弹性衡量消费者的收入变动对某种商品需求量变动的影响程度，或者

说，当收入变动1%，需求量变动百分之几。计算公式为：

$$e_Y = \frac{商品的需求量变动百分比}{收入变动百分比} = \frac{\Delta Q/Q}{\Delta Y/Y} \tag{3-5}$$

其中，ΔQ 表示需求量的变化量，ΔY 表示收入的变化量，$\Delta Q/Q$ 表示需求量变动百分比，$\Delta Y/Y$ 表示收入变动百分比，e_Y 表示需求的收入弹性。比如，消费者的收入上升10%，对应的电影需求量上升了12%，需求的收入弹性为12%/10% = 1.2，表示当收入上升1%时，消费者对电影的需求量上升1.2%。再比如，消费者的收入上升10%，汉堡的需求量下降了5%，需求的收入弹性为-5%/10% = -0.5，表示当收入上升1%时，消费者对汉堡的需求量下降了0.5%。可见，需求的收入弹性可能为正，也可能为负。进一步地，我们还可以根据需求的收入弹性符号来判断商品的性质。

2. 需求的收入弹性与商品的性质

（1）$e_Y>0$：正常商品。**收入水平上升，需求量增加，收入弹性为正，这样的商品称为正常商品**。进一步地，收入弹性大于1的商品称为奢侈品，表示收入增加，引起了更大幅度的需求量增加，如娱乐市场及产品、航空旅游、电影、电器、餐饮服务等。收入弹性在0到1之间的商品称为必需品，表示收入增加，需求量上升的幅度小于收入上升的幅度，如食品、烟草、服装等。

（2）$e_Y<0$：劣等商品。**收入水平上升，需求量减少，收入弹性为负，这样的商品称为劣等商品或低档商品**。如二手车、人造奶油等。

四、需求的价格弹性与销售收入

企业提价是否可以增加销售收入的问题便与需求的价格弹性有关。对许多企业来说，这个问题非常关键，无论是航空公司还是电影院或者杂志社，都要决定是否值得提价，提价带来的收益能否弥补需求减少引起的损失。销售收入是销售商品的总价值，等于商品的价格乘以销售量。企业提价，根据需求定理，销售量会下降，销售收入可能增加，也可能减少，还可能不变，结果取决于需求的价格弹性。

1. 富有弹性与销售收入

在图3-3中，需求曲线比较平缓，根据中点弹性公式，很容易计算得到，需求的价格弹性为3.86，商品是富有弹性的。企业提价，也就是从图3-3（a）变化到图3-3（b）的情形，将价格从4提高到5。相应地，需求量从50下降为20，销售收入从200下降为100。相反，企业降价，也就是从图3-3（b）变化到图3-3（a）的情形，将价格从5降低到4。相应地，需求量从20上升为50，销售收入从100上升为200。

可见，对于富有弹性的商品，降价会增加销售收入，提价会减少销售收入。在某些情况下，企业试图通过薄利多销来扩大市场份额，也就是通过降价，扩大销售，增加利润。薄利多销的条件是商品必须富有弹性，否则，降价不能扩大销售。

2. 缺乏弹性与销售收入

在图3-4中，需求曲线比较陡峭，根据中点弹性公式，很容易计算得到，需求的价

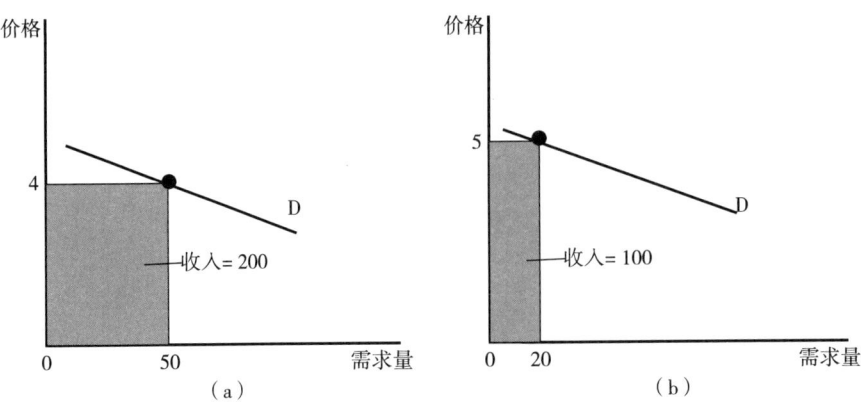

图 3-3　富有弹性与销售收入

格弹性为 0.22，商品是缺乏弹性的。企业提价，也就是从图 3-4（a）变化到图 3-4（b）的情形，将价格从 1 提高到 3。相应地，需求量从 100 下降为 80，销售收入从 100 增加到 240。相反，企业降价，也就是从图 3-4（b）变化到图 3-4（a）的情形，将价格从 3 降低到 1。相应地，需求量从 80 上升到 100，销售收入从 240 下降为 100。**可见，对于缺乏弹性的商品，提价会增加销售收入，降价会减少销售收入。**

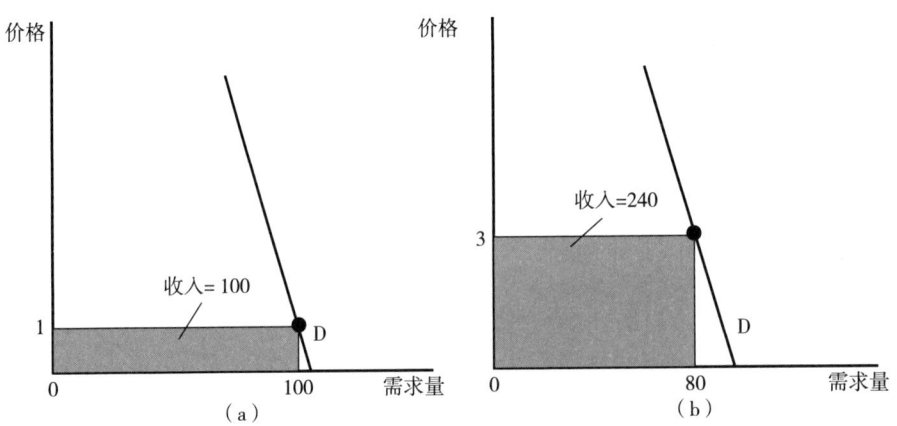

图 3-4　缺乏弹性与销售收入

对于单位弹性的商品，降价或提价对销售收入都没有影响，因为价格上升 1%，需求量会减少 1%；价格下降 1%，需求量会增加 1%。对于需求曲线为水平形状的完全弹性商品，在既定价格下销售收入可以无限增加，企业不会降价，也不会涨价，因为涨价会使销售收入减少为零。对于需求曲线为垂直形状的完全无弹性商品，价格变动会使销售收入同比例同方向变动，价格上升 1%，销售收入增加 1%；价格下降 1%，销售收入减少 1%。

3. 收成、农产品价格与农民的收入

干旱导致农产品歉收，对农民是坏事吗？风调雨顺，农产品丰收，对农民一定是好事吗？答案是不一定。图 3-5 描述了小麦市场的均衡价格及其变动，小麦的需求曲线比较陡峭，这意味着小麦为缺乏弹性的商品，价格下降不会使小麦的需求量增加很多。

由于天气的原因或者种植方法的改进，小麦的产量增加，如图 3-5 所示，供给曲线从 S_1 向右移动到 S_2，假定需求不变，均衡数量从 100 亿千克增加到 110 亿千克，均衡价格从 3 元下降为 2 元，农民的收入从 300 亿元减少为 220 亿元。可见，小麦的供给增加，导致价格下降以及农民的收入减少。进一步分析可以发现，小麦的供给增加，引起商品的价格下降了 1 元，同时，需求量增加了 10 亿千克。由于价格下降引起收入减少了 100 亿元，由于需求量增加引起收入增加了 20 亿元小麦的供给增加，农民的收入一共减少了 80 亿元。

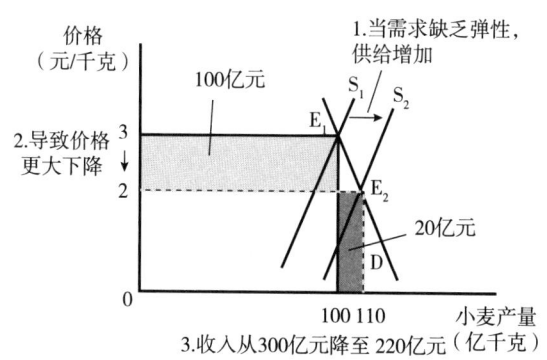

图 3-5　收成、农产品价格与农民的收入

在丰收的年份，农产品的产量增加，农民的收入反而减少，这便是所谓的"谷贱伤农"。"谷贱伤农"的原因在于，农产品是缺乏弹性的商品，丰收使得农产品均衡价格下降的幅度大于均衡数量增加的幅度，致使农民的收入减少。这就不难解释为什么苹果丰收了，苹果的产量增加，果农的收入反而减少了，原因就在于苹果是缺乏需求弹性的商品。

然而，在歉收的年份，农民的收入可能会增加。关于这一点，我们可以将图 3-5 中的供给曲线理解为从 S_2 向左移动到 S_1，小麦的价格上升，导致农民的收入增加。值得注意的是，尽管歉收会增加农民的收入，但对那些农作物被彻底破坏的农民来说，其个人收入还是减少了，而农作物未受影响的农民，其个人收入是增加的。因此，歉收并不是对所有农民都是一件好事。

第二节　供给弹性

一、供给曲线上两点之间的弹性

供给的价格弹性研究供给量对于价格变动的反应程度，或者说，当价格变动 1%，供给量变动百分之几。一种物品的供给量对价格变动的反应大，该物品的供给就是富有弹性的；相反，一种物品的供给量对价格变动的反应小，该物品的供给就是缺乏弹性的。计算公式为：

$$e_s = \frac{\text{供给量变动百分比}}{\text{价格变动百分比}} = \frac{\Delta Q/Q}{\Delta P/P} \quad (3-6)$$

其中，ΔQ 表示供给量的变化量，ΔP 表示价格的变化量，$\Delta Q/Q$ 表示供给量变动百分比，$\Delta P/P$ 表示价格变动百分比，e_s 表示供给的价格弹性。比如，猪肉的价格上升 10%，对应的供给量增加了 5%，则猪肉供给的价格弹性为 5%/10% = 0.5，这意味着，猪肉的价格上升 1%，供给量将上升 0.5%。

同样，当区分涨价和降价的不同情形时，供给曲线上同一区间的弹性值并不相同。解决这一问题的理想方法同样是采用中值法。计算公式为：

$$e_s = \frac{\text{供给量变动百分比}}{\text{价格变动百分比}} = \frac{\dfrac{\Delta Q}{(Q_1+Q_2)/2}}{\dfrac{\Delta P}{(P_1+P_2)/2}} \quad (3-7)$$

根据供给规律，供给量与价格同方向变动，因此，供给的价格弹性为正。**弹性值越大，表示供给量对价格变动越敏感；弹性值越小，表示供给量对价格变动越不敏感**。根据弹性值的大小，供给的价格弹性分为五种类型。

(1) $e_s = 0$：完全无弹性。**供给量对价格变动没有任何反应，供给曲线为一条垂线**。如图 3-6（a）所示，无论价格怎样涨跌，供给量固定不变，为 100。通常，古玩字画等物品由于不可能再生产出来，其存世量是固定的，供给曲线就是一条垂线。还有一些矿产资源的数量也是既定的，其数量不可能再生，供给量不随价格的变化而变化，供给弹性为零。

(2) $0 < e_s < 1$：缺乏弹性。**供给量变动百分比小于价格变动百分比，弹性值在 0 到 1 之间，供给量对价格变动不敏感**。如图 3-6（b）所示，价格上升 25%，供给量上升了 10%，供给的价格弹性为 10%/25% = 0.4。

(3) $e_s = 1$：单位弹性。**供给量变动百分比等于价格变动百分比，弹性值为 1，称为单位弹性**。如图 3-6（c）所示，价格上升 25%，供给量上升了 25%，供给的价格弹性为 25%/25% = 1。

(4) $e_s > 1$：富有弹性。**供给量变动百分比大于价格变动百分比，供给量对价格变动比较敏感**。如图 3-6（d）所示，价格上升 25%，供给量上升了 100%，供给的价格弹性为 100%/25% = 4。

(5) $e_s = \infty$：完全弹性。**价格稍微下跌，供给量便会减少为 0，弹性值为无穷大，供给曲线为一条水平线**。如图 3-6（e）所示，在价格为 4 的时候，生产者将生产任意数量的商品；只要价格稍微下降一点，供给量就立即减少为 0。

二、线性供给曲线上各点的弹性

前面所讨论的弹性实际上是供给曲线上两点之间的弹性，也称为弧弹性。下面我们来考察线性供给曲线上某一点的弹性，也就是点弹性。在向上倾斜的线性供给曲线上，

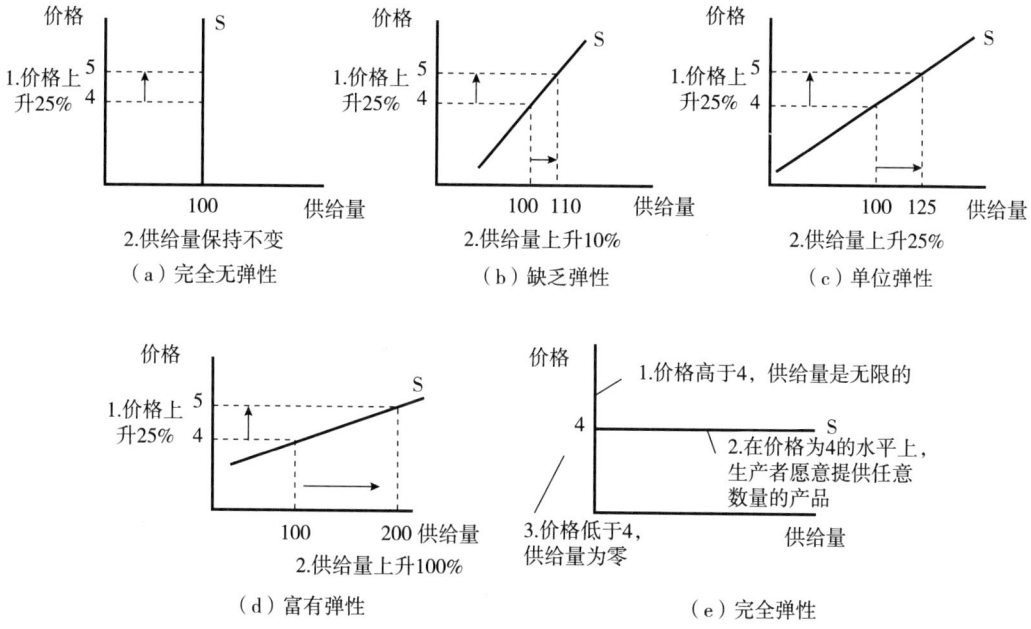

图 3-6　供给的价格弹性的类型

每一点的弹性值都是不同的。不过,在水平和垂直的供给曲线上,弹性值是固定不变的。

我们首先对式(3-6)进行简单的数学变换,这样就可以得到一个等价的表达式:

$$e_s = \frac{\Delta Q/Q}{\Delta P/P} = \frac{\Delta Q}{\Delta P} \cdot \frac{P}{Q}$$

假定线性供给函数为:

$$Q = -c + dP$$

其中,c 和 d 均为正的常数,-c 为价格 P=0 时的供给量,d 为价格上升引起供给量上升的比例,即 $\Delta Q/\Delta P$[①],也是供给曲线斜率的倒数(请注意,在横轴表示因变量供给量、纵横表示自变量价格的坐标图中,供给曲线的斜率为 $\Delta P/\Delta Q = 1/d$)。对于线性供给曲线来说,供给的价格点弹性如式(3-8)所示:

$$e_s = \frac{\Delta Q/Q}{\Delta P/P} = \frac{\Delta Q}{\Delta P} \cdot \frac{P}{Q} = d \cdot \frac{P}{Q} \tag{3-8}$$

可见,供给的价格点弹性不仅与供给曲线的斜率有关(斜率是 $\Delta P/\Delta Q = 1/d$),还与点的位置有关,也就是与该点的价格 P 和供给量 Q 的数值有关。显然,弹性与斜率并不是一回事,斜率反映线性供给曲线相对于横轴的倾斜程度,弹性反映供给量对价格变动的敏感程度。

---

① 当产品的价格从 P_1 上升到 P_2 时,供给量从 Q_1 上升到 Q_2,则供给量的变化量为 $\Delta Q = Q_2 - Q_1 = (-c + dP_2) - (-c + dP_1) = d\Delta P$,因此,$\Delta Q/\Delta P = d$。

供给曲线为 $Q_s = -20+10P$,根据式(3-8)可以计算出曲线上各点的弹性:

A 点:$P = 10$,$Q = 80$,$d = 10$,$e_s = d \cdot \dfrac{P}{Q} = 10 \times 10 / 80 = 1.25$。

B 点:$P = 12$,$Q = 100$,$d = 10$,$e_s = d \cdot \dfrac{P}{Q} = 10 \times 12 / 100 = 1.2$。

C 点:$P = 14$,$Q = 120$,$d = 10$,$e_s = d \cdot \dfrac{P}{Q} = 10 \times 14 / 120 = 1.17$。

可见,供给曲线上各点的弹性值并不相同。就供给曲线 $Q_s = -20+10P$ 而言,如图 3-7 所示,点的位置越高,弹性值越小;点的位置越低,弹性值越大。

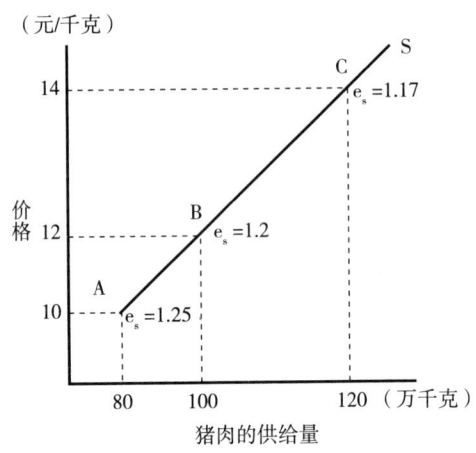

图 3-7 猪肉供给曲线上各点的弹性

值得注意的是,如果供给曲线与横轴的交点在坐标轴原点左侧,比如供给曲线为 $Q_s = -20+10P$,则供给曲线上各点的弹性值不仅大于 1,而且点的位置越高、弹性值越小。如果供给曲线与横轴的交点在坐标轴原点右侧,比如供给曲线为 $Q_s = 20+10P$,则供给曲线上各点的弹性值小于 1,而且点的位置越高、弹性值越大。如果供给曲线与横轴的交点在坐标轴原点,比如供给曲线为 $Q_s = 10P$,则供给曲线上各点的弹性值均等于 1。关于这一点,我们留给读者自己去证明。

三、影响供给的价格弹性的因素

供给的价格弹性反映供给量的变动对于价格变动的敏感程度。根据经验,我们可以总结出供给的价格弹性影响因素的一般规律。

(1)考察时期的长短。当商品的价格发生变化时,厂商对产量的调整需要一定的时间。**考察的时间越短,供给弹性越小;时间越长,供给弹性越大**。在短期内,厂房、设备等无法改变(增加或者减少),企业要根据涨价情况及时地增加产量,或者根据降价情况及时地减少产量,都存在不同程度的困难,因此,在短期内供给弹性比较小。但在长期内,生产规模的扩大与缩小甚至转产退出都可以实现,供给量可以对价格变动做出充分反应，供给弹性比较大。

（2）生产成本的变化。**在其他条件不变的情况下，生产成本随着产量的增加不会增加太多，产品的供给弹性大；生产成本随着产量的增加显著增加，产品的供给弹性小。**

（3）生产周期的长短。**产品的生产周期越长，供给弹性越小；生产周期越短，供给弹性越大。**一些产品的生产周期比较长，比如小麦等农产品，从播种到收获需要一定的生长周期，在短期内，即使价格上升，农民也无法增加供给，供给弹性较小。供给只能由存货来调节，供给弹性几乎为零。另一些产品的生产周期则比较短，比如麦片、豆腐等，随着产品的价格上升，厂商不仅可以通过充分调动现有的生产能力，甚至还可以通过增加劳动、资本等投入来增加供给，供给弹性比较大。

复习思考题

1. 术语和概念

需求的价格弹性；需求的交叉价格弹性；需求的收入弹性；谷贱伤农；供给的价格弹性

2. 选择题

（1）假设大米的价格上涨了10%，而大米的需求量减少了2%，则大米的需求价格弹性为_____。

A. 0.2 B. 2.0
C. 5.0 D. 10.0

（2）新手机的产量增加了5%，如果其需求的价格弹性是1.25，则新手机的价格会_____。

A. 降低4% B. 降低5%
C. 降低6.25% D. 降低1.25%

（3）沿着一条线性需求曲线向上移动，随着物品的价格上升和需求量下降，其需求的价格弹性_____。

A. 降低 B. 没有变化
C. 上升 D. 上升后下降

（4）假定商品的需求的价格弹性为1，则当其价格下降时_____。

A. 需求量下降 B. 总收益下降
C. 需求量不变 D. 总收益不变

（5）当_____时，商品价格上升会导致其总收益增加。

A. 需求的收入弹性大于1 B. 物品为低档物品
C. 需求缺乏弹性 D. 需求富有弹性

（6）如果航空旅行的价格上升10%，会导致旅行社的收入下降20%，则航空旅行的需求_____。

A. 富有弹性　　　　　　　　B. 缺乏弹性

C. 单位弹性　　　　　　　　D. 由于条件不足而无法判断

（7）当百事可乐的价格上涨10%时，人们对可口可乐的需求量上升了50%，则可口可乐对百事可乐需求交叉价格弹性为_____。

A. 50.0　　　　　　　　　　B. 10.0

C. 5.0　　　　　　　　　　　D. 0.2

（8）假设面粉的需求的收入弹性为-0.3，这说明_____。

A. 对面粉的需求缺乏价格弹性

B. 面粉的需求为单位价格弹性

C. 面粉价格的上升导致厂商的总收益减少

D. 面粉为低档物品

（9）收入增加10%使得消费者对牛奶的需求增加3%，则牛奶的需求收入弹性为_____。

A. -0.3　　　　　　　　　　B. 3.3

C. 0.3　　　　　　　　　　　D. 10.0

（10）如果小麦的长期供给具有完全弹性，则_____。

A. 随着人们的收入增加，小麦的供给会减少

B. 随着玉米的价格下降，小麦的需求量会减少

C. 长期来看，小麦价格的大幅上涨不会影响小麦的供给量

D. 长期来看，小麦需求的增加不会影响其价格

3. 分析讨论题

（1）在下列每一对物品中，你认为哪一种物品需求更富有弹性，为什么？

①粮食与带鱼

②咖啡与雀巢咖啡

③可口可乐饮料与水

（2）如果猪肉的需求函数为 $Q_d = 220 - 10P$，供给函数为 $Q_s = -20 + 10P$，其中，Q_d 为猪肉的需求量（万千克），Q_s 为猪肉的供给量（万千克），P 为价格（元/千克）。试求：

①猪肉的市场均衡价格和均衡数量。

②在均衡点上的需求的价格弹性。

（3）假设公务乘客和度假乘客对从北京到上海两地间的机票需求如表3-1所示，根据表3-1中的信息回答问题。

表3-1　飞机票的需求

价格（元）	需求量（张）	
	公务乘客	度假乘客
300	2100	1200

续表

价格（元）	需求量（张）	
	公务乘客	度假乘客
400	2000	1000
500	1900	800
600	1800	600
700	1700	400
800	1600	200

①当票价从 500 元上升到 600 元时，公务乘客的需求价格弹性为多少？度假乘客的需求价格弹性为多少？（用中点法计算）

②为什么度假乘客与公务乘客的弹性不同？

第 四 章

消费者行为理论

众所周知，钻石对于人类维持生存没有任何价值，然而，钻石的市场价格却非常高。水是人类生存的必需品，但是，水的市场价格却非常低。这种强烈的反差构成了钻石与水的悖论。

亚当·斯密在《国富论》中指出：没有什么东西比水更有用，能用它交换的货物却非常有限，很少的东西就可以换到水。相反，钻石没有什么用处，但可以用它换来大量的货品。通过本章效用理论的学习，我们可以很容易解释这一悖论。

第一节　基数效用论

一、边际效用递减规律

1. 效用的测量

当你看一部精彩的电影或者喝一杯香浓的咖啡时，你就从消费的商品中获得了满足，这种满足程度就是效用。**基数效用论认为，效用的大小可以度量，并加总求和，计量效用的单位叫作效用单位**。比如，吃1个苹果的效用是50，看1场足球比赛的效用是100，你获得的总效用就是150。

但是，如果你对商品和服务的满足程度只能提供相对评价，并不能说出具体效用大小，那么，这种对效用的测量就是序数效用。**序数效用论认为，效用的大小无法具体衡量，效用之间的比较只能通过顺序或等级即序数来表示**。效用没有精确的大小，只有顺序的比较。虽然你并不知道吃大餐以及看足球比赛的具体效用值，但是，你可以告诉我你对这两种商品的相对排序，在看足球比赛和吃大餐的消费中是选择看足球比赛还是吃大餐？消费者的行为目标是在一定的约束条件下追求效用最大化。接下来，本节讨论基数效用论关于消费者的行为选择。第二节讨论序数效用论关于消费者的行为选择。

2. 边际效用递减规律

我们把消费者从额外增加 1 单位商品消费中所获得的效用量的增加量叫作边际效用（Marginal Utility，MU）。某消费者吃 1 块巧克力的总效用（Total Utility，TU）是 60，2 块巧克力的总效用是 110，3 块巧克力的总效用是 150。那么，对该消费者来说，第 1 块巧克力的边际效用就是 60，第 2 块巧克力的边际效用是 50，第 3 块巧克力的边际效用是 40。**可见，消费者从消费的商品中获得的总效用是递增的，但从额外增加 1 单位商品消费中所获得的总效用量的增加量即边际效用是递减的，这就是边际效用递减规律。**

我们还可以用几何图形来表示总效用和边际效用。图 4-1（a）为总效用曲线，总效用随着消费的巧克力数量增加而增加，但并不是一直递增的，而是先递增后递减。图 4-1（b）为边际效用曲线，由于边际效用递减规律的存在，边际效用曲线向右下方倾斜。消费者吃第 5 块巧克力时，边际效用为 0，总效用达到最大；当巧克力的消费数量小于 5 时，边际效用为正，总效用是上升的；当巧克力的消费数量大于 5 时，边际效用为负，总效用开始下降。

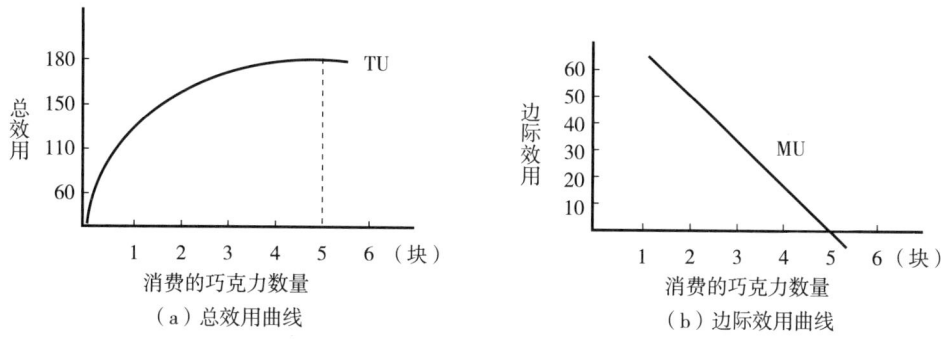

图 4-1　总效用曲线与边际效用曲线

二、效用最大化

1. 1 元钱的边际效用

假定你有 24 元钱，分别用来购买巧克力和苹果两种商品，巧克力的价格为 2 元，苹果的价格为 4 元。那么，你应该如何分配这 24 元钱呢？答案是，为了获得最大效用，应该使每元钱的支出给你带来尽可能大的额外满足。这里，首先来理解"1 元钱的边际效用"的概念。

表 4-1 说明了消费者如何计算花费在巧克力和苹果上"1 元钱的边际效用"。先考虑消费者购买巧克力的情况，当购买数量从 1 块增加到 2 块时，总效用从 60 增加到 110。巧克力的价格为 2 元，也就是说，消费者必须为额外购买 1 块巧克力花费 2 元。此时，花费 1 元钱获得的效用增加量就是（110-60）/2=25。接着，当购买数量从两块增加到 3 块时，总效用从 110 增加到 150，消费者同样必须为额外 1 块巧克力花费 2

元,此时,花费1元钱获得的效用增加量就是(150-110)/2=20。由此可见,由于边际效用递减,随着巧克力购买数量的增加,消费者花费在巧克力上的1元钱的边际效用下降。

表4-1 某消费者的效用表

巧克力(P_c=2元/块)				苹果(P_a=4元/个)			
数量(块)	总效用TU_c	边际效用MU_c	1元钱的边际效用MU_c/P_c	数量(个)	总效用TU_a	边际效用MU_a	1元钱的边际效用MU_a/P_a
1	60	60	30	1	180	180	45
2	110	50	25	2	300	120	30
3	150	40	20	3	388	88	22
4	180	30	15	4	448	60	15
5	180	0	0	5	468	20	5
6	170	-10	-5	6	468	0	0

同样可以分析得出,消费者花费在苹果上的1元钱的边际效用随着苹果购买数量的增加而下降。如表4-1所示,消费者购买第一个苹果,1元钱的边际效用为45;购买第二个苹果,1元钱的边际效用为30;购买第三个苹果,1元钱的边际效用为22。

2. 最优消费原则

消费者的目标是在商品价格既定条件下,花费既定的收入获得最大效用。仍然沿用上面的例子,为了获得最大效用,你应该购买多少苹果和巧克力?

根据表4-1,你可以先花4元钱购买一个苹果,1元钱的边际效用为45。然后,再购买一个苹果,1元钱的边际效用为30。接着,你花2元钱购买1块巧克力,1元钱的边际效用为30。再购买一块巧克力,1元钱的边际效用为25。请注意,到目前为止,你已经购买了两个苹果和两块巧克力,一共花费了12元,获得的总效用是410。当然,你还得继续购买,因为你的支出还没有用完。

现在,你再购买一块巧克力,1元钱的边际效用为20,而购买1个苹果,1元钱的边际效用为22,显然,购买1个苹果是更好的选择。根据这样的原则,很容易知道,接下来,你应该继续花2元钱购买1块巧克力。

最终,你购买了4块巧克力和4个苹果,支出金额为24元,获得的最大效用为628。在第4块巧克力上,1元钱的边际效用为15,在第4个苹果上,1元钱的边际效用同样为15。消费者效用最大时,花费在巧克力与苹果上的1元钱的边际效用相等。

用MU_c、MU_a分别表示消费者购买巧克力和苹果获得的边际效用,P_c、P_a分别表示巧克力和苹果的价格,则花费在巧克力上的1元钱的边际效用就是MU_c/P_c,花费在苹果上的1元钱的边际效用就是MU_a/P_a。消费者效用最大化的原则是,花费在巧克力与花费在苹果上的1元钱的边际效用相等,即

$$\frac{MU_c}{P_c}=\frac{MU_a}{P_a} \qquad (4-1)$$

在分析效用最大化原则时,假定消费者仅仅消费两种商品,实际上这一原则可以推广到多种商品的情形。**在商品价格以及消费者收入既定的条件下,要获得最大效用必须使花费在每种商品上最后 1 元钱具有相同的边际效用。**假定消费者消费 n 种商品,在收入水平、商品价格既定的条件下,应该满足:

$$\frac{MU_1}{P_1}=\frac{MU_2}{P_2}=\cdots=\frac{MU_n}{P_n} \qquad (4-2)$$

这样,消费者才能获得最大化效用。

运用总效用、边际效用以及最优消费原则,我们就可以解释水和钻石的悖论了。水,人们生存所必需,却所费无几;钻石,与水相比,没有什么用处,却非常昂贵。为什么?亚当·斯密曾试图解开这个谜团,然而,直到边际效用理论提出以后,才有了让人满意的答案。解开这个悖论需要区分总效用和边际效用,我们从水的消费中获得的总效用是巨大的,但是,我们消费水的总量大,水的边际效用低。钻石,相对于水来说,总效用小,但由于我们购买钻石的数量少,钻石的边际效用高。

消费者追求效用最大化,必须满足所有商品的边际效用与价格之比相等。这一原则对于水和钻石同样成立。钻石的价格高,边际效用也高;水的价格低,边际效用也低。钻石的高边际效用除以钻石的高价格,等于水的低边际效用除以水的低价格。消费者花费在钻石上的 1 元钱的边际效用等于花费在水上的 1 元钱的边际效用。

三、需求曲线向下倾斜

1. 个体的需求曲线

根据边际效用递减规律以及消费者效用最大化原则,可以解释需求曲线为什么向右下方倾斜。

现在,考虑苹果的价格上升,消费者会如何调整购买决策呢?根据表 4-1 中的信息,苹果的价格上升,消费者对苹果的效用评价即总效用与边际效用并不会发生变化,但苹果的价格上升,消费者花费在苹果上的 1 元钱的边际效用会下降。在消费组合中,不改变苹果的购买数量,在两种商品上 1 元钱的边际效用就不再相等,就会出现 $\frac{MU_a}{P_a}<\frac{MU_c}{P_c}$ 的情况,即花费在苹果上的 1 元钱的边际效用小于花费在巧克力上的 1 元钱的边际效用。

此时,消费者要想获得最大效用,必须调整两种商品的消费组合,使得花费在两种商品上的最后 1 元钱的边际效用相等。那么,消费者应该如何调整呢?由于边际效用递减规律的存在,消费者增加苹果的消费,苹果的边际效用 MU_a 会下降,而减少苹果的消费,苹果的边际效用 MU_a 会上升。因此,苹果的价格上升,应该减少购买,这样才能使得花费在苹果上的 1 元钱的边际效用 $\frac{MU_a}{P_a}$ 上升;相反,苹果的价格下降,应该增加购买,这样才能使得花费在苹果上的1元钱的边际效用 $\dfrac{MU_a}{P_a}$ 下降。

从上面的分析可以发现，在其他条件不变的情况下，为了获得最大效用，商品的价格上升，消费者会减少购买；商品的价格下降，消费者会增加购买。因此，消费者对商品的需求曲线向右下方倾斜。

2. 市场的需求曲线

通过前面的分析，我们得出了单个消费者对商品的需求曲线。那么，什么是市场的需求曲线呢？我们知道，单个消费者的需求曲线表示在各种价格水平下，单个消费者的计划购买量；相应地，整个市场的需求曲线就表示在各种价格水平下，所有消费者的计划购买量。

市场的需求曲线是将各种价格水平下，所有单个消费者对商品的需求量水平加总。假定苹果市场上只有A、B两个消费者，A的需求曲线如图4-2（a）所示，B的需求曲线如图4-2（b）所示，价格为8元时，A的需求量是6，B的需求量是4，则市场的需求量就是10；价格下降为4元时，A的需求量是10，B的需求量是6，则市场的需求量就是16。依此类推，可以得到苹果市场的需求曲线，如图4-2（c）所示。

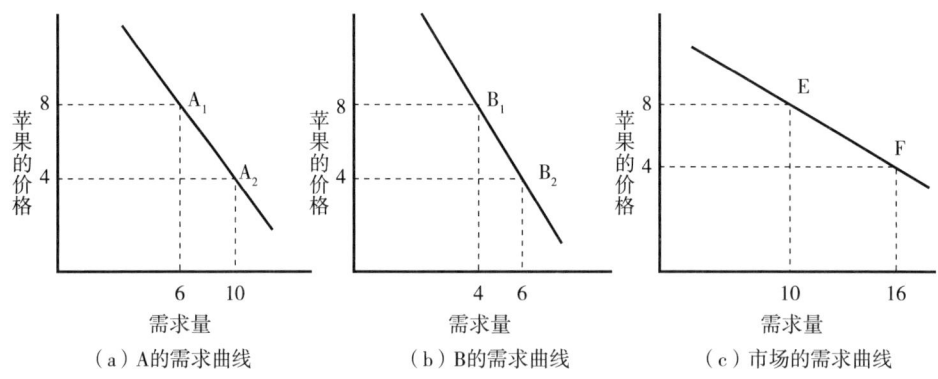

（a）A的需求曲线　　　（b）B的需求曲线　　　（c）市场的需求曲线

图4-2　个体需求曲线与市场需求曲线

市场的需求曲线上每个点都表示在相应的价格水平下可以给所有消费者带来最大效用的需求量。这是因为，每个价格水平下的需求量都是根据单个消费者效用最大化条件所得到的购买量。

第二节　无差异曲线

上一节通过基数效用分析方法，解释了向下倾斜的需求曲线。从这一节开始，运用序数效用分析方法，推导向下倾斜的需求曲线。序数效用论分析工具是无差异曲线和预算线。对于序数效用论来说，人们消费商品获得的效用不能具体度量，只能排序，由此，序数效用论提出了偏好的概念。

一、偏好

请关注一下你周围的同学或者朋友，他们穿着各式各样的衣服、鞋子。为什么会有如此大的差异？答案就在于每个人对款式、颜色的偏好不同。**偏好反映消费者对物品的喜好程度，它使得消费者能够对不同的消费组合进行比较**。关于偏好有三个关键性假设。

1. 完备性

完备性是指消费者在任意两个商品组合 A、B 之间选择时，都可以对它们排序，而且，下列关系中有且只有一种是正确的，即消费者要么认为 A 优于 B，要么认为 A 劣于 B，要么认为 A 和 B 没有差异，上述偏好关系涵盖了各种可能的结果。换句话说，消费者对偏好的表达方式是完备的，总是可以把自己的偏好准确地表达出来。

2. 可传递性

如果消费者对商品组合的排序不具有逻辑上的一致性，那么，要预测他的行为就困难了。偏好的可传递性特征就排除了某些行为不合逻辑的可能。假定有三个商品组合 A、B、C，对于 A、B 两个组合，消费者认为 A 优于 B。对于 B、C 两个组合，消费者认为 B 优于 C。那么，对于 A、C 两个组合，也就有 A 优于 C。这就是偏好的可传递性。

3. 多比少好

在其他条件相同的情况下，消费者总是认为越多越好。如果两个组合的区别仅仅在于其中一种商品数量的不同，那么，消费者总是偏好数量多的组合。也就是说，消费者对每一种商品的消费都处于饱和以前的状态。

二、无差异曲线

1. 什么是无差异曲线

在这里，只考虑包含两种商品的消费者选择模型，当然，这个模型也很容易推广到任意种商品的情形。如图 4-3 所示，假定某消费者仅仅消费巧克力和苹果两种商品，横轴表示苹果的数量，纵轴表示巧克力的数量。A 点表示 16 块巧克力和 1 个苹果的消费组合，B 点表示 10 块巧克力和 2 个苹果的消费组合，并且像 A、B 这样的组合给消费者带来的效用水平是相同的，我们把这些组合点的轨迹叫作无差异曲线。

无差异曲线是能够给消费者带来相同效用水平的两种商品不同组合点的轨迹。对消费者来说，在同一条无差异曲线上任意两个组合是无差异的，不同的无差异曲线代表的效用水平是不同的。没有哪两个消费者会有同样的无差异曲线，因为，没有哪两个人的偏好完全相同。

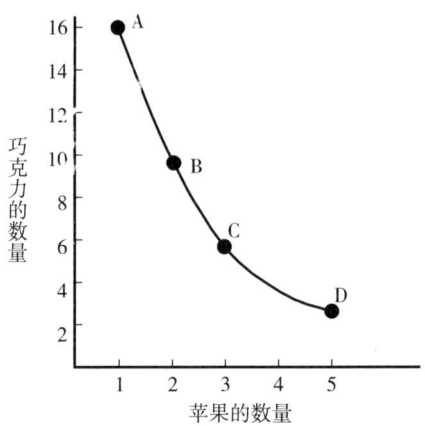

图4-3 某消费者的无差异曲线

2. 无差异曲线的特征

（1）任意两条无差异曲线不会相交。设想在图4-4（a）中，有两条无差异曲线I_1、I_2相交，交点为A，在无差异曲线I_1上再任取一点B，显然，A、B两个组合对消费者来说是无差异的。同样，在无差异曲线I_2上再任取一点D，则A、D两个组合对消费者来说也是无差异的。根据偏好的可传递性假设，B、D两个组合对消费者来说是无差异的。但从图形上来看，相对于D组合，消费者显然更偏好B组合。由此，消费者一方面认为B、D两个组合是无差异的，另一方面又认为B组合优于D组合，这违背了偏好的完备性假设。因此，任意两条无差异曲线不会相交。

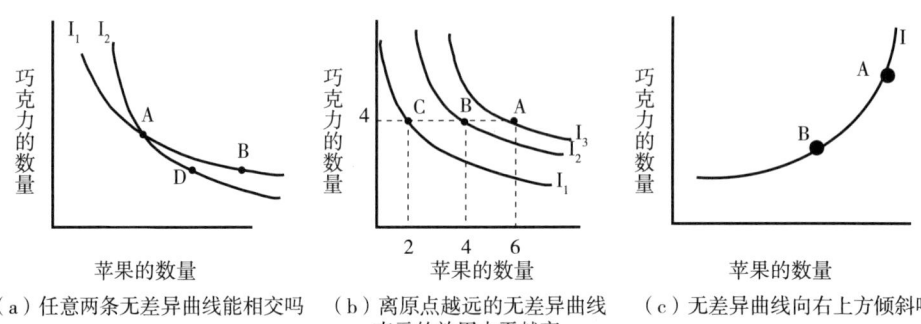

（a）任意两条无差异曲线能相交吗　（b）离原点越远的无差异曲线表示的效用水平越高　（c）无差异曲线向右上方倾斜吗

图4-4 无差异曲线的性质

（2）离原点越远的无差异曲线表示的效用水平越高。在图4-4（b）中，对于A、B、C三个组合，巧克力的数量相同，而苹果的数量不同。根据"多比少好"的偏好假设，消费者的偏好是，A优于B，B优于C，因而，无差异曲线I_3上的所有组合都要比I_2上的组合好，I_2上的所有组合都要比I_1上的组合好。因此，离原点越远的无差异曲线表示的效用水平越高。

（3）无差异曲线向右下方倾斜。假设无差异曲线不是向右下方倾斜，而是向右上方倾斜，如图4-4（c）所示，根据无差异曲线的定义有，对消费者来说 A、B 两个组合是无差异的，或者说效用水平相同。但根据"多比少好"的偏好假设，消费者认为 A 比 B 要好，因为 A 位于 B 的右上方。由此，消费者既认为 A 和 B 没有差异，又认为 A 优于 B，这违背了偏好的完备性假设。因此，无差异曲线不能向右上方倾斜。

（4）无差异曲线凸向原点。从几何意义上说，一条曲线的斜率的绝对值递减，该曲线就凸向原点。因此，如果我们能够说明无差异曲线斜率的变化规律，或者说斜率的绝对值是递减的，那么，也就能够证明无差异曲线凸向原点。下面，我们用边际替代率来说明无差异曲线的斜率的变化规律。

三、边际替代率

1. 什么是边际替代率

当消费者沿着无差异曲线移动的时候，意味着用一种商品去替代另一种商品，并且效用水平没有变化。**在维持效用水平不变的前提下，消费者增加 1 单位某种商品消费所需要放弃的另一种商品的数量，称为商品的边际替代率（Marginal Rate of Substitution，MRS），用 MRS 来表示。**

消费者增加苹果的消费，减少巧克力的消费，也就是用苹果替代巧克力，则苹果对巧克力的边际替代率为：

$$\text{MRS}_{ac} = -\frac{\Delta Q_c}{\Delta Q_a} \tag{4-3}$$

其中，ΔQ_a、ΔQ_c 分别表示苹果的增加量和巧克力的减少量，两者的符号相反。公式中加负号，目的在于使计算结果取正值。边际替代率 MRS_{ac} 表示，在维持效用水平不变的情况下，消费者用一个苹果可以替代巧克力的数量。从边际替代率的定义很容易知道，无差异曲线上两点之间的边际替代率就是这两点之间连线的斜率的绝对值，并且，这一结论同样适用于无差异量曲线上的某一点，也就是说，无差异曲线上某一点的边际替代率就是这一点的斜率的绝对值。

当消费者沿着无差异曲线移动的时候，通过增加苹果的消费替代巧克力的消费，并保持效用水平不变。那么，消费者增加苹果的消费所增加的效用，应该等于减少巧克力的消费所减少的效用。用 MU_a、MU_c 分别表示苹果和巧克力的边际效用，ΔQ_a、ΔQ_c 分别表示苹果和巧克力的变化量。一般地，一个微小数量的消费变化所引起的总效用变化量，等于商品数量的变化量乘以边际效用。因此，由于苹果消费数量的增加而增加的总效用为：$MU_a \times \Delta Q_a$。同样，由于巧克力消费数量的减少而减少的总效用为：$MU_c \times \Delta Q_c$。

于是，就有：

$$MU_a \times \Delta Q_a = -MU_c \times \Delta Q_c$$

进一步地，对该式进行简单的变换，就有：

$$-\frac{\Delta Q_c}{\Delta Q_a} = \frac{MU_a}{MU_c} \tag{4-4}$$

根据边际替代率的定义我们知道，式（4-4）左边就是苹果对巧克力的边际替代率，也是无差异曲线上两点之间连线的斜率的相反数。因此，就有：

$$MRS_{ac} = -\frac{\Delta Q_c}{\Delta Q_a} = \frac{MU_a}{MU_c} \quad (4-5)$$

也就是说，苹果对巧克力的边际替代率等于苹果的边际效用与巧克力的边际效用之比。这一结论对后面推导序数效用论消费者的均衡条件具有重要意义。

2. 边际替代率递减规律

根据无差异曲线的定义，当沿着无差异曲线从左上方向右下方移动的时候，消费者用苹果替代巧克力，但总效用没有变化。如图 4-5 所示，当消费者从 A 移动到 B，增加 1 个苹果的消费需要放弃 6 块巧克力，苹果对巧克力的边际替代率为 6。从 B 移动到 D，苹果对巧克力的边际替代率为 4，从 D 移动到 E，苹果对巧克力的边际替代率为 2。**可见，在维持效用水平不变的前提下，随着一种商品消费数量连续增加，消费者为得到每一单位这种商品所需要放弃的另一种商品的数量是递减的，这就是边际替代率递减规律。**

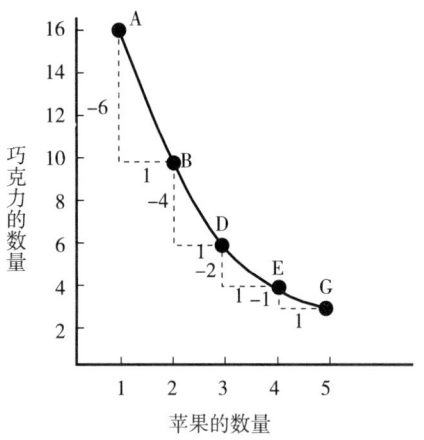

图 4-5 无差异曲线变化的斜率

我们已经知道，边际替代率就是无差异曲线的斜率的绝对值。正是由于边际替代率递减规律的存在，无差异曲线斜率的绝对值越来越小，无差异曲线凸向原点。无差异曲线凸向原点的原因是，人们更愿意放弃数量丰富的物品，而不愿意放弃数量少的物品。在 A 点，消费者拥有较少的苹果、较多的巧克力，愿意放弃较多的巧克力来换取一个苹果；而在 E 点，消费者拥有较多的苹果、较少的巧克力，消费者只愿意放弃很少的巧克力来换取一个苹果。

接下来一个很自然的问题是，当消费者沿着无差异曲线从右下方向左上方移动的时候，也就是用巧克力替代苹果，那么，巧克力对苹果的边际替代率也是递减的吗？答案是肯定的，对于消费者来说，无论是用苹果替代巧克力，还是用巧克力替代苹果，边际替代率都是递减的，因为边际效用递减规律是客观的。

第三节 预算线

一、什么是预算线

我们并不是总能得到所需要的东西,通常受到一定的预算约束。假设你花费 100 元购买巧克力和苹果,巧克力的价格为 2 元,苹果的价格为 4 元。那么,你最多可以购买 50 块巧克力,或者 25 个苹果,或者 20 块巧克力与 15 个苹果的一个组合,或者其他某一个潜在组合,只要支出金额不超过 100 元即可。这就是说,你的消费决策受到了总预算的限制。

图 4-6 表明了某消费者可能的消费集合,纵轴表示巧克力的数量,横轴表示苹果的数量。纵轴的截距表示所能购买到的最多的巧克力数量,等于预算金额除以巧克力的价格,最多可以购买 50 块巧克力,此时不购买苹果。横轴的截距表示所能购买到的最多的苹果数量,等于预算金额除以苹果的价格,最多可以购买 25 个苹果,此时不购买巧克力。

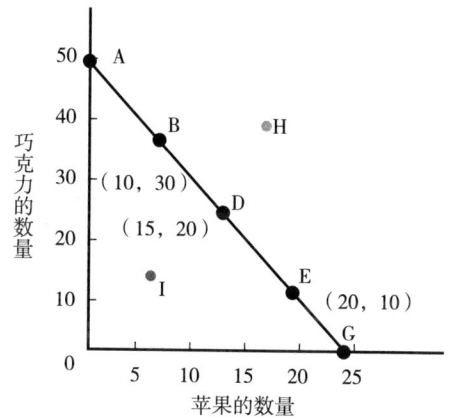

图 4-6 某消费者的预算线

连接纵轴和横轴上的两个截距点,便得到了一条直线,该直线就是预算线(Budget line,BL)。**预算线表示在消费者的收入和商品的价格给定条件下,消费者的全部收入所能购买到的两种商品的最大组合。**显然,这里只考虑包含两种商品的消费者选择模型。预算线及其以内的点表示在既定收入及商品价格下,消费者可以购买到的商品组合,如 I 点。预算线以外的点表示既定条件下不能达到的消费组合,如 H 点。

用 P_a、P_c 分别表示苹果和巧克力的价格,Q_a、Q_c 分别表示消费者购买苹果和巧克力的数量,I 表示消费者的收入,则预算线可以表示为:

$$P_a Q_a + P_c Q_c = I \tag{4-6}$$

预算线在纵轴的截距表示消费者的收入全部用来购买巧克力,所能购买到的巧克力的最大数量,为I/P_c。预算线在横轴的截距表示消费者的收入全部用来购买苹果,所能购买到的苹果的最大数量,为I/P_a。则预算线的斜率为:

$$-\frac{I}{P_c}\bigg/\frac{I}{P_a}=-\frac{P_a}{P_c}$$

对于预算线的斜率也可以这样理解,它是市场施加给消费者的一个选择,消费者可以用苹果替代巧克力的比率,即为了多获得1个苹果必须放弃巧克力的数量。当巧克力的价格为2元、苹果的价格为4元时,那么,消费者在市场上多购买1个苹果需要放弃2块巧克力。

二、价格变化、收入变化对消费的影响

1. 价格变化与预算线的移动

假定巧克力的价格为2元,消费者的收入为100元,苹果的价格从4元下降为2元,则预算线从$4Q_a+2Q_c=100$变化为$2Q_a+2Q_c=100$,在几何图形中,表现为如图4-7(a)所示的预算线向右移动。由于巧克力的价格没有变化,消费者把所有收入用来购买巧克力,能够购买到的巧克力的数量同以前一样多,预算线在纵轴的截距不变,仍然为50。但消费者把所有收入用来购买苹果,由于苹果的价格下降,能够购买到的苹果的数量增加,预算线在横轴的截距变大,为100/2=50。

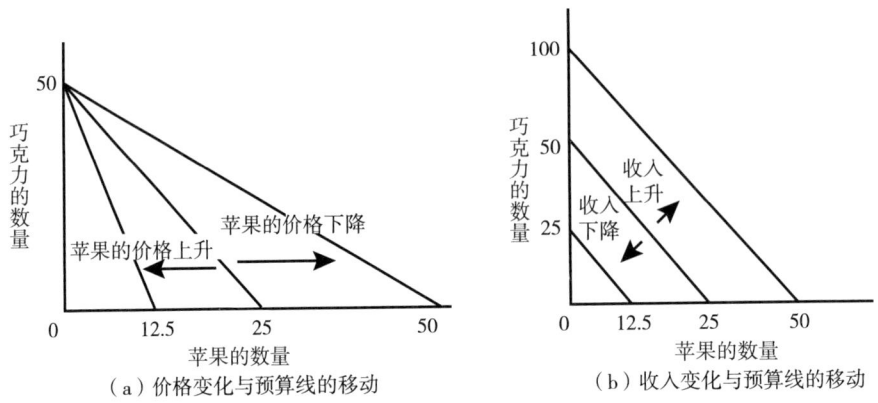

(a)价格变化与预算线的移动　　(b)收入变化与预算线的移动

图4-7 预算线的移动

苹果的价格上升对消费者的影响正好相反,假定苹果的价格上升为8元,其他条件保持不变,则预算线从$4Q_a+2Q_c=100$变化为$8Q_a+2Q_c=100$,如图4-7(a)所示,预算线向左移动,消费者能够购买到的商品组合变小,预算线在横轴的截距变为100/8=12.5。

苹果和巧克力的价格同时发生变化,预算线如何变动呢?假定收入不变,两种商品的价格同时按相同比例上升,预算线左移;两种商品的价格同时按相同比例下降,预算

线右移；两种商品的价格同时按不同比例、不同方向变化，要根据具体情况进行分析。

2. 收入变化与预算线的移动

接下来，我们讨论收入变化对消费的影响。收入增加，消费者能够购买到的商品增加；收入减少，消费者能够购买到的商品减少。假定巧克力和苹果的价格保持不变，消费者的收入从 100 元增加到 200 元，则预算线从 $4Q_a+2Q_c=100$ 变化为 $4Q_a+2Q_c=200$，在几何图形中表现为如图 4-7（b）所示的预算线向右平移，消费者能够购买到更多的商品。为什么预算线是平行移动呢？这是因为，预算线的斜率为两种商品的价格之比，而两种商品的价格没有变化，因此预算线的斜率不变。

消费者的收入减少，比如说从 100 元下降为 50 元，则预算线从 $4Q_a+2Q_c=100$ 变化为 $4Q_a+2Q_c=50$，在几何图形中表现为如图 4-7（b）所示的预算线向左平移，消费者能够购买到的商品减少。

第四节　最优消费组合

一、效用最大化的消费组合

前面两节分别介绍了无差异曲线和预算线，接下来，运用这两个工具分析消费者的选择。如图 4-8 所示，某消费者的预算线为 $4Q_a+2Q_c=100$，支出金额为 100 元，巧克力的价格为 2 元，苹果的价格为 4 元，消费者对两种商品的偏好给定，即给定了一簇反映消费者偏好的无差异曲线。那么，消费者应该购买多少苹果和多少巧克力才能达到效用最大？

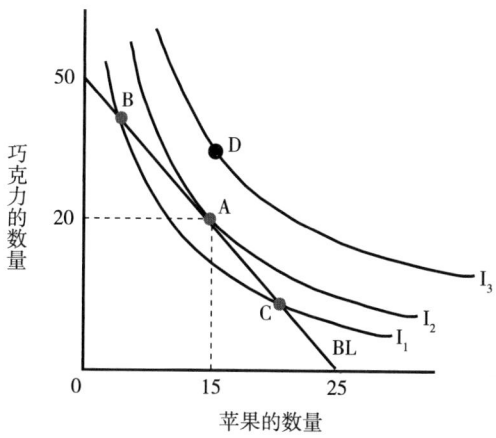

图 4-8　效用最大化的消费组合

为了回答这个问题,我们画出了消费者的三条无差异曲线 I_1、I_2、I_3,其中,I_3 表示的效用水平最高,I_2 次之,I_1 最低。

首先,I_3 上的 D 组合不是最优消费组合,因为 D 不在预算线上,在既定的收入以及商品价格下,消费者不能购买到这样的组合。

其次,I_1 上的 B 组合虽然在预算线上,消费者可以购买到这样的组合,但也不是最优组合。因为,只要沿着预算线从 B 点出发,向右下方移动,比如说移动到 A 点,就可以提高效用水平。同样,C 也不是最优消费组合。

显然,A 是既定条件下消费者能达到最高无差异曲线的消费组合,消费者购买 15 个苹果、20 块巧克力。在 A 点,既定的预算线与某一条无差异曲线相切。两条曲线相切,满足无差异曲线的斜率等于预算线的斜率。预算线的斜率为 $-P_a/P_c$,无差异曲线的斜率为切点上苹果对巧克力的边际替代率的相反数(请注意,边际替代率被定义为正值),即 $-MRS_{ac}$,则消费者的最优选择满足:

$$MRS_{ac} = \frac{P_a}{P_c} \tag{4-7}$$

这就是消费者效用最大化均衡条件。它表示:在一定预算约束下,为了实现最大效用,消费者应该选择最优消费组合,使得两种商品的边际替代率等于两种商品的价格之比。也可以这样理解:在均衡点上,消费者愿意用 1 单位商品去交换另一种商品的数量,应该等于该消费者能够在市场上用 1 单位这种商品去交换到另一种商品的数量。

进一步地,我们已经知道,苹果对巧克力的边际替代率还等于苹果的边际效用与巧克力的边际效用之比,即 $MRS_{ac} = \frac{MU_a}{MU_c}$,因此,消费者效用最大化均衡条件还可以表示为:

$$\frac{MU_a}{MU_c} = \frac{P_a}{P_c}$$

对该式做进一步的变换,则有:

$$\frac{MU_a}{P_a} = \frac{MU_c}{P_c}$$

由此,我们得到了基数效用论消费者最优选择的同样条件:消费者要获得最大效用,必须使得花费在每一种商品上的最后 1 元钱的边际效用相等。

二、偏好与选择

根据前面的分析,我们知道,消费者的最优消费组合位于预算线与某一条无差异曲线相切的地方。如果两个消费者的偏好不同,也就是说,具有不同的效用函数或不同形状的无差异曲线簇,那么,即使拥有相同的收入,面对同样价格的商品,消费者的选择也会不同。

图 4-9(a)中的无差异曲线反映了 A 对巧克力和苹果的偏好,图 4-9(b)中的无

差异曲线反映了 B 对巧克力和苹果的偏好。不同的无差异曲线簇反映了消费者对两种商品的不同偏好，显然，B 比 A 更喜欢巧克力，而不是那么喜欢苹果。

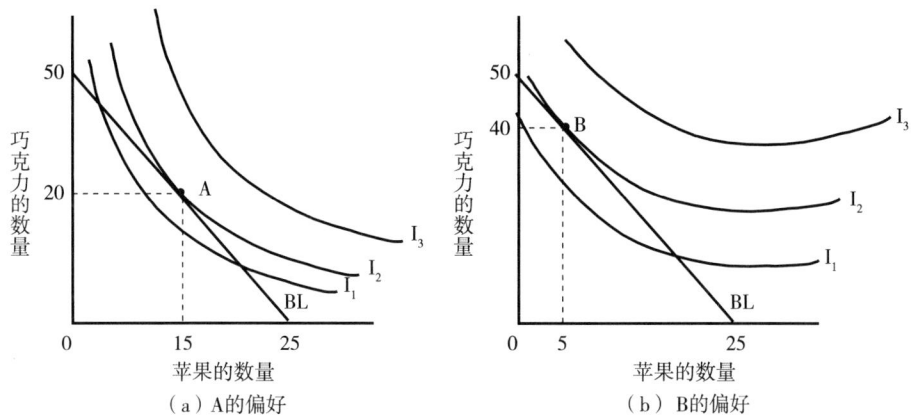

图 4-9　偏好差异与最优消费组合

假定两个消费者的支出金额均为 100 元，巧克力的价格为 2 元，苹果的价格为 4 元，则两个消费者具有相同的预算线。但是，由于两个消费者的偏好不同，他们会做出不同的选择，A 的最优消费组合为 15 个苹果和 20 块巧克力，B 的最优消费组合为 5 个苹果和 40 块巧克力。

三、替代品与互补品的选择

1. 完全替代品的选择

对某消费者来说，由于他尝不出百事可乐和可口可乐之间有什么差别，就把它们当成是完全可以相互替代的商品，对他来说，饮用 1 罐百事可乐与 1 罐可口可乐的效用是一样的。无差异曲线的斜率为 -1，这意味着消费者增加 1 罐百事可乐的消费，需要放弃 1 罐可口可乐的消费；或者相反。这时，此消费者的无差异曲线是一条直线，直线上每一点的边际替代率都是 1。当然，现实生活中，完全替代品的无差异曲线的斜率不必总是 -1，它可以是任意一个固定的比率，比如 -2 或者 -1/2。

假设消费者的支出金额为 120 元，百事可乐的价格为 6 元，可口可乐的价格为 8 元，则预算线的斜率为 -4/3，如图 4-10（a）所示，BL 为预算线，I_1、I_2、I_3 为反映消费者偏好的一簇无差异曲线，这些无差异曲线是线性的，不同于凸向原点的一般无差异曲线，表明对于消费者而言，两种商品之间互为替代品。显然，最优消费组合落在 A 点，购买 20 罐百事可乐，而不购买可口可乐。因为，无差异曲线 I_3 上的点与预算线 BL 不存在关系，而 B 组合虽然在预算线 BL 上，但效用水平为 I_1，并没有达到最大。

如果百事可乐的价格为 8 元，可口可乐的价格为 6 元，支出金额仍然为 120 元，则预算线的斜率为 -3/4，如图 4-10（b）所示，最优消费组合落在 B 点，购买 20 罐可口可乐，而不购买百事可乐。

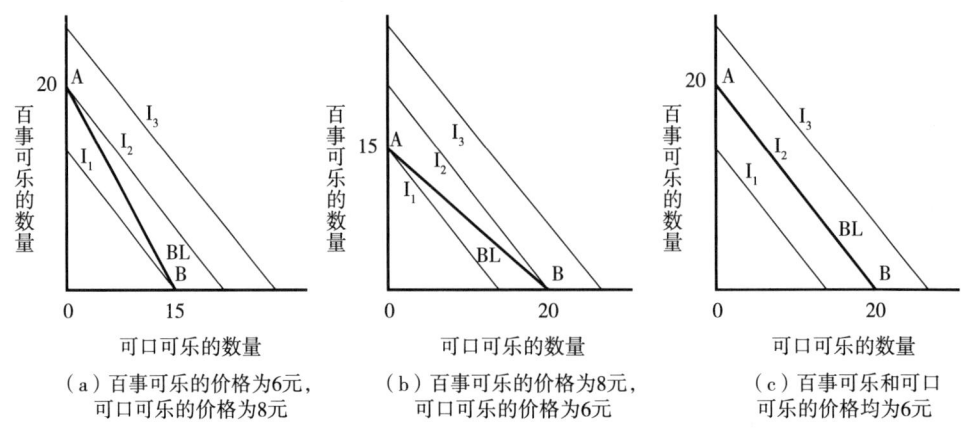

(a) 百事可乐的价格为6元，可口可乐的价格为8元

(b) 百事可乐的价格为8元，可口可乐的价格为6元

(c) 百事可乐和可口可乐的价格均为6元

图 4-10　消费者在完全替代品之间的选择

如果百事可乐和可口可乐的价格均为 6 元，支出金额仍然为 120 元，则预算线的斜率为 -1，如图 4-10（c）所示，最优消费组合落在预算线 BL 上的任意一点。

从上面的分析可以得出如下结论：在完全替代品情况下，最优消费组合落在预算线与纵轴交点的条件是，预算线斜率的绝对值比无差异曲线斜率的绝对值大。最优消费组合落在预算线与横轴交点的条件是，预算线斜率的绝对值比无差异曲线斜率的绝对值小。预算线与无差异曲线的斜率相同，最优消费组合为预算线上的任意一点。

2. 完全互补品的选择

消费者只愿意以固定比例进行消费，则两种商品为完全互补品。假设某消费者喜欢饼干和牛奶，而且只喜欢一起吃。增加一块饼干，但没有相伴的牛奶，增加的饼干并不能带来效用。同样，增加一杯牛奶，但没有相伴的饼干，增加的牛奶也不能带来效用。在这种情况下，该消费者的无差异曲线为如图 4-11 所示的直角形。

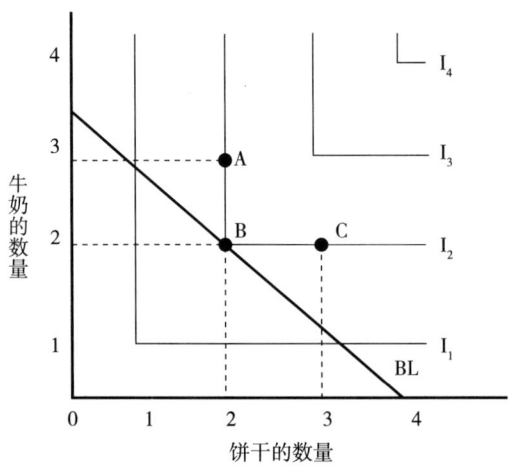

图 4-11　消费者在完全互补品之间的选择

对于直角形的无差异曲线，消费者不愿意在饼干和牛奶之间做任何替代，那么，该消费者在这两种商品之间的边际替代率是多少呢？答案是，在完全互补的情况下，商品的边际替代率是未做定义的，因为消费者的偏好不允许在两种商品之间进行任何替代。

在无差异曲线 I_2 上，B 点表示消费 2 块饼干和 2 杯牛奶，效用水平为 I_2。A 点则表示消费 2 块饼干和 3 杯牛奶，增加的这一杯牛奶并不能给他带来任何效用，效用水平仍然为 I_2。类似地，C 点表示消费 3 块饼干和 2 杯牛奶，增加的这一块饼干也不能给他带来任何效用，效用水平仍然为 I_2。

图 4-11 还画出了一条该消费者选择 B 组合的预算线 BL。预算线 BL 的斜率并不影响消费者的饼干和牛奶的联合消费，消费者总是按照同样的比例消费两种商品，而不管它们的价格，这使得两种商品为完全互补品。

第五节　需求曲线的推导

一、价格变化对消费者均衡的影响

1. 价格—消费曲线

从上一节的分析我们知道，在消费者的收入和商品价格既定情况下，效用最大化的消费组合位于预算线同某一条无差异曲线相切的点上。现在的问题是，在其他条件不变的情况下，商品的价格发生变化，最优消费组合如何变化呢？

假定消费者支出金额为 100 元，购买巧克力和苹果两种商品，巧克力的价格为 2 元，苹果的价格为 4 元。如图 4-12（a）所示，效用最大化均衡点为预算线 BL_1 同无差异曲线 I_2 相切的 A 点，最优消费决策是购买 15 个苹果、20 块巧克力。现在考察苹果的价格发生变化，消费者均衡将如何变化。苹果的价格下降为 2 元，预算线向右移动到 BL_2，均衡点为预算线 BL_2 同无差异曲线 I_3 相切的 B 点，最优消费决策是购买 22 个苹果、28 块巧克力。苹果的价格上升为 8 元，预算线向左移动到 BL_3，均衡点为预算线 BL_3 同无差异曲线 I_1 相切的 C 点，最优消费决策是购买 4 个苹果、34 块巧克力。

我们把 A、B、C 这样的组合点连接起来得到一条曲线，称之为价格—消费线。**价格—消费线表示在收入以及其他商品的价格不变的条件下，商品的价格变动引起消费者效用最大化均衡点移动的轨迹，反映商品价格变化引起需求量变动的情况。**

2. 需求曲线的推导

利用价格—消费线可以推导消费者对苹果的需求曲线。根据图 4-12（a）中的价格—消费线，我们知道，价格为 4 元时，消费数量为 15 个；价格为 2 元时，消费数量为 22 个；价格为 8 元时，消费数量为 4 个。把这样的消费组合画在图 4-12（b）中，横轴表示消费者对苹果的需求量，纵轴表示苹果的价格，可以得到单个消费者对苹果的需求

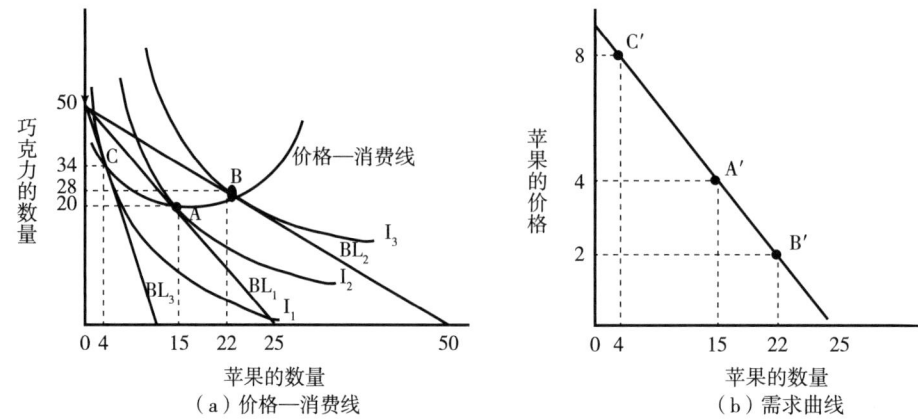

图 4-12 从价格—消费线到需求曲线

曲线。整个市场的需求曲线则是单个消费者的需求曲线水平加总。

序数效用论推导的需求曲线同样向右下方倾斜,表示商品的价格和需求量反方向变化。更为重要的是,需求曲线上与每一价格水平相对应的需求量都是可以给消费者带来最大效用的均衡数量。

二、收入变化对消费者均衡的影响

1. 收入—消费线

在讨论价格变化如何引起需求量变化时,假定消费者的收入不变。下面,假定商品的价格不变,讨论收入变化将引起消费者的均衡如何变化。

如图 4-13 (a) 所示,巧克力的价格为 2 元,苹果的价格为 4 元,消费者的收入为 100 元,均衡点为预算线 BL_1 同无差异曲线 I_2 相切的 A 点,最优决策是购买 15 个苹果、20 块巧克力。现在考察消费者的收入发生变化,均衡将如何变化。消费者的收入增加为 120 元,则预算线从 BL_1 向右平移到 BL_2,均衡点为预算线 BL_2 同无差异曲线 I_3 相切的 B 点,最优决策是购买 18 个苹果、24 块巧克力。消费者的收入下降为 80 元,预算线从 BL_1 向左平移到 BL_3,均衡点为预算线 BL_3 同无差异曲线 I_1 相切的 C 点,最优决策是购买 12 个苹果、16 块巧克力。

我们把图 4-13 (a) 中 A、B、C 这样的组合点连接起来得到一条曲线,称之为收入—消费线。**收入—消费线是在消费者的偏好和商品的价格不变的条件下,收入变动引起消费者效用最大化均衡点移动的轨迹,反映收入变化引起需求量变动的情况。**

2. 需求曲线的移动:收入对消费的影响

接下来,我们用需求曲线的移动来反映收入变化对苹果需求的影响。如图 4-13 (b) 所示,横轴表示苹果的需求量,纵轴表示苹果的价格。D_1 表示消费者的收入为 100 元,巧克力的价格为 2 元时,消费者对苹果的需求曲线,反映在消费者的收入和巧克力的价格既定的条件下,苹果的价格与需求量之间的关系。D_1 上的 A′ 点与图 4-13 (a) 中

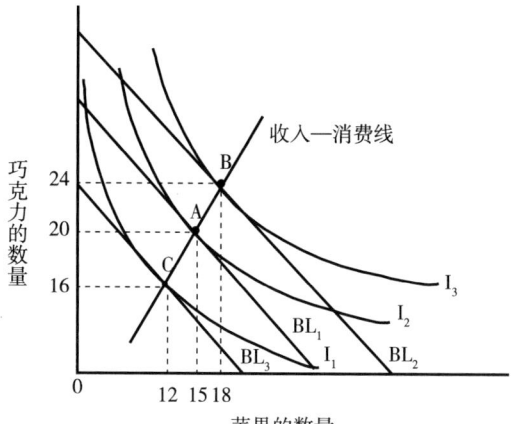

（a）收入—消费线

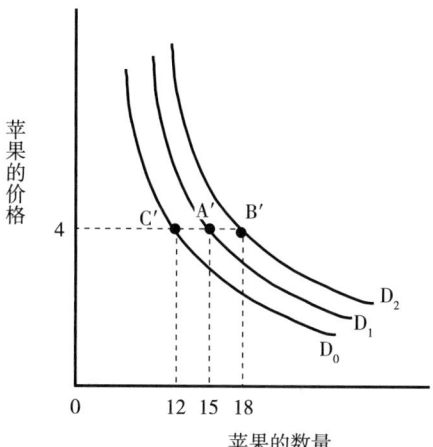

（b）收入变动引起需求曲线移动

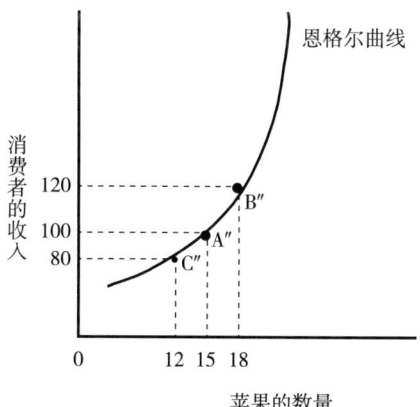

（c）恩格尔曲线

图 4-13 收入变动对需求量的影响

的 A 点相对应，表示苹果的价格为 4 元，消费者对苹果的需求量为 15 个。

D_2 表示消费者的收入上升为 120 元，巧克力的价格仍然为 2 元时，消费者对苹果的需求曲线。D_2 上的 B′ 点与图 4-13（a）中的 B 点相对应，表示苹果的价格为 4 元，由于收入上升，消费者对苹果的消费量上升为 18 个。D_0 表示消费者的收入下降为 80 元，巧克力的价格仍然为 2 元时，消费者对苹果的需求曲线。D_0 上的 C′ 点与图 4-13（a）中的 C 点相对应，表示苹果的价格为 4 元，由于收入下降，消费者对苹果的消费量下降为 12 个。

实际上，图 4-13（b）中的三条需求曲线 D_0、D_1、D_2 就是第二章所讨论的需求曲线的移动。商品价格的变化导致需求数量的变动，用沿着需求曲线的移动来表示，商品价格以外的其他因素导致需求数量的变动，用需求曲线本身的移动来表示。

3. 恩格尔曲线

进一步地，可以用更加直观的方法表示消费者的收入与需求量之间的关系，而不仅仅通过需求曲线的移动来说明这种影响。如图 4-13（c）所示，纵轴表示收入，横轴表示苹果的需求量，当苹果的价格不变时，可以画出苹果的需求量与消费者的收入之间的关系，这条曲线也叫作恩格尔曲线。**恩格尔曲线表示在其他条件不变的情况下，在每个收入水平消费者对某商品的需求量。**在恩格尔曲线上，A″、B″、C″分别与图 4-13（b）中的 A′、B′、C′点以及图 4-13（a）中的 A、B、C 点相对应。恩格尔曲线向右上方倾斜，表示收入上升，消费者对苹果的需求量增加，同时也意味着，对该消费者来说，苹果是一种正常商品。

但是，当恩格尔曲线向右下方倾斜时，该商品就是劣等商品。如图 4-14 所示，纵轴表示收入，横轴表示汉堡的需求量，消费者的收入低于 20 元时，收入增加，对汉堡的需求量增加；收入超过 20 元时，收入继续增加，消费者对汉堡的需求量减少，这时，汉堡成为一种劣等商品。

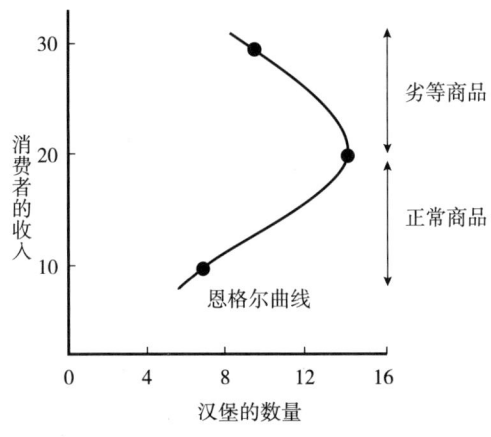

图 4-14　劣等商品的恩格尔曲线

第六节　价格变化的影响：替代效应和收入效应

当其他商品的价格以及消费者的收入保持不变时，一种商品的价格下跌，有两种力量使得消费者增加对该商品的购买。一是由于商品的价格下跌，消费者的实际收入增加，能够购买到更多的所有商品，这是价格变动的收入效应。二是由于商品的价格下跌，消费者会增加购买相对便宜的商品来替代其他商品，这是价格变动的替代效应。因此，商品价格发生变动导致消费者对需求量变动的总效应可以分解为替代效应和收入效应。

一、正常商品的替代效应和收入效应

假定消费者购买巧克力和苹果两种商品，支出金额为 100 元，巧克力的价格为 2 元，苹果的价格为 4 元。如图 4-15 所示，消费者效用最大化均衡点为预算线 BL_1 同无差异曲线 I_1 相切的 A 点，最优消费决策是购买 15 个苹果、20 块巧克力。其他条件保持不变，苹果的价格下降为 2 元，预算线向右移动到 BL_2，效用最大化均衡点为预算线 BL_2 同无差异曲线 I_2 相切的 B 点，最优消费决策是购买 22 个苹果、28 块巧克力。

均衡点从 A 移动到 B 是苹果的价格下降导致的需求量变化，这就是苹果价格下降的总效应，苹果价格下降使得消费者多购买了 7（22-15）个苹果。这个总效应可以分解为替代效应和收入效应两个部分。

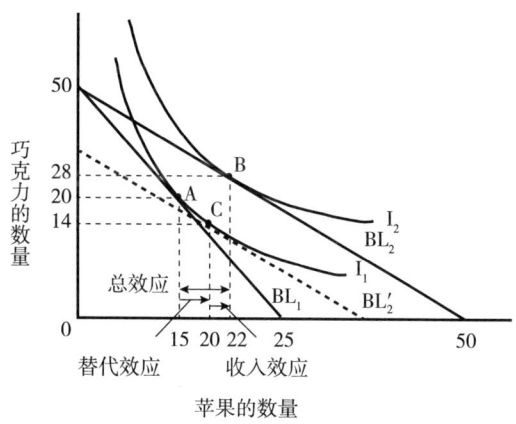

图 4-15　正常商品的替代效应和收入效应

替代效应是在其他商品的价格和消费者的效用水平保持不变的情况下，商品的价格变化导致消费者对商品需求量的变化。为了使消费者的效用水平保持不变，我们用减少收入的办法来抵消苹果价格下降的影响，便可以得到替代效应。在图 4-15 中，作一条虚拟预算线 BL_2'。BL_2' 是基于苹果价格下降情况，维持初始的效用水平画出来的，因此，BL_2' 平行于预算线 BL_2，并相切于初始无差异曲线 I_1，切点为 C。由虚拟预算线 BL_2' 与初始无差异曲线 I_1 相切可知，要抵消苹果价格下降给消费者带来的好处，就需要把消费者的预算从 100 元减少为 68 元。这是因为，在预算线为 BL_2' 的情况下，为了维持效用水平在无差异曲线 I_1 上，最优消费组合为 20 个苹果、14 块巧克力，支出金额为 $(20×2+14×2) = 68$ 元。因此，苹果的价格相对于巧克力的价格下降了，消费者为了使效用水平保持不变而减少其支出，最优消费组合从 A 移动到 C，苹果的消费数量增加了 5 个，这就是替代效应。

收入效应是在价格不变的情况下，由于收入变化导致消费者对商品需求量的变化。苹果的价格下降，导致消费者在同样的预算下可以购买到更多的商品。预算线从 BL_2' 移动到 BL_2 反映了消费者的收入增加，即从 68 元增加到 100 元，最优消费组合从 C 移动到 B，苹果的消费增加了 2 个，这就是收入效应。

价格变动引起的总效应就是替代效应与收入效应之和，苹果价格下降的总效应为：

总效应 = 替代效应 + 收入效应

$$7 = 5 + 2$$

无差异曲线凸向原点，替代效应就是确定的，即商品价格下降，需求量增加。在保持效用水平不变的情况下，消费者总是增加相对便宜的商品的购买。

收入效应的方向取决于商品的收入弹性。苹果对该消费者来讲是正常商品，收入效应为正，即苹果的价格下降，实际购买力增加，消费者增加对苹果的购买。于是，苹果价格变动的替代效应与收入效应方向相同，价格下降引起的总效应是增加对苹果的购买，消费者对苹果的需求曲线向右下方倾斜。**对于正常商品来说，商品的价格下降，替代效应的作用是增加购买，收入效应的作用也是增加购买，因此，价格下降的总效应是增加购买，需求曲线向右下方倾斜。**

二、低档商品的替代效应和收入效应

对于正常商品来说，价格变动引起的收入效应与替代效应方向相同，但是，对于低档商品来说，**价格变动引起的收入效应与替代效应方向相反。对于低档商品来说，商品的价格下降，替代效应的作用是增加购买，收入效应的作用是减少购买，而且，在大多数场合，收入效应的作用小于替代效应的作用，因此，价格下降的总效应是增加购买，需求曲线仍然向右下方倾斜。在某些极端情况下，收入效应的作用大于替代效应的作用，因此，价格下降的总效应是减少购买，需求曲线向右上方倾斜，这种特殊的低档商品叫作吉芬商品。**

如图 4-16 所示，某消费者要把钱花费在购买鸡蛋和大米上。假定消费者的收入和鸡蛋的价格保持不变，当大米的价格下降时，预算线 BL_1 向右移动到 BL_2，效用最大化均衡点从初始预算线 BL_1 与无差异曲线 I_1 相切的 A 点，移动到预算线 BL_2 同无差异曲线 I_2 相切的 B 点，消费者购买大米的数量从 a 减少为 b，大米价格变动的总效应为 (b-a)，降价导致大米的购买数量减少。同样，我们可以把总效应分解为替代效应和收入效应。价格变动的总效应由替代效应和收入效应的相对大小决定，接下来，我们分别考察这两种效应。

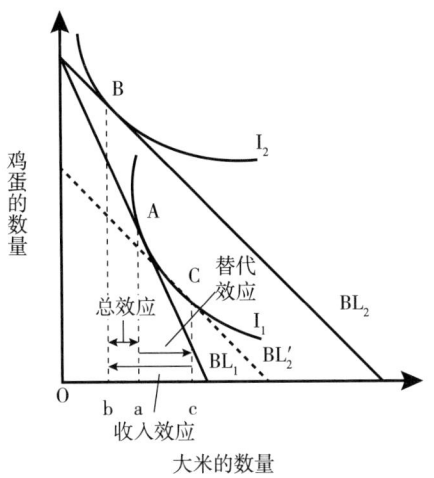

图 4-16　吉芬物品的替代效应与收入效应

为了测量大米降价的替代效应，我们同样在图 4-16 中作一条虚拟预算线 BL_2'，BL_2' 平行于预算线 BL_2，相切于初始无差异曲线 I_1，切点为 C。我们很容易知道，(c-a) 为大米降价的替代效应，(b-c) 为大米降价的收入效应。大米价格下降的总效应为：

$$总效应 = 替代效应 + 收入效应$$
$$(b-a) = (c-a) + (b-c)$$

可见，大米价格下降的总效应为负，也就是说，大米的价格下降，消费者的需求量减少；大米的价格上升，需求量上升，这样的商品称为吉芬商品。吉芬商品的需求曲线是向右上方倾斜的。需求规律告诉我们，需求曲线向右下方倾斜。由此可见，需求规律是一条经验规律，而非理论必然。当然，吉芬商品在现实中也是比较罕见的。

复习思考题

1. 术语和概念

边际效用；1 元钱的边际效用；边际效用递减规律；无差异曲线；边际替代率；预算线；价格—消费线；收入—消费线；恩格尔曲线；吉芬商品

2. 选择题

（1）小王只购买饮料和面包，并且他所购买的这两种物品能够使其实现效用最大化。如果一瓶饮料的边际效用为 10，价格是 1 元；一块面包的边际效用为 20，则一块面包的价格为_____。

A. 20 元　　　　　　　　　　　　B. 2 元
C. 1 元　　　　　　　　　　　　　D. 如果没有更多信息，价格无法计算出来

(2) 钻石比水贵，这个事实说明对于大多数消费者而言，_____。

A. 钻石的总效用大于水的效用　　　B. 钻石的边际效用等于水的边际效用

C. 水的消费量多于钻石的消费量　　D. 一颗钻石比一瓶水更好、更漂亮

(3) 边际效用递减规律意味着消费者从第二块饼干中得到的消费者剩余_____。

A. 大于从第一块中得到的　　　　　B. 与从第一块中得到的相等

C. 小于从第一块中得到的　　　　　D. 两者无法比较

(4) 预算线的斜率_____。

A. 被定义为边际替代率

B. 等于用横轴代表的物品所表示的另一种物品的相对价格

C. 随着消费者的收入增加而增大

D. 随着消费者的收入增加而减小

(5) 如果两种物品为完全替代品，则它们的_____。

A. 无差异曲线为直线，且斜率为负　B. 无差异曲线为直线，且斜率为正

C. 无差异曲线呈L形　　　　　　　　D. 物品的边际替代率为无穷大

(6) 如果两种物品的无差异曲线呈L形，则它们为_____。

A. 互补品　　　　　　　　　　　　B. 替代品

C. 正常物　　　　　　　　　　　　D. 低档物品

(7) 当苹果的价格下降时，收入效应_____。

A. 会增加苹果的购买，如果苹果是正常商品

B. 会增加苹果的购买，如果苹果是低档商品

C. 会减少苹果的购买，如果苹果是正常商品

D. 总是增加苹果的购买，无论苹果是正常商品还是低档商品

(8) 当苹果的价格下降时，替代效应_____。

A. 会减少苹果的购买，如果苹果是低档商品

B. 会减少苹果的购买，如果苹果是正常商品

C. 会增加苹果的购买，如果苹果是低档商品

D. 总是增加苹果的购买，无论苹果是正常商品还是低档商品

(9) 下面表述正确的是_____。

A. 由于边际替代率递减，无差异曲线向外凸

B. 由于边际替代率递减，预算线的斜率为负

C. 可以用无差异曲线和预算线推导出消费者的需求曲线

D. 需求曲线和无差异曲线斜率为负的原因是相同的

(10) 当你消费的物品数量越多，则_____。

A. 物品的边际效用和总效用都增加　　B. 物品的边际效用增加而总效用减少

C. 物品的边际效用减小而总效用增加　D. 物品的边际效用和总效用都减少

3. 分析讨论题

(1) 苹果的市场价格是每个2元，梨子的市场价格是每个1元，五位消费者消费苹果与梨子的边际效用如表4-2所示，那么，这些消费者的选择达到了最优吗？

表 4-2 消费者的效用表

	苹果的边际效用	梨的边际效用
A	12	6
B	6	6
C	6	3
D	3	6
E	12	3

（2）假设小张消费苹果和咖啡的均衡图如图 4-17 所示，其中，横轴表示苹果的数量，纵轴表示咖啡的数量，直线为小张的预算线，曲线 I_1 为无差异曲线，E 点为效用最大化均衡点。苹果的价格为每个 2 元。

①小张的收入是多少？
②咖啡的价格是多少？
③写出小张的预算线方程。
④写出预算线的斜率。
⑤在均衡点 E，对小张来说，苹果对咖啡的边际替代率是多少？

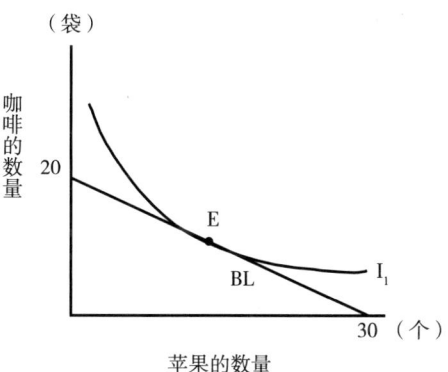

图 4-17 小张消费苹果和咖啡的均衡图

第五章

生产函数

通常，服装企业的投入有劳动、布料、厂房、缝纫机等。在这些投入中，有些短期内可以改变，比如劳动、布料等，有些很难改变，比如厂房、缝纫机等。如果订单意外增加，那么，短期和长期生产中企业的行为选择是否一样呢？答案是不一样的。

在短期，企业来不及增加缝纫机、厂房等的投入，要增加产量，只能通过延长工人的工作时间，或者雇用更多的工人来实现。但是，如果订单持续增加，仅仅增加劳动的投入很难满足市场需求，企业还需要增加缝纫机、厂房等的投入，而增加这些投入需要一定时间，在短期内很难完成。在长期，企业不仅可以增加劳动投入，而且还可以调整厂房、机器设备等投入，用一种投入替代另一种投入。本章考察企业为了有效生产，在短期和长期生产中的投入选择问题。

第一节 投入与产出

一、生产函数

1. 什么是生产函数

企业是将劳动、原材料、能源和资本等投入转化为产出的经济组织。 经济学上考察一家企业，最重要的是它的投入和产出。农场投入劳动、土地、种子和化肥，生产小麦和稻谷；工厂投入劳动、机器设备、原材料，生产衣服和汽车。企业运用技术或生产工艺将投入转化为产出。企业的投入多种多样，绝大多数可以归纳为劳动、资本和原材料。企业的产出可以是美容、旅游等无形产品，也可以是麦片、服装等有形产品。

生产过程一般非常复杂，经济学家并不讨论企业内部复杂的生产过程。如果把企业的生产过程比作一台复杂的机器或者一个黑匣子，那么，经济学家关心的是，从机器一端投入多少生产要素与另一端出来多少产品之间的数量关系。这种数量关系就是技术约束，反映技术对企业生产能力的制约。比如，农场投入劳动和土地生产小麦，经济学家关心的不是农场如何使用劳动和土地，而是投入的劳动、土地与小麦产量之间的关系。

生产函数概括了将投入转化为产出的各种方式，它反映在当前所采用的技术和组织既定情况下，生产要素的投入量与所能生产的最大产量之间的关系。技术泛指一切可行的生产工艺和组织生产的方法和手段。值得注意的是，厂商在生产过程中投入的原料、燃料等不是生产要素。生产要素通过出售服务而反复获得收入，原料、燃料等投入品却不是这样的，经济学家把生产要素分为劳动、土地、物质资本和人力资本。关于生产要素理论的详细介绍见教材第十二章。假定企业只使用劳动和资本两种生产要素，生产函数可以表示为：

$$Q = f(L, K) \tag{5-1}$$

该生产函数表示，在技术不变的条件下，企业使用 L 单位劳动和 K 单位资本，能够生产出 Q 单位产品。因为生产函数仅包含有效的生产工艺，因而，它只表示既定的劳动和资本能够生产出最大产出。追求利润最大化的企业对无效率和浪费投入的生产工艺并不感兴趣，企业并不愿意雇用两名工人去做一件只需要一名工人就能有效完成的工作。

2. 柯布—道格拉斯生产函数

柯布—道格拉斯生产函数由美国数学家柯布和经济学家道格拉斯于 20 世纪 30 年代提出，认为产出主要是资本和劳动等主要生产要素贡献的结果。其一般形式为：

$$Q = AL^{\alpha}K^{\beta} \tag{5-2}$$

其中，Q 代表产量，L 和 K 分别代表劳动和资本投入量，A 为参数（包括技术进步、制度效率等），**A>0；α 为劳动的产出弹性（即在其他条件不变的情况下，劳动投入单独增加 1%，产出将会增加 α%），β 为资本的产出弹性（即在其他条件不变的情况下，资本投入单独增加 1%，产出将会增加 β%），0<α<1，0<β<1**。柯布和道格拉斯通过对美国 1899~1922 年劳动、资本和产量的有关统计资料的估算，得出这一时期生产函数的具体形式为 $Q = 1.01L^{0.75}K^{0.25}$。这意味着，当资本投入量固定不变时，劳动投入量单独增加 1%，产量将增加 0.75%；当劳动投入量固定不变时，资本投入量单独增加 1%，产量将增加 0.25%；劳动和资本同时增加 1%，产量就会增长 1%。**根据 α+β 之和，我们还可以判断规模报酬状况：α+β>1，规模报酬递增；α+β=1，规模报酬不变；α+β<1，规模报酬递减**。关于规模报酬的详细讨论将在本章最后部分介绍。

二、技术效率与经济效率

经济学家假设企业的目标是追求利润最大化。一个不追求利润最大化的企业要么被市场淘汰，要么被利润最大化的企业收购。那么，企业追求的利润究竟是什么呢？**利润是企业出售产品获得的销售收入与投入的成本之差**。用 π 表示利润，TR 表示出售产品获得的收入，TC 表示投入的成本，则利润可以表示为：

$$\pi = TR - TC \tag{5-3}$$

企业要追求最大利润，就要有效地生产。企业用最少的要素生产既定产量，就实现了技术效率，用最少的成本生产既定产量，就实现了经济效率。

如何理解技术效率与经济效率的含义呢？假设一家企业一天生产1000件衣服可以采用A、B、C、D四种方法，每种方法投入的劳动和资本的数量是不同的，如表5-1所示。在这些不同生产方法中哪种方法在技术上有效率呢？请观察表5-1中的数据，方法A使用了较多的资本、较少的劳动，方法D使用了较多的劳动、较少的资本。再比较一下方法B和C，这两种方法使用的资本都是10，但方法C使用的劳动比B要多，因此，方法C缺乏技术效率。其他三种方法A、B、D在技术上都是有效率的。方法A使用了较多的资本，但劳动的数量比B少；方法D使用了较多的劳动，但资本的数量比B少。那么，哪种方法在经济上有效率呢？答案是，这取决于生产要素的相对价格。

表5-1　某企业生产1000件衣服的四种方法

方法	劳动（人）	资本（台）
A. 机器人生产	1	1000
B. 生产线生产	10	10
C. 工作台生产	100	10
D. 纯手工生产	1000	1

当企业用最小的成本生产既定的产量时，就实现了经济效率。假定劳动的工资为每人每天200元，资本的价格为每台机器每天租金1000元。表5-2为采用不同方法生产1000件衣服的成本，通过观察可以发现，方法B成本最小。方法A劳动投入比较少，但资本投入太多，资本的成本比较高，方法D虽然使用了较少的资本，但劳动投入太多，劳动的成本比较高。只有方法B既具有技术效率，又具有经济效率。方法C在技术上无效率，在经济上也无效率。方法C使用的资本与B相同，劳动投入是B的10倍，因此，方法C的成本更高。技术上无效率的方法在经济上一定无效率。如果生产要素的价格发生变化，那么，方法A、D也可以在经济上具有效率，这一点留给读者自己去思考。

表5-2　采用不同方法生产1000件衣服的成本

方法	劳动投入（人）	劳动的价格（元）	劳动投入总成本（元）	资本投入（台）	资本的价格（元）	资本投入总成本（元）	总成本（元）	单位产品总成本（元）
A	1	200	200	1000	1000	1000000	1000200	1000.2
B	10	200	2000	10	1000	10000	12000	12
C	100	200	20000	10	1000	10000	40000	40
D	1000	200	200000	1	1000	1000	21000	21

企业不能实现技术效率，就无法实现利润最大化，技术效率是实现利润最大化的必要条件。但是，即使企业实现了技术效率，也未必实现利润最大化。利润是企业的销售

收入与生产成本之间的差额。成本不仅与要素的投入量有关,而且还与要素的价格有关。邮政公司可以采用人工分拣信件与机器自动分拣信件,并且两种方法都能完成信件分拣工作,都实现了技术效率。但是,如果雇用工人的成本超过了使用机器的成本,那么,只有使用机器才能实现利润最大化。**利润最大化要在技术效率的基础上才能实现,但技术效率不是利润最大化的充分条件。企业实现资源有效配置的标准是技术效率和经济效率,两者缺一不可**。在经济学中,研究技术效率的内容称为生产理论,研究经济效率的内容称为成本理论。

三、时期与投入的变动

根据企业能否变动所有投入要素,把生产划分为短期生产和长期生产。**在短期,企业来不及调整所有投入要素,至少有一种要素的投入量是固定不变的生产周期**。数量固定不变的投入要素为固定投入,可以轻易调整投入数量的要素为可变投入。**在长期,所有的投入要素都是可变的,没有不变投入和可变投入之分**。换句话说,短期生产意味着企业在既定的规模下通过调整可变要素生产产品,长期生产意味着企业通过调整所有的投入要素,或者说通过选择合适的规模生产产品。

假设一家服装企业突然接到很多订单,并要求在很短的时间内交货。企业虽然愿意承接这么多订单,但因为时间紧迫,企业不能迅速扩建厂房、购置缝纫机,也就是说,这些投入在短期内是固定不变的。在长期内,企业可以调整所有的投入要素,不仅原材料、工人的投入数量是可变的,如果每天都有这么多订单,企业还会增加厂房、机器设备等固定要素的投入,但在短期内企业很难做到。

当然,不同类型企业的长期和短期的划分是不同的。一家服装企业可能1个月是短期,1年是长期,在1年中企业不仅可以增加雇佣工人,而且还可以租用更多的厂房、添置更多的缝纫机等设备,扩大生产规模。但是,对一家钢铁企业来说,在1年中可能很难改变企业的厂房、设备等要素的投入规模,因此,1年仍处于短期生产,可能3年以上才处于长期生产,企业才能调整所有的投入要素。

第二节　短期生产:一种可变投入与一种固定投入

一、短期生产函数

在短期,假定企业仅使用劳动和资本两种要素,并且资本投入固定不变,劳动投入可变,企业只能通过增加劳动投入增加产出,短期生产函数可以表示为:

$$Q=f(L, \bar{K}) \tag{5-4}$$

其中,Q 表示产出,L 表示劳动投入量,$\bar{K}$ 表示资本投入量。短期生产函数表示,在资本投入以及生产技术不变的情况下,总产出仅仅与劳动投入有关,是劳动投入量的函数。

我们以一家服装企业为例说明短期生产。在短期,企业不能增加厂房、缝纫机等固定要素的投入,但可以通过增加工人来提高产量。如表5-3所示,企业使用劳动和资本两种生产要素,其中,劳动投入是可变的,资本投入固定不变。

在短期,由于资本投入固定不变,总产量取决于劳动投入量。**总产量(Total Product of Labor,TP_L)是指既定数量劳动所能生产出的产量,用 TP_L 表示。** 当企业没有雇用工人时,单独投入厂房、设备并不能生产衣服,故产量为0。如表5-3所示,投入1个劳动可以生产10件,投入2个劳动可以生产30件。利用现有设备,最多可以生产112件,这时,需要投入7个或者8个劳动。劳动投入量超过8个,反而因为人浮于事、相互妨碍使得产量下降。可见,随着劳动投入量的增加,总产量并不是一直上升的,而是先递增后递减。

表5-3 某服装企业的短期生产函数

劳动 L	资本 K	总产量 TP_L	劳动的平均产量 AP_L	劳动的边际产量 MP_L
0	10	0	—	—
1	10	10	10	10
2	10	30	15	20
3	10	60	20	30
4	10	80	20	20
5	10	95	19	15
6	10	108	18	13
7	10	112	16	4
8	10	112	14	0
9	10	108	12	-4
10	10	100	10	-8

我们还可以用边际产量和平均产量概念,说明增加劳动投入对总产量的影响。在决定是否多雇用一个工人之前,企业要确定多雇用一个工人能增加多少产量。也就是说,企业想知道劳动的边际产量。**劳动的边际产量(Marginal Product of Labor,MP_L)是在其他投入不变的情况下,多使用1单位劳动所带来的总产量的变化量,用 MP_L 表示。** 用 ΔL 表示工人的增加量,ΔQ 表示产出的增加量,劳动的边际产量可以表示为:

$$MP_L = \frac{\Delta Q}{\Delta L} \tag{5-5}$$

如表5-3所示,劳动投入从3个增加到4个,相应地,产出从60件增加到80件,则第4个劳动的边际产量为20件。类似地,第5个劳动的边际产量为15件。这里,我们并不能清晰地指出劳动的边际产量的变化规律。

在多雇用一名工人之前,企业还要知道产量是否会与这1单位劳动同比例增加。要想回答这个问题，企业就要知道增加一个劳动对平均产量的影响。**劳动的平均产量（Average Product of Labor，AP_L）是平均 1 单位劳动生产的产出，等于产出量与劳动投入量之比，用 AP_L 表示**。劳动的平均产量可以表示为：

$$AP_L = \frac{Q}{L} \tag{5-6}$$

如表 5-3 所示，投入 3 个劳动可以生产 60 件衣服，则平均产量为 20 件；投入 6 个劳动可以生产 108 件衣服，则平均产量为 18 件。这里，同样不能清晰地指出劳动的平均产量的变化规律。

二、短期产量曲线之间的关系

根据表 5-3 中的数据，我们画出服装企业的短期产量曲线。如图 5-1 所示，横轴表示劳动投入量，纵轴表示总产量、平均产量和边际产量。根据图 5-1，我们可以发现总产量曲线、平均产量曲线和边际产量曲线之间的关系。

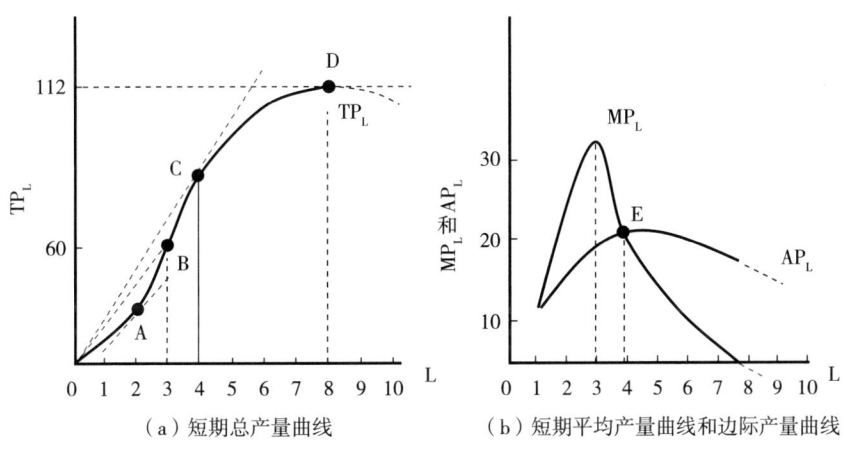

图 5-1　某服装企业的短期生产函数

1. 总产量曲线与边际产量曲线之间的关系

如图 5-1（a）所示，总产量曲线向右上方倾斜，反映了雇用更多的工人可以带来更高的产量。但是，它的斜率并不是常数，曲线越向右侧靠近越平坦。实际上，总产量曲线的斜率就是劳动的边际产量，这是因为，总产量曲线的斜率是由劳动的变化量引起的产量变化量。从图 5-1（b）可以发现，劳动的边际产量随着雇用人数的增加先上升后下降，也就是说，当其他投入固定时，连续增加一个雇佣工人，所增加的产出最终是递减的。正是由于边际产量递减，当企业不断增加雇佣工人时，总产量曲线变得越来越平缓。关于总产量与边际产量有如下关系：当劳动投入量小于 8 时，边际产量大于 0，总产量曲线是上升的，并且，先以递增的速率上升，然后以递减的速率上升；当劳动投入量大于 8 时，边际产量小于 0，总产量曲线是下降的；当劳动投入量为 8 时，边际产量等于 0，总产量达到最大。

2. 总产量曲线与平均产量曲线之间的关系

我们用总产量曲线就能确定平均产量曲线，投入 L 单位劳动的平均产量等于 L 单位劳动投入在总产量曲线上的点与原点连线的斜率。这条直线的斜率等于产出量除以劳动投入量，这也正是劳动的平均产量的定义。

3. 边际产量曲线与平均产量曲线之间的关系

为了说明平均产量和边际产量之间的关系，我们先来考虑一下你同班同学的平均身高问题。假定你所在班级同学的平均身高为 1.65 米，这个平均身高就是一个平均量。最近，你们班来了一位新同学，身高是 1.75 米，这位新同学的身高就是一个边际量，由于边际身高大于平均身高，全班平均身高上升为 1.652 米。如果边际身高小于平均身高，比如新同学的身高为 1.60 米，则全班平均身高下降为 1.649 米。**一般地，当边际量大于平均量时，平均量上升；当边际量小于平均量时，平均量下降；当边际量等于平均量时，平均量取最大值或最小值。**

根据边际量与平均量之间的关系原理，如图 5-1（b）所示，劳动的边际产量曲线 MP_L 与平均产量曲线 AP_L 有如下关系：当 MP_L 曲线位于 AP_L 曲线的上方时，AP_L 曲线上升；当 MP_L 曲线位于 AP_L 曲线的下方时，AP_L 曲线下降；MP_L 曲线相交于 AP_L 曲线的最大值点。

总产量曲线、劳动的平均产量曲线、劳动的边际产量曲线均呈先上升后下降的特征，这反映了短期生产中一个重要规律即边际报酬递减规律。

三、边际报酬递减规律

当企业使用越来越多的劳动时，边际报酬递减规律决定着总产量曲线和边际产量曲线的形状。**边际报酬递减规律是指在技术水平不变的条件下，连续地、等量地把一种可变生产要素增加到其他一种或几种数量不变的生产要素上去的过程中，当这种可变生产要素的量小于某一特定值时，增加 1 单位该要素的投入量所带来的边际产量是增加的；当这种可变生产要素的量连续增加并超过这一特定值时，增加 1 单位该要素的投入量所带来的边际产量是递减的。**

边际报酬递减规律认为，企业连续增加一种投入，产出的增加量会变得越来越小。新增劳动的边际报酬递减可能是由于工人之间相互妨碍对方工作而造成的，大量工人共用几台设备或者过分拥挤。理解边际报酬递减规律需要注意以下几点：

（1）假定生产技术不变。如果企业在增加劳动投入时，采用更加先进的技术和设备，那么，劳动的边际产量有可能是递增的。

（2）假定其他投入固定不变。如果其他投入也是可变的，将会发生什么样的情况呢？企业使用的机器设备、厂房的数量增加，那么，每一个劳动投入水平的总产量上升，总产量曲线向上移动；相反，企业使用的机器设备、厂房的数量减少，每一个劳动投入水平的总产量下降，总产量曲线向下移动。可见，总产量曲线的位置取决于其他要素的投入量，其他要素的投入量改变，总产量曲线的位置就会发生变化。

（3）假定所有可变投入是同质的，即劳动者的操作技术、积极性等各方面均无差异。劳动者的操作技术、积极性不同，可变要素的边际报酬不一定递减。

（4）可变投入的边际产量先递增、后递减、再变为负值，而不是一开始就递减。

四、短期生产的合理投入区间

根据短期生产的总产量曲线、边际产量曲线和平均产量曲线，可以将企业的短期生产划分为三个阶段，如图 5-2 所示。那么，在短期，企业应该在哪个阶段生产才是合理的呢？

1. 第Ⅰ阶段

第Ⅰ阶段为劳动投入量小于 4 的阶段。在这一阶段，劳动的边际产量大于平均产量，平均产量曲线始终是上升的，并达到最大值，总产量曲线是增加的。这说明，在这一阶段，不变要素资本的投入量相对过多，生产者只要增加可变要素劳动的投入，就可以增加总产量和平均产量。任何理性的生产者都不会在这一阶段生产，而是继续增加可变要素劳动的投入，以增加总产量，并将生产扩大到第Ⅱ阶段。

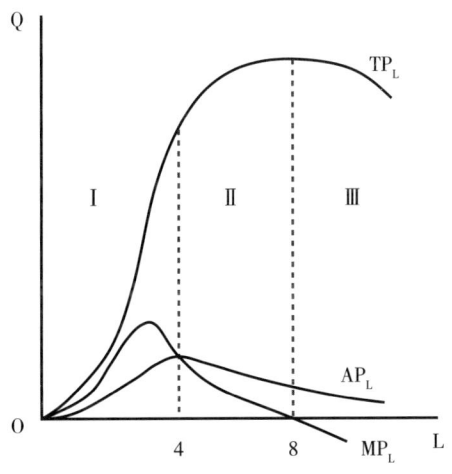

图 5-2 厂商短期生产的合理阶段

2. 第Ⅲ阶段

接着，我们先来讨论第Ⅲ阶段，即劳动投入量大于 8 的阶段。在这一阶段，劳动的平均产量曲线下降，边际产量为负，总产量曲线开始下降。这时，即使劳动是免费的，理性的生产者也会通过减少劳动投入来增加总产量，以脱离劳动的边际产量为负的第Ⅲ阶段，退回到第Ⅱ阶段。

3. 第Ⅱ阶段

第Ⅱ阶段为劳动投入量大于 4、小于 8 的阶段。**在第Ⅱ阶段的起点处，平均产量曲**

线与边际产量曲线相交，平均产量达到最大值；终点处，边际产量为零，总产量达到最大值。任何理性的生产者既不会将生产停留在第Ⅰ阶段，也不会停留在第Ⅲ阶段，而只会在第Ⅱ阶段生产。

至于可变要素最佳投入量究竟为多少，将在以后的章节做进一步的分析。

第三节　长期生产：两种可变投入

一、等产量曲线

1. 等产量曲线的含义

在短期，假定资本投入不变，另一种投入劳动是可变的。但在长期，所有投入都是可变的。正因为这样，企业可以用不同的要素组合生产相同的产出，可以用较少的劳动、较多的资本，也可以用较多的劳动、较少的资本。也就是说，企业可以用一种投入替代另一种投入，并保持产量不变。

我们用表5-4来说明企业在投入方面的替代能力，第1行表示劳动投入，第1列表示资本投入，两种投入都是可变的。从表5-4可知，要生产75单位产出，企业可以采用4种不同的投入组合，分别是1个劳动和5个资本、2个劳动和3个资本、3个劳动和2个资本、5个劳动和1个资本。可见，企业可以用一种投入替代另一种投入，并且不同投入组合都可以生产75单位产出。

表5-4　两种可变生产要素的生产函数

资本K	劳动L				
	1	2	3	4	5
1	20	40	55	65	**75**
2	40	60	**75**	85	90
3	55	**75**	90	100	105
4	65	85	100	110	115
5	**75**	90	105	115	120

接着，我们把表5-4中的信息，画在横轴为劳动投入、纵轴为资本投入的坐标图中，如图5-3所示，就可以得到等产量曲线。**所谓等产量曲线是指在技术水平不变的条件下，生产同一产量水平两种投入的不同组合的轨迹。**用常数Q_0表示既定的产量水平，则与等产量曲线相对应的生产函数为：

$$Q = f(L, K) = Q_0 \tag{5-7}$$

我们也可以用等产量曲线来说明，资本投入不变，只有劳动投入可变的短期生产。如图 5-3 所示，资本投入不变，为 3 单位，劳动投入为 1 单位，可以生产 55 单位产品；劳动投入为 2 个单位，可以生产 75 单位产品；劳动投入为 3 单位，可以生产 90 单位产品。可见，一种投入不变，而另一种投入改变，等产量曲线就会从一处移动到另一处。相反，一种投入增加，而另一种投入减少，产量就会处于同一条等产量曲线上。

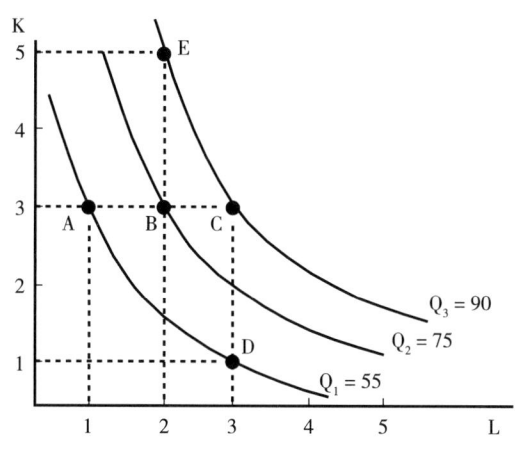

图 5-3　等产量曲线

2. 等产量曲线的特征

（1）**离原点越远的等产量曲线，产量水平越高**。如果生产是有效的，那么，投入越多，企业的产出越多。图 5-3 的 A 点表示企业用 1 个劳动、3 个资本可以生产 55 单位产品。让资本投入保持不变，劳动投入增加为 2 个单位，可以生产 75 单位产品，劳动投入增加为 3 个单位，可以生产 90 单位产品。可见，离原点越远的等产量曲线，代表的产量水平越高。

（2）**任意两条等产量曲线不会相交**。假定图 5-3 中等产量曲线 $Q_2=75$ 和 $Q_3=90$ 相交，那么，用同样的投入组合可以生产出不同的产量，在可以生产 90 单位产品情况下却生产了 75 单位产品，其生产必定是无效的，因此，这一投入组合不应该落在等产量曲线 $Q_2=75$ 上。

（3）**等产量曲线向右下方倾斜**。如果等产量曲线向右上方倾斜，那么，企业用相对较少和相对较多的投入，都能生产相同的产出，投入较多的组合必定是无效的。由于等产量曲线只表示有效生产，因而向上倾斜的等产量曲线是不可能的。同样，也很容易证明等产量曲线必须是很细的，而不是很粗的。

（4）**等产量曲线凸向原点**。从几何意义上说，一条曲线斜率的绝对值递减，该曲线就凸向原点。因此，如果我们能够说明等产量曲线斜率的变化规律，或者说斜率的绝对值是递减的，也就能够证明等产量曲线凸向原点。

3. 等产量曲线的形状

等产量曲线的弯曲程度说明企业在生产中可以用一种投入去替代另一种投入的

难易程度。在生产工艺中还存在另外两种极端情形，即完全替代投入和固定比例投入。

（1）**完全替代投入**。投入要素之间完全替代，等产量曲线就是一条直线，如图5-4（a）所示。假设某企业生产某品牌的辣椒酱，原料分别来自湖南（投入量为x）和四川（投入量为y），并且，两个产地的辣椒生产的辣椒酱没有品质上的差异，都可以用来生产Q单位的辣椒酱，则生产函数为：

$$Q = x + y \tag{5-8}$$

根据该生产函数，企业可以用多种方式生产3单位辣椒酱，比如，用3单位四川辣椒（A点），或者3单位湖南辣椒（C点），或者1.5单位四川辣椒和1.5单位湖南辣椒（B点）。图5-4（a）中显示了三条等产量曲线，每少用1单位四川辣椒就要增加1单位湖南辣椒才能保持产量水平不变。因此，完全替代投入等产量曲线的斜率为-1（请注意，完全替代投入等产量曲线的斜率并不必然为-1，也可以是其他任意常数，比如-2或者-1/2等）。

（2）**固定比例投入**。投入要素之间完全不能替代，并且投入要素必须按固定比例投入，称为固定比例生产函数，等产量曲线为直角形状，如图5-4（b）所示。比如，公交公司要正常经营，就必须给1辆公交车配备1名司机，增加1辆公交车投入，但只雇用1名司机，产量将保持不变。投入要素的有效组合是等产量曲线直角点的连线。

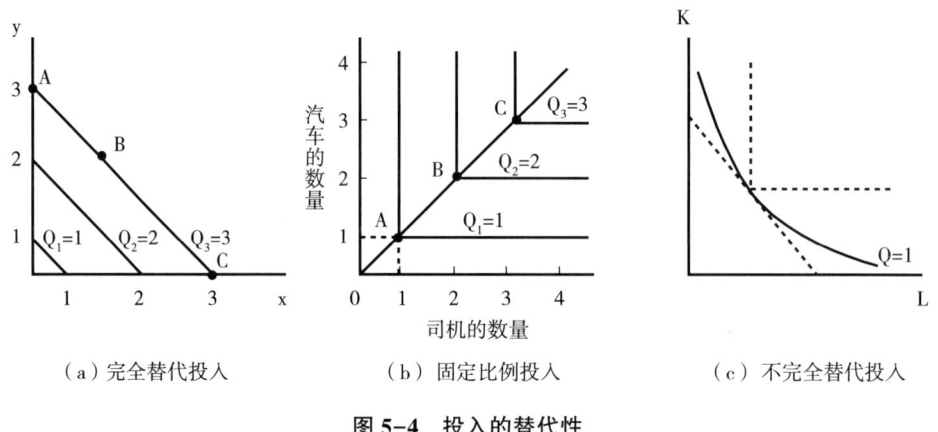

（a）完全替代投入　　（b）固定比例投入　　（c）不完全替代投入

图5-4　投入的替代性

（3）**不完全替代投入**。投入要素不完全替代，等产量曲线凸向原点。与直线形的等产量曲线不同，凸向原点的等产量曲线上每一点的斜率都不相同，大多数等产量曲线介于直线和直角两种极端情形之间，如图5-4（c）所示。

二、投入的替代

根据等产量曲线的定义，我们知道，企业沿着等产量曲线移动，意味着通过调整投入组合，增加一种投入替代另一种投入，而产量保持不变。等产量曲线的斜率表明了在产出不变的情况下，企业用一种投入替代另一种投入的能力。等产量曲线的斜率称为边际技术替代率。

在维持产量不变的前提下，增加 1 单位某种投入所减少的另一种投入的数量，称为边际技术替代率（Marginal Rate of Technical Substitution，MRTS），用 MRTS 来表示。 企业用劳动替代资本，劳动对资本的边际技术替代率为：

$$MRTS_{LK} = -\frac{\Delta K}{\Delta L} \tag{5-9}$$

其中，ΔL、ΔK 分别表示劳动 L 投入的增加量和资本 K 投入的减少量，两者的符号相反。公式中加负号，目的在于使计算结果取正值。边际技术替代率表示，在产出不变的情况下，企业多使用 1 单位劳动可以替代资本的数量。从边际技术替代率的定义很容易知道，等产量曲线上两点之间的边际技术替代率就是这两点之间连线的斜率的绝对值，并且，这一结论同样适用于等产量曲线上的某一点，也就是说，等产量曲线上某一点的边际技术替代率就是这一点的斜率的绝对值。

如图 5-5 所示，当企业沿着等产量曲线从 A 点移动到 B 点，增加 1 单位劳动投入，可以替代 2 单位资本投入，则 $MRTS_{LK}=2$。进一步地，企业从 B 点移动到 C 点，$MRTS_{LK}=1$，从 C 点移动到 D 点，$MRTS_{LK}=2/3$。可见，随着劳动投入不断增加，每 1 单位劳动能够替代资本的数量递减，这一现象称为边际技术替代率递减规律。边际技术替代率递减规律是指在维持产量不变的前提下，当一种投入不断增加时，每一单位这种投入所能替代的另一种投入的数量是递减的。正是由于边际技术替代率是递减的，企业投入的劳动越多，用劳动替代资本越来越困难，等产量曲线斜率的绝对值越来越小，等产量曲线凸向原点。

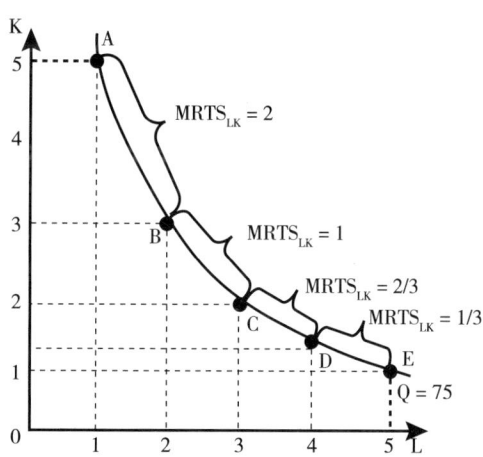

图 5-5　一条等产量曲线上各点的边际技术替代率的变化

劳动对资本的边际技术替代率 $MRTS_{LK}$ 还可以用两种要素的边际产量来表示。劳动的边际产量为 MP_L，资本的边际产量为 MP_K，当企业在等产量曲线上移动的时候，增加的劳动投入为 ΔL，减少的资本投入为 ΔK，根据等产量曲线的性质，增加劳动投入增加的产量应该等于减少资本投入减少的产量，就有：

$$\Delta L \times MP_L = -\Delta K \times MP_K$$

对上式做进一步的变换，则有：

$$-\frac{\Delta K}{\Delta L} = \frac{MP_L}{MP_K}$$

上式左边就是劳动对资本的边际技术替代率 $MRTS_{LK}$，从而有：

$$MRTS_{LK} = \frac{MP_L}{MP_K} \tag{5-10}$$

根据式（5-10）可以解释沿着等产量曲线向右下方移动时，边际技术替代率递减的原因。企业用劳动替代资本，劳动投入越来越多，资本投入越来越少，劳动的边际产量 MP_L 将会下降，资本的边际产量 MP_K 将会上升，则劳动对资本的边际技术替代率 $MRTS_{LK}$ 下降。

三、规模收益

目前为止，我们已经通过研究得知：在短期生产中，当一种投入固定，另一种投入可变时，则可变投入的边际报酬是递减的；在长期生产中，当产量保持不变，沿着等产量曲线移动时，通过增加一种投入替代另一种投入，这种替代能力即边际技术替代率，是递减的。

现在我们来考察，企业按一定比例增加所有投入，产出会增加多少，问题的答案对企业决定长期规模有所帮助。在长期，企业可以通过扩大规模比如新建一个厂房，雇用同样多的工人来增加产量。但是，企业是否愿意这么做，取决于产出增加的比例是大于、等于还是小于投入增加的比例，这是规模收益所要讨论的内容。**规模收益研究的是规模变化与随之引起的产量变化之间的关系，即在技术水平不变的条件下，所有投入按同一比例变动所引起的产量的相对变动**。具体来说，规模收益包括规模收益不变、规模收益递增和规模收益递减三种情况。

1. 规模收益不变

所有投入都增加一定比例，产出增加相同的比例，规模收益不变。如图 5-6（a）所示，如果一家企业的生产工艺和生产技术是规模收益不变的，那么，当投入增加 1 倍时，产出也增加 1 倍，用生产函数表示就是：

$$f(2L, 2K) = 2f(L, K) \tag{5-11}$$

2. 规模收益递增

所有投入都增加一定比例，产出增加超过投入增加的比例，规模收益递增。如图 5-6（b）所示，如果一个企业的生产工艺和生产技术是规模收益递增的，那么，当投入增加 1 倍时，产出增加将超过 1 倍，用生产函数表示就是：

$$f(2L, 2K) > 2f(L, K) \tag{5-12}$$

3. 规模收益递减

所有投入都增加一定比例，产出增加小于投入增加的比例，规模收益递减。如图 5-6（c）所示，如果一个企业的生产工艺和生产技术是规模收益递减的，那么，当投入

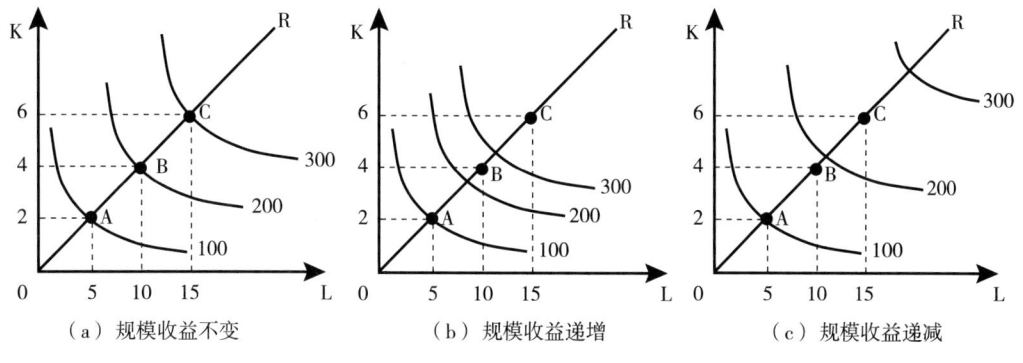

图 5-6 规模收益

增加 1 倍时,产出增加将小于 1 倍,用生产函数表示就是:

$$f(2L, 2K) < 2f(L, K) \qquad (5-13)$$

生产规模扩大引起产量更大幅度增加的原因在于:第一,规模扩大可以使企业使用更加先进的机器设备。机器设备这类生产要素往往具有不可分割性,当生产规模较小时,企业无法购置先进的大型设备,即使购买了大型设备可能也无法充分发挥作用。第二,规模扩大可以使企业实行专业化生产。在大规模生产中,专业可以分得更细,分工也更细,通过提高工人的技术水平,提高生产效率。第三,规模扩大可以提高管理效率,各种规模的生产都需要配备必要的管理人员,在生产规模较小时,管理人员无法得到充分利用,而生产规模扩大,可以在不增加管理人员的情况下增加生产,这就提高了管理效率。

当然,生产规模也并不是越大越好,规模过大可能引起管理效率降低,生产规模过大会使管理机构由于庞大而不灵活,管理上也会出现各种漏洞,产量和收益反而减少。

复习思考题

1. 术语和概念

生产函数;柯布—道格拉斯生产函数;技术效率;经济效率;边际报酬递减规律;等产量曲线;边际技术替代率;规模收益

2. 选择题

(1) 企业雇用 3 个工人可以生产 60 件衣服,雇用 4 个工人可以生产 80 件衣服,则 4 个工人的平均产量以及第 4 个工人的边际产量分别为_____。

A. 30 件;80 件
B. 20 件;60 件
C. 20 件;20 件
D. 30 件;10 件

（2）反映生产要素（投入）与产量之间的关系的是_____。
   A. 生产函数　　　　　　　　　　　　B. 生产可能性曲线
   C. 平均成本曲线　　　　　　　　　　D. 总成本曲线
（3）下列表述中错误的是_____。
   A. 只要总产量减少，边际产量一定是负数
   B. 只要边际产量减少，总产量一定也减少
   C. 随着某种生产要素投入量的增加，边际产量和平均产量增加到一定程度将趋于下降，其中，边际产量的下降一定先于平均产量
   D. 边际产量曲线一定在平均产量曲线的最高点与之相交
（4）若厂商增加使用 1 单位劳动，减少 2 单位资本，仍能生产相同产出，则劳动对资本的边际技术替代率 $MRTS_{LK}$ 是_____。
   A. 1/2　　　　　　　　　　　　　　B. 2
   C. 1　　　　　　　　　　　　　　　D. 4
（5）连续增加某种生产要素，当总产量达到最大时，边际产量曲线_____。
   A. 与纵轴相交　　　　　　　　　　　B. 经过原点
   C. 与横轴相交　　　　　　　　　　　D. 与平均产量曲线相交
（6）当单个可变要素的投入量为最佳时，必然有_____。
   A. 总产量达到最大　　　　　　　　　B. 边际产量达到最高
   C. 平均产量大于或等于边际产量　　　D. 边际产量大于平均产量
（7）下列表述中正确的是_____。
   A. 边际技术替代率递减是规模报酬递减造成的
   B. 边际技术替代率递减是边际报酬递减造成的
   C. 短期生产中可变要素的边际产量曲线呈倒 U 形是规模报酬递减造成的
   D. 长期生产中的规模不经济是边际报酬递减造成的
（8）下面关于边际报酬递减规律的描述，错误的是_____。
   A. 以技术不变为前提
   B. 所有要素投入同时增加到一定程度后才呈现边际报酬递减
   C. 边际报酬递减规律是在可变要素增加到一定程度后才出现的
   D. 边际报酬递减规律决定了短期成本曲线的形状
（9）劳动的边际产量 MP_L 等于劳动的平均产量 AP_L，则_____。
   A. AP_L 达到最大　　　　　　　　　B. AP_L 达到最小
   C. MP_L 达到最大　　　　　　　　　D. MP_L 达到最小
（10）当劳动的边际产量曲线 MP_L 位于劳动的平均产量曲线 AP_L 下方时，_____。
   A. 劳动的平均产量曲线的斜率为正　　B. 劳动的平均产量曲线的斜率为负
   C. 总产量曲线的斜率为负　　　　　　D. 企业处于规模不经济状况

3. 分析讨论题

（1）老张租了一块地种植菠萝。他雇用工人帮他采摘、包装菠萝，表 5-5 给出了每天雇用的工人数与产量之间的关系。

表 5-5　老张种植菠萝的生产表

工人数（人）	产出（千克/天）	平均产量（千克/人）	边际产量（千克）
0	0		
1	100		
2	220		
3	300		
4	360		
5	400		
6	420		
7	430		

①完成表 5-5。
②雇用工人的数量为多少时，边际产量递增？
③比较平均产量与边际产量并说明两者之间的关系。

（2）已知生产函数 $Q=f(L, K)=2KL-0.5L^2-0.5K^2$，假定厂商目前处于短期生产，且 $K=10$。

①求 TP_L、AP_L、MP_L。
②分别计算当 TP_L、AP_L、MP_L 达到极大值的劳动投入量。
③什么时候 $AP_L=MP_L$？

第六章

成本

美国生产的猪肉,即使加上运费,也比中国便宜。巨大的价格优势,导致美国猪肉进入中国市场。美国猪肉便宜的原因在于:一是大豆、玉米等价格比中国市场低,节约了养猪成本;二是单个企业的规模比较大,能够获得规模收益,单位产品的成本低。

一方面,中国生猪养殖70%以上来自农户散养,很难获得规模收益,双汇、雨润等屠宰大户也主要从农户手中收购生猪。另一方面,近年来,养猪成本持续上升,包括房租、人员工资、饲料等不断上涨,以及猪仔价格、治污成本不断上升。本章将从成本的角度考察生产者的行为,分析企业在短期生产中如何选择合理的投入区间,在长期生产中如何降低成本。

第一节 短期生产成本

一、从短期生产函数到短期总成本函数

在短期生产中,假定企业仅使用劳动和资本两种投入,并且资本投入不变,劳动投入可变。企业只能通过增加劳动投入增加产出,短期生产函数为:

$$Q=f(L, \bar{K}) \tag{6-1}$$

其中,Q 表示产出,L 表示劳动投入,$\bar{K}$ 表示资本投入,为常数。该生产函数表示在资本投入不变的前提下,产出与劳动投入之间的关系。

企业短期总成本包括由劳动投入形成的可变成本,以及资本投入的固定成本。根据短期生产函数(6-1),很容易知道,劳动投入 L 与产出 Q 有关,在竞争性市场上,劳动的价格 w 和资本的价格 r 都是给定的,均为常数,则企业短期总成本函数为:

$$TC(Q) = w \times L(Q) + r \times \bar{K} \tag{6-2}$$

其中，TC 表示短期总成本，w×L（Q）为劳动投入形成的可变成本，其大小与产量有关，r×$\overline{K}$ 为资本投入形成的固定成本，其大小与产量无关，短期总成本是产量的函数。

二、企业短期成本的类型

假定某服装企业处于短期生产，厂房、机器设备等投入不变，企业可以根据产量来调整劳动投入，我们运用该例子来说明厂商在短期生产中的成本。

1. 总固定成本

总固定成本（Total Fixed Cost，TFC） 是厂商在短期内为生产一定数量产品对不变要素支付的总成本，不随产量的变化而变化，用 **TFC** 来表示。比如，企业投入的厂房、设备等在短期内无法增加或减少。总固定成本函数形式为：

$$TFC = r \times \overline{K} \quad (6-3)$$

其中，r 为资本的价格，$\overline{K}$ 为资本投入量，均为常数。总固定成本不随产量的变化而变化。如表 6-1 所示，企业生产 1 单位产品的总固定成本均为 50，企业不生产，总固定成本仍然为 50。

表 6-1 某服装企业的短期生产成本

产量 Q	固定成本 TFC	总可变成本 TVC	总成本 TC＝TFC＋TVC	边际成本 MC	平均固定成本 AFC＝TFC/Q	平均可变成本 AVC＝TVC/Q	平均成本 AC＝TC/Q
0	50	0	50	—	—	—	—
1	50	50	100	50	50	50	100
2	50	78	128	28	25	39	64
3	50	98	148	20	16.7	32.7	49.3
4	50	112	162	14	12.5	28	40.5
5	50	130	180	18	10	26	36
6	50	150	200	20	8.3	25	33.3
7	50	175	225	25	7.1	25	32.1
8	50	204	254	29	6.3	25.5	31.8
9	50	242	292	38	5.6	26.9	32.4
10	50	300	350	58	5	30	35
11	50	385	435	85	4.5	35	39.5

2. 总可变成本

总可变成本（Total Variable Cost，TVC） 是厂商在短期内为生产一定数量产品对可变要素支付的总成本，用 **TVC** 来表示。企业根据需要生产的产量，增加或者减少劳动投入量。总可变成本函数形式为：

$$TVC = w \times L(Q) \tag{6-4}$$

其中，w 为劳动的价格，为常数，L 为劳动投入量，与产量 Q 有关。总可变成本是产量的函数，随着产量的增加而上升。如表 6-1 所示，企业生产 1 单位产品总可变成本为 50，生产 2 单位产品总可变成本为 78。产量和劳动投入增加，总可变成本随之增加。

3. 总成本

总成本（Total Cost，TC） 是厂商在短期内为生产一定数量产品对全部生产要素支付的总成本，是总固定成本与总可变成本之和，用 **TC** 来表示。总成本函数形式为：

$$TC = TFC + TVC \tag{6-5}$$

如表 6-1 所示，企业生产 2 单位产品总成本为 128，生产 3 单位产品总成本为 148。由于总可变成本是产量的函数，总成本也是产量的函数，随着产量的增加而上升。

4. 平均固定成本

平均固定成本（Average Fixed Cost，AFC） 是厂商在短期内平均生产 1 单位产品所消耗的固定成本，用 **AFC** 来表示。平均固定成本函数形式为：

$$AFC = \frac{TFC}{Q} \tag{6-6}$$

如表 6-1 所示，企业生产 1 单位产品平均固定成本为 50，生产 2 单位产品平均固定成本为 25。随着产量的增加，分摊到每一单位产品上的固定成本下降。平均固定成本是产量的函数，随着产量的增加而下降。

5. 平均可变成本

平均可变成本（Average Variable Cost，AVC） 是厂商在短期内平均生产 1 单位产品消耗的可变成本，用 **AVC** 来表示。平均可变成本函数形式为：

$$AVC = \frac{TVC}{Q} \tag{6-7}$$

如表 6-1 所示，企业生产 1 单位产品平均可变成本为 50，生产 2 单位产品平均可变成本为 39。在这里，我们并不能很清晰地指出平均可变成本的变化规律，平均可变成本可能随产量的增加而下降，也可能随产量的增加而上升。在下一章，通过对完全竞争厂商短期生产的分析我们将会知道，当需求很小的时候，企业要借助于平均可变成本来决定是否要停止生产。

6. 平均总成本

平均总成本（Average Total Cost，AC） 是厂商在短期内平均生产 1 单位产品消耗的全部成本，是平均固定成本与平均可变成本之和，用 **AC** 来表示。平均总成本函数形式为：

$$AC = \frac{TC}{Q} = \frac{(TFC + TVC)}{Q} = AFC + AVC \tag{6-8}$$

如表 6-1 所示，企业生产 1 单位产品平均总成本为 100，生产 2 单位产品平均总成本为 64。在这里，我们同样很难清晰地指出平均总成本的变化规律，平均总成本可能随产量的增加而下降，也可能随产量的增加而上升。

7. 边际成本

边际成本（Marginal Cost，MC）是厂商在短期内增加 1 单位产品生产增加的总成本，用 MC 来表示。边际成本函数形式为：

$$MC = \frac{\Delta TC}{\Delta Q} \tag{6-9}$$

其中，ΔQ 为产出变化量，ΔTC 为产出变化引起的总成本变化量。如表 6-1 所示，企业生产 1 单位产品总成本为 100，生产 2 单位产品总成本为 128，则增加 1 单位产品生产增加的总成本即边际成本为 28。

短期生产中只有可变成本随产出的变化而变化，因此，我们也可以把边际成本理解为产出增加 1 单位时可变成本的变化量，即

$$MC = \frac{\Delta TVC}{\Delta Q} \tag{6-10}$$

其中，ΔQ 为产出变化量，ΔTVC 为产出变化引起的总可变成本变化量。如表 6-1 所示，企业生产 1 单位产品总可变成本为 50，生产 2 单位产品总可变成本为 78，则企业增加 1 单位产品生产增加的总可变成本即边际成本为 28。

三、企业短期成本曲线之间的关系

我们把表 6-1 中的信息绘制在图 6-1 中，横轴表示产出，纵轴表示成本，可以得到企业的短期成本曲线。图 6-1（a）中，总固定成本曲线 TFC 不随产出的变化而变化，是从纵轴上刻度值为 50 的地方出发且平行于横轴的一条直线。总可变成本曲线 TVC 从原点出发，随着产出的增加而上升，向右上方倾斜。总成本曲线 TC 是总固定成本曲线和总可变成本曲线的纵向加总，它在每一个产出水平都比可变成本曲线高 50 个单位，总成本曲线与总可变成本曲线平行。

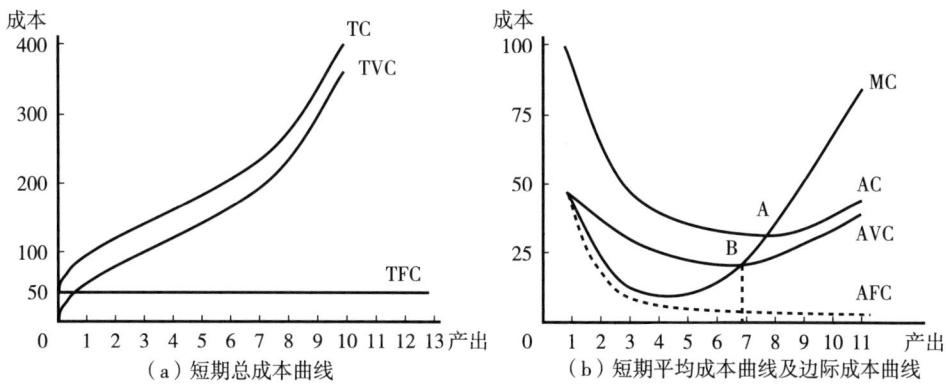

图 6-1　企业的短期成本曲线

图 6-1（b）中，平均固定成本曲线 AFC 随着产出的增加而递减，当产出无限大时，平均固定成本趋近于 0，总固定成本被分摊到更多的产出上。直观来看，平均可变成本曲线 AVC、平均成本曲线 AC、边际成本曲线 MC 均呈先递减后递增的 U 形特征。平均成本曲线是平均固定成本曲线和平均可变成本曲线的纵向加总。

我们还可以从总固定成本曲线 TFC 得到平均固定成本曲线 AFC，只要将某一产出水平总固定成本曲线上的点与原点连接起来，求连线的斜率，就可以得到该产出水平平均固定成本的值。用同样的方法，还可以从总成本曲线 TC、总可变成本曲线 TVC 得到平均成本曲线 AC、平均可变成本曲线 AVC。

根据定义，我们知道，边际成本是总成本曲线或总可变成本曲线的斜率。因此，我们可以从总成本曲线 TC、总可变成本曲线 TVC 得到边际成本曲线 MC，只要求出某一产出水平总成本曲线上的点的斜率，就可以得到该产出水平的边际成本。总成本曲线和总可变成本曲线平行，在同一产出水平上，这两条曲线上的点的斜率相同。在短期生产中，如果企业固定成本支出位于一个较高的水平上，则总成本曲线向上移动，平均成本曲线向上移动，但边际成本曲线不变。

根据边际量和平均量之间的关系原理，边际成本曲线 MC 与平均成本曲线 AC 有如下关系：MC 曲线位于 AC 曲线下方，AC 曲线下降；MC 曲线位于 AC 曲线上方，AC 曲线上升；MC 曲线与 AC 曲线相交，AC 曲线达到最小值。同样，边际成本曲线 MC 与平均可变成本曲线 AVC 也有如下关系：MC 曲线位于 AVC 曲线下方，AVC 曲线下降；MC 曲线位于 AVC 曲线上方，AVC 曲线上升；MC 曲线与 AVC 曲线相交，AVC 曲线达到最小值。

四、企业短期成本曲线的形状

1. 总可变成本曲线的形状

在竞争性市场中，劳动的价格是市场给定的，假定为 5，那么，总可变成本曲线的形状就由生产函数来决定。如图 6-2 所示，横轴表示可变要素劳动投入量，纵轴表示总产量。总产量曲线表示，当资本投入保持不变，总产量与劳动投入之间的关系。劳动投入为 3，总产量为 60；劳动投入为 8，总产量为 112。随着劳动投入的增加，总产量曲线上升的幅度小于劳动投入增加的幅度，总产量曲线越来越平缓，这反映了劳动投入增加，劳动的边际收益递减。

同时，图 6-2 中的曲线还说明了产量与总可变成本之间的关系。现在，我们重新规定，坐标图的横轴表示总可变成本，纵轴仍然表示产量。当产量为 60 时，根据生产函数，企业需要投入 3 单位劳动，劳动的价格为 5，则总可变成本为 15；当产量为 112 时，企业需要投入 8 单位劳动，劳动的价格为 5，则总可变成本为 40。可见，随着产量的增加，总可变成本曲线上升的幅度大于产量增加的幅度，总可变成本曲线越来越陡峭，这也是由劳动的边际收益递减规律所决定的。

生产函数决定了总可变成本曲线的形状，也决定了边际成本曲线、平均可变成本曲线和平均成本曲线的形状。当然，企业主要是利用单位成本而不是总可变成本的计算结

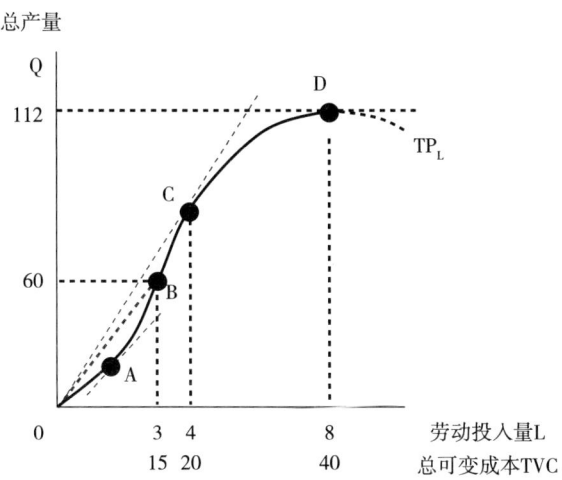

图 6-2 劳动的总产量和总可变成本

果进行决策,接下来,进一步分析边际成本曲线、平均成本曲线、平均可变成本曲线的形状。

2. 短期边际成本曲线的形状

从图 6-1(b)可以看出,随着产量的增加,边际成本曲线先递减后递增。这是什么原因导致的呢?答案是,这是由厂商在短期生产中边际报酬递减规律决定的。

最初的边际成本曲线向右下方倾斜,可能是企业雇用更多的劳动者从而获得专业化分工的好处。例如,让一个工人加工服装,她将负责所有的相关工序:裁剪、印绣花、缝制、整烫、包装等。雇用更多的工人,就可以进行专业化分工,每个工人负责一项或几项工序,从而提高效率。专业分工使得企业的边际收益递增,然而,一旦更多的工人被雇用,边际收益将会出现递减的趋势。

请你回忆一下短期生产中的总产量曲线,随着劳动投入的增加,总产量曲线会上升,但由于劳动的边际收益递减,总产量曲线越来越平缓。从成本的角度来看,总可变成本曲线会变得越来越陡峭,这是一个现象的两个方面。也就是说,当企业处于边际收益递增的阶段时,边际成本下降;当企业处于边际收益递减的阶段时,边际成本上升。

我们还可以从边际成本 MC 与边际产量 MP_L 两个变量之间的数学关系,理解边际成本曲线 MC 先递减后递增的特征。根据边际成本 MC 的定义,有:

$$MC = \frac{\Delta TVC}{\Delta Q} = \frac{w \times \Delta L}{\Delta Q} = \frac{w}{\Delta Q / \Delta L}$$

根据劳动的边际产量 MP_L 的定义,上式可以进一步表示为:

$$MC = \frac{w}{MP_L} \tag{6-11}$$

由式(6-11)可知,边际成本 MC 与边际产量 MP_L 变化的方向正好相反。如图6-3所示,在短期生产中,由于边际报酬递减规律的作用,边际产量曲线先递增后递减。因此就有,当边际产量曲线递增时,边际成本曲线递减;当边际产量曲线递减时,边际成本曲线递增;当边际产量达到最大值时,边际成本达到最小值。在边际报酬递减规律作用下,边际成本曲线先递减后递增。

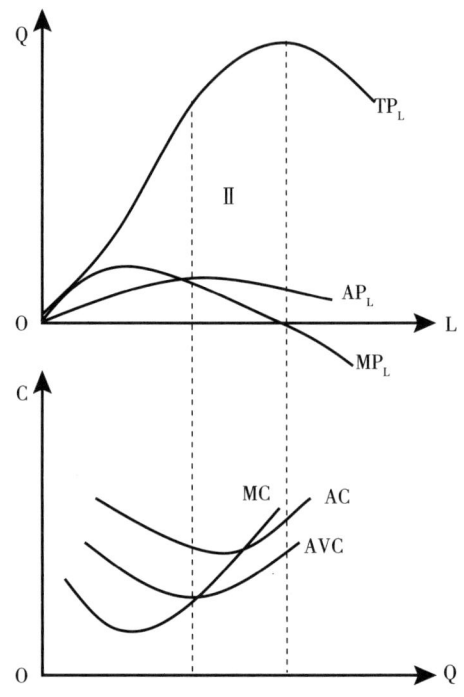

图 6-3 短期生产函数与短期成本函数之间的关系

3. 平均可变成本曲线的形状

根据图 6-2 已经知道,劳动的边际收益决定了总可变成本曲线的形状,因此,也决定了平均可变成本曲线的形状。接下来,我们再从平均可变成本 AVC 与平均产量 AP_L 两个变量之间的数学关系,说明平均可变成本曲线 AVC 的特征。根据平均可变成本 AVC 的定义,有:

$$AVC = \frac{TVC(Q)}{Q} = \frac{w \times L(Q)}{Q} = \frac{w}{Q/L(Q)}$$

根据劳动的平均产量 AP_L 的定义,上式可以进一步表示为:

$$AVC = \frac{w}{AP_L} \tag{6-12}$$

由式(6-12)可知,平均可变成本 **AVC** 与平均产量 AP_L 变化的方向正好相反。如图 **6-3** 所示,在短期生产中,平均产量曲线先递增后递减。因此就有,当平均产量曲线递增时,平均可变成本曲线递减;当平均产量曲线递减时,平均可变成本曲线递增。平均产量达到最大值,平均可变成本达到最小值。边际产量曲线与平均产量曲线相交于平均产量曲线的最高点,边际成本曲线与平均可变成本曲线相交于平均可变成本曲线的最低点,这两个交点是对应的。

进一步地，根据短期生产函数与成本函数之间的关系，可以得出下面的结论：**在短期生产中，厂商可变要素的合理投入区间是在第Ⅱ阶段，从成本的角度来看，厂商一定是在边际成本 MC 不仅递增而且大于等于平均可变成本 AVC 最低点的阶段生产**。关于这一结论，下一章完全竞争厂商短期生产中仍将做进一步的讨论。

第二节　长期生产成本

在长期生产中，各种投入都是可变的，对于追求利润最大化的企业来说，总是希望以最低的成本生产给定数量的产品。在我们讨论的两种投入与一种产出模式下，企业应该选择什么样的投入组合才能达到最小成本呢？这里，我们引入等成本线这一概念。

一、等成本线

等成本线是指在既定的成本支出和生产要素价格下，企业可以购买到的两种要素所有组合点的轨迹。假定企业的成本支出为 C，使用劳动 L 和资本 K 两种要素，劳动和资本的价格由市场决定，分别为 w 和 r，均为常数，则等成本线可以表示为：

$$C = w \times L + r \times K \tag{6-13}$$

对式（6-13）做进一步的变换，则有：

$$K = -\frac{w}{r} \times L + \frac{C}{r} \tag{6-14}$$

其中，企业的总成本支出为 C，要素的价格给定，且已经购买了 L 单位劳动，则可以购买到 K 单位资本。如图 6-4 所示，画出了企业的等成本线，横轴表示劳动的数量，纵轴表示资本的数量。等成本线在纵轴的截距表示企业花费既定的成本可以购买到资本的最大数量，等于总成本支出 C 除以资本的价格 r，即 C/r，这时，企业没有购买劳动；等成本线在横轴的截距表示企业花费既定的成本可以购买到劳动的最大数量，等于总成本支出 C 除以劳动的价格 w，即 C/w，这时，企业没有购买资本。连接纵轴和横轴上的两个截距点，便得到了一条直线，该直线就是等成本线。

等成本线以内任意一点，表示企业可以购买到的要素组合，但成本支出没有用完；等成本线以外任意一点，表示既定成本支出条件下，企业不能购买到的要素组合；等成本线上任意一点表示既定成本刚好能够购买到的要素组合。

等成本线的斜率等于纵轴的截距除以横轴的截距，即为 $-w/r$，表示在要素市场上企业可以用劳动交换资本的比率，也就是增加购买 1 单位劳动必须减少购买 w/r 单位资本。在要素价格不变的情况下，不同的成本支出对应的等成本线的斜率相同，但离原点越远的等成本线，成本支出水平越高。劳动的价格上升或者资本的价格下降，等成本线将变得陡峭；劳动的价格下降或者资本的价格上升，等成本线将变得平缓。

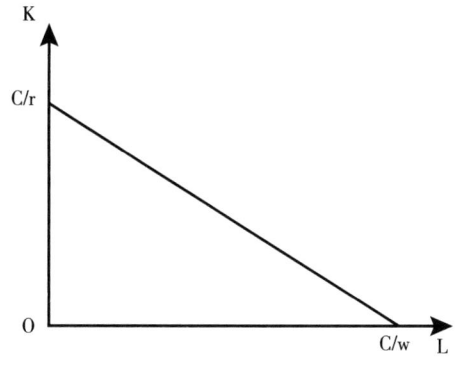

图 6-4　等成本线

二、成本最小化

现在，我们将等成本线与上一章学过的等产量曲线这两个工具结合起来，分析企业生产既定的产出，如何选择最优的投入组合，使得成本支出最小。假定某服装加工企业要生产 1000 件衣服，使用劳动和资本两种要素，劳动的工资为每小时 5 元，资本的租金为每小时 8 元，厂商应该选择什么样的投入组合才能使成本最小呢？

如图 6-5 所示，企业生产 1000 件产品成本最小的投入组合为等产量曲线 Q = 1000 与等成本线 AB 相切的点 E。此时，劳动投入量为 240，资本投入量为 1100，最小成本支出为 240×5+1100×8 = 10000。

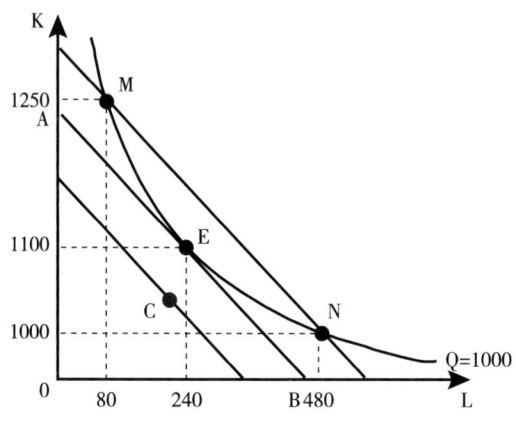

图 6-5　成本最小化

为什么 E 点才是最优的投入组合呢？首先，如果企业用 M 或 N 点的投入组合生产，由于这两个组合位于等产量曲线 Q = 1000 上，企业可以生产 1000 件衣服，但这样的投入有没有达到成本最小呢？事实上，只要从 M 点（或 N 点）出发沿着等产量曲线 Q = 1000 向下（或向上）移动，企业的成本支出就会减少，因此，M、N 点不是既定产出条件下成本最小的投入组合。其次，如果企业用 C 点的投入组合生产，能否满足既定产出条件下成本最小呢？答案是不能，因为该投入组合的成本支出虽然比较小，但并不位于等产量曲线 Q=1000 上，不能生产 1000 件衣服。

显然，企业生产 1000 件衣服成本最小的投入组合位于等产量曲线 Q=1000 与某一条等成本线相切的 E 点。两条曲线相切时，满足在切点的斜率相等，等成本线的斜率为 $-w/r$，等产量曲线的斜率为切点上劳动 L 对资本 K 的边际技术替代率的相反数（请注意，在上一章我们定义边际技术替代率为正），即 $-\text{MRTS}_{LK}$，则既定产量条件下成本最小满足：

$$\text{MRTS}_{LK} = \frac{w}{r} \tag{6-15}$$

式（6-15）表示，为了实现既定产量条件下成本最小，厂商必须选择最优的要素组合，使得两种要素的边际技术替代率等于两种要素的价格之比。或者说，厂商在生产中用 1 单位劳动能够替代资本的比率，必须等于在市场上 1 单位劳动能够交换到资本的比率。

进一步地，我们还知道劳动对资本的边际技术替代率等于劳动的边际产量除以资本的边际产量，即 $\text{MRTS}_{LK} = \dfrac{\text{MP}_L}{\text{MP}_K}$，因此，既定产量条件下成本最小满足的条件还可以表示为：

$$\frac{\text{MP}_L}{\text{MP}_K} = \frac{w}{r}$$

对上式做进一步的变换，有：

$$\frac{\text{MP}_L}{w} = \frac{\text{MP}_K}{r} \tag{6-16}$$

式（6-16）表示，厂商可以通过对两种要素投入量的不断调整，使得最后 1 单位成本支出无论用来购买哪一种要素获得的边际产量都相等，从而实现既定产量条件下成本最小。

前面我们给出了要素价格既定条件下，企业生产既定产出成本最小的投入组合。接下来的一个问题是，要素的价格发生变化，企业应该如何选择投入组合呢？假定服装加工企业仍然生产 1000 件衣服，劳动的工资由每小时 5 元下降为 4 元，资本的价格保持不变，为每小时 8 元。由于劳动的价格下降，企业会增加相对便宜的劳动投入，减少资本投入，也就是用劳动替代资本，实现成本最小。

如图 6-6 所示，劳动的价格不影响企业的生产技术，图中等产量曲线并不会发生变化。劳动的价格下降，而资本的价格不变，等成本线斜率的绝对值变小，等成本线变得平缓。相对陡峭的初始等成本线 AB 与等产量曲线 Q=1000 相切于 E 点，劳动投入量为 240，资本投入量为 1100，而较为平缓的新等成本线 CD 与等产量曲线 Q=1000 相切于 F 点，劳动投入量为 480，资本投入量为 900。当劳动的价格下降变得相对便宜时，企业使用更多的劳动替代资本，生产成本也从 240×5+1100×8=10000，下降为 480×4+900×8=9120。

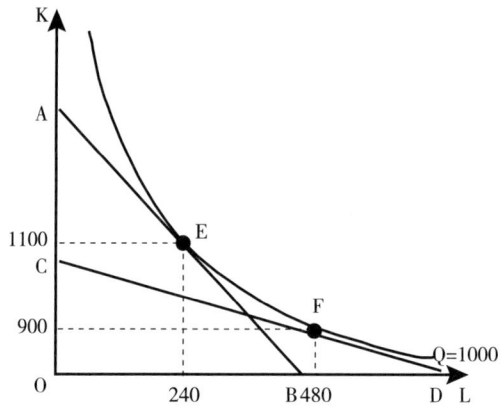

图 6-6　要素价格变化与成本最小化

三、长期成本曲线

1. 从扩展线到长期总成本曲线

我们知道，在技术不变以及劳动与资本的价格给定的情况下，企业生产既定产品成本最小的投入组合是在既定的等产量曲线与某一条等成本线相切的切点上。如图 6-7（a）所示，劳动的工资为每小时 5 元，资本的租金为每小时 8 元，企业生产 1000 件衣服成本最小的投入组合为等产量曲线 $Q_1=1000$ 与某一条等成本线相切的点 E_1，劳动投入量为 240，资本投入量为 1100，最小总成本支出为 240×5+1100×8=10000。

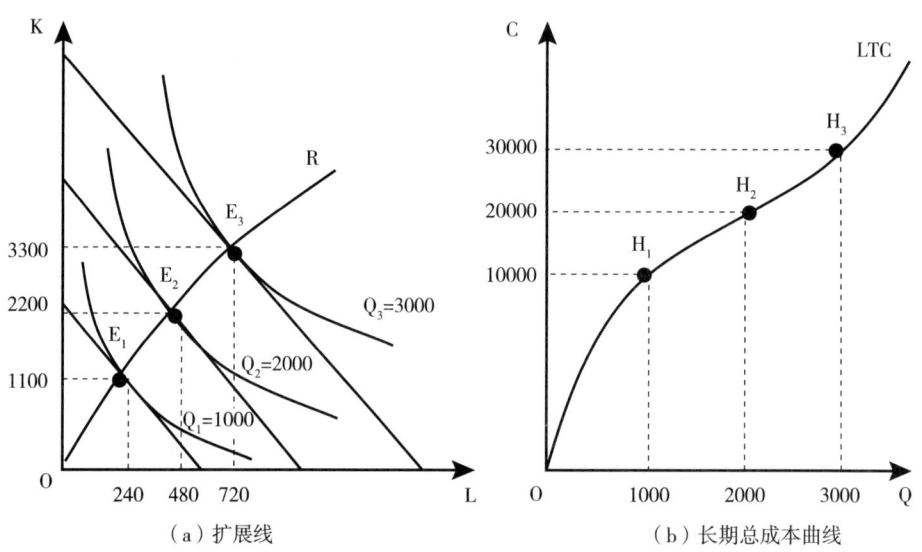

（a）扩展线　　　　　　　　　　　　　（b）长期总成本曲线

图 6-7　扩张路径和长期总成本曲线

现在的问题是，企业扩大产量，比如生产2000件衣服，应该如何选择投入组合使得成本最小？这时，企业应该选择等产量曲线 $Q_2=2000$ 与另外一条等成本线相切的点 E_2，劳动投入量为480，资本投入量为2200，最小总成本支出为 $480×5+2200×8=20000$。进一步地，企业生产3000件衣服，应该选择等产量曲线 $Q_3=3000$ 与某一条等成本线相切的点 E_3，劳动投入量为720，资本投入量为3300，最小总成本支出为 $720×5+3300×8=30000$。将等产量曲线与等成本线相切的点 E_1、E_2、E_3 连接起来，得到的曲线称为扩展线或扩张路径。**扩展线是指在技术条件不变（从而生产函数不变）和投入要素价格不变的条件下，厂商在长期扩大或者缩小规模所采用的最优组合点的轨迹。**在要素价格和技术不变的条件下，当产量发生变化时，厂商必然沿着扩张路径来选择最优的要素组合，实现既定产量条件下成本最小。扩展线是厂商在长期扩张和收缩生产时所必须遵循的路线。

接着，我们把扩展线上 E_1、E_2、E_3 点的产量与成本信息，绘制在另一张坐标图中，横轴表示产量，纵轴表示成本，就可以得到企业的长期总成本曲线，如图6-7（b）所示。**长期总成本（Long-run Total Cost，LTC）表示在长期生产中，厂商在每一个产量水平，通过选择最优的投入组合所达到的最小总成本，用 LTC 来表示。**

2. 长期平均成本曲线与长期边际成本曲线

根据扩张路径，我们得到了企业的长期总成本曲线。接着，根据长期总成本曲线很容易得到企业的长期平均成本曲线和长期边际成本曲线。**长期平均成本（Long-run Average Cost，LAC）表示在长期生产中，厂商在每一个产量水平通过选择最优投入组合实现最小的平均成本，等于长期总成本除以产量，即 $LAC=LTC/Q$。长期边际成本（Long Marginal Cost，LMC）表示在长期生产中，厂商增加1单位产品生产所增加的最低总成本，即 $LMC=\Delta LTC/\Delta Q$。**将图6-8（a）中长期总成本曲线上的点与原点连接起来，求连线的斜率就可以得到图6-8（b）中长期平均成本曲线。根据定义可以知道，长期边际成本就是长期总成本曲线的斜率，因此，计算图6-8（a）中长期总成本曲线上点的切线的斜率就可以得到图6-8（b）中的长期边际成本曲线。

我们再来考察图6-8（a），在 LTC 曲线上取一点与原点连接起来，并且，该连线同时与 LTC 曲线相切，切点为 H_3。很容易知道，在点 H_3 左侧，LMC 小于 LAC；在点 H_3 右侧，LMC 大于 LAC；在点 H_3，LMC 等于 LAC。相应地，根据边际量和平均量之间的关系原理，如图6-8（b）所示，长期边际成本曲线 LMC 与长期平均成本曲线 LAC 有如下关系：当产量小于3000时，由于 LMC 小于 LAC，LAC 曲线递减；当产量大于3000时，由于 LMC 大于 LAC，LAC 曲线递增；当产量等于3000时，由于 LMC 等于 LAC，LAC 曲线达到最小值。可见，LAC 曲线呈先递减后递增的 U 形特征。

为什么 LAC 曲线呈先递减后递增的 U 形特征呢？对这一问题的回答不同于短期平均成本曲线 U 形特征的解释。在短期生产中，由于存在边际收益递减规律，决定了短期平均成本曲线先递减后递增。从根本上说，与短期成本曲线一样，长期成本曲线的形状也是由投入与产出之间的生产函数决定的。**在长期，规模收益是影响长期平均成本曲线形状最主要因素。**在较低的产出水平，产出增加的比例大于投入增加的比例，规模收益递增；在中等产出水平，产出增加的比例等于投入增加的比例，规模收益不变；在较

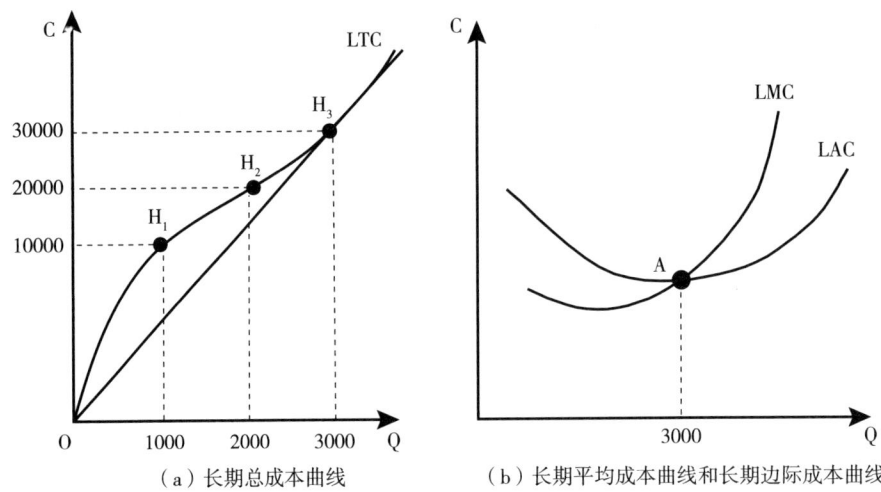

图 6-8 长期成本曲线

高的产出水平，产出增加的比例小于投入增加的比例，规模收益递减。当生产函数具有规模收益特征，并且投入品的价格保持不变时，LAC 曲线呈先递减后递增的 U 形特征。

在现实中，LAC 曲线的形状多种多样。典型的竞争性企业的 LAC 曲线呈 U 形特征。在不完全竞争情况下，LAC 曲线可能是 U 形、L 形或者其他形状。LAC 曲线的形状表明企业在长期生产中存在规模经济还是规模不经济。

3. 在长期生产中降低成本

（1）短期和长期的扩张路径。在长期生产中，企业通过调整劳动与资本的投入追求既定产出条件下总成本最小。如图 6-9 所示，在长期生产中，企业沿着长期扩展线安排生产。为了生产 2000 件产品，企业在 E_2 点生产，最优的劳动投入量为 480、资本投入量为 2200，最小的总成本支出为 20000。企业扩大产量，生产 3000 件产品，就应该在 E_3 点生产，最优的劳动投入量为 720、资本投入量为 3300，最小的总成本支出为 30000。企业缩小产量，生产 1000 件产品，就应该在 E_1 点生产，最优的劳动投入量为 240、资本投入量为 1100，最小的总成本支出为 10000。

但是，如果企业处于短期生产，比如，资本的投入量固定为 2200，在这种情况下，企业只能通过调整劳动的投入来生产既定的产出，短期生产的扩张是位于 K = 2200 的一条直线。企业扩大产量，比如生产 3000 件产品，就应该在 H_2 点生产，最优的劳动投入量为 3000、资本投入为 2200，最小成本为 3000×5+2200×8 = 32600，大于长期生产最优投入组合 E_3 点的总成本支出 30000。企业缩小产量，比如生产 1000 件产品，就应该在 H_1 点生产，最优的劳动投入量为 120、资本投入量为 2200，最小总成本支出为 120×5+2200×8 = 18200，大于长期生产最优投入组合 E_1 点的总成本支出 10000。

在长期生产中，企业可以调整投入组合，从而选择最优规模，实现每一个产出水平最小成本；而在短期生产中，企业不能调整所有的投入要素，从而不能选择最优规模，

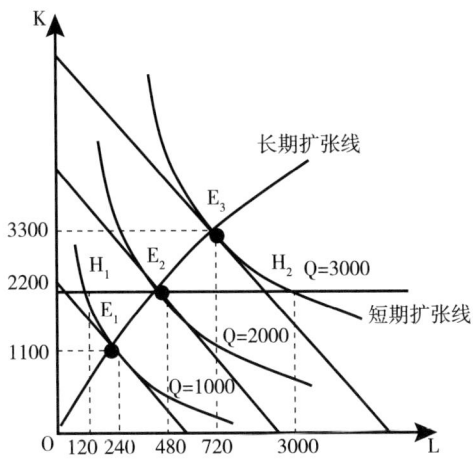

图 6-9 长期扩张路径和短期扩张路径

只能在既定的规模下调整可变投入来生产既定的产出。

（2）**作为短期平均成本曲线包络线的长期平均成本曲线。在长期生产中，企业通过调整所有投入要素，从而选择最优规模，实现每一个产出水平平均成本最小**。如图 6-10 所示，假设某企业最初只有三种不同的规模或者说三个不同规模的工厂可供选择，短期平均成本曲线分别为 SAC_1、SAC_2、SAC_3[①]。企业生产 1000 件产品，则应该选择最优规模 SAC_1，达到最小平均成本 10，即 SAC_1 上的 a 点。如果企业在一个较大的规模 SAC_2 上生产，那么，就要承担较高的平均成本 18.2，即 SAC_2 上的 b 点。

类似地，企业生产 2000 件产品，就应该选择中等规模 SAC_2 上的 d 点生产，而不应该选择较小规模 SAC_1 上的 e 点，或者较大规模 SAC_3 上的 f 点，这样才能实现最小平均成本。

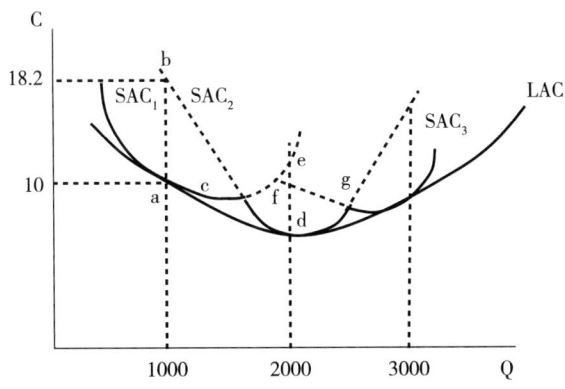

图 6-10 作为短期成本曲线包络线的长期平均成本曲线

---

① 为了区分短期成本与长期成本，从这里开始，用 STC、SAC、SMC 分别表示短期总成本、短期平均成本、短期边际成本。

在长期生产中，企业通过调整所有的投入要素，选择成本最小的规模生产。企业生产 1000 件产品，选择规模 SAC_1；生产 2000 件产品，选择规模 SAC_2；生产 3000 件产品，选择规模 SAC_3。由此，长期平均成本曲线就是三条短期平均成本曲线的弧形实线部分。假设生产规模有无数种可能，长期平均成本曲线 LAC 就是 U 形的平滑曲线。长期总成本曲线是无数条短期总成本曲线的包络线。LAC 曲线包括了每一条可能的短期平均成本曲线上的一点，但该点并不一定是短期平均成本曲线 SAC 的最低点。比如，LAC 曲线包括 SAC_1 曲线上的 a 点，而不是其最低点 c。以最低平均成本经营的小企业与利用规模经济生产的大企业相比，小企业无法用大企业那样低的平均成本来生产。

复习思考题

1. 术语和概念

边际报酬递减规律；等成本线；扩展线；长期总成本；长期平均成本；长期边际成本

2. 选择题

（1）在短期生产中，厂商生产 5 单位产品时，总可变成本为 15 元，总成本为 21 元；生产 6 单位产品时，总可变成本为 18 元。则厂商生产第 6 单位产品的边际成本是_____。

  A. 6 元   B. 5 元

  C. 3 元   D. -3 元

（2）在短期生产中，厂商生产 5 单位产品时，总可变成本为 15 元，总成本为 21 元；生产 6 单位产品时，总可变成本为 18 元。则厂商生产 5 单位产品的平均固定成本是_____。

  A. 6 元   B. 5 元

  C. 3 元   D. 1.2 元

（3）在短期生产中，如果企业不生产，则必须支付_____。

  A. 所有的可变成本   B. 少量的可变成本

  C. 投入的固定成本   D. 0 元成本

（4）在短期生产中，_____与平均成本曲线 SAC 的最低点相交。

  A. 边际成本曲线 SMC   B. 平均可变成本曲线 AVC

  C. 平均固定成本曲线 AFC   D. 边际产量曲线 MP

（5）在短期生产中，如果平均成本曲线 SAC 向下倾斜，那么边际成本曲线 SMC 一定是_____。

  A. 向上倾斜   B. 向下倾斜

  C. 位于平均成本曲线 SAC 的上方   D. 位于平均成本曲线 SAC 的下方

（6）在短期生产中，边际产量曲线 MP 向上倾斜的产量范围内_____。

A. 边际成本曲线 SMC 向下倾斜　　　B. 平均成本曲线 SAC 向上倾斜
C. 企业处于规模经济中　　　D. 企业处于规模不经济中

(7) 技术进步_____。
A. 会导致企业的总产量曲线向上移动　　　B. 会导致企业的总产量曲线向下移动
C. 不会导致企业的总产量曲线的移动　　　D. 会导致企业的总成本曲线向上移动

(8) 在短期生产中，如果企业投入的可变要素劳动的价格上升，则会导致_____。
A. 总固定成本曲线向上移动　　　B. 平均可变成本曲线向上移动
C. 劳动边际产量曲线向上移动　　　D. 劳动边际产量曲线向下移动

(9) 长期平均成本曲线 LAC _____。
A. 等于所有短期平均成本曲线 SAC 的最低点
B. 等于生产不同产量水平的最低边际成本 SMC
C. 等于不同产量水平下所对应的最低平均总成本
D. 一般来说，位于短期平均总成本曲线的上方

(10) 当一个企业处于规模经济时，_____。
A. 边际产量曲线 MP 向上倾斜　　　B. 长期平均成本曲线 LAC 向下倾斜
C. 长期平均成本曲线 LAC 向上倾斜　　　D. 长期边际成本曲线 LMC 向下倾斜

3. 分析讨论题

(1) 老张以每天 120 元的价格租了一块地种植菠萝。他每天雇用一名工人帮他采摘、包装菠萝需要支付 100 元，每天还需要支付银行贷款利息 80 元。表 6-2 给出了每天的产量。

表 6-2　老张种植菠萝的产量与成本

雇用工人数（天）	产出（千克/天）	总成本（元/天）	平均成本（元/千克）	边际成本（元/千克）
0	0			
1	100			
2	220			
3	300			
4	360			
5	400			
6	420			
7	430			

①完成表 6-2。
②在产量为多少时，老张的平均成本最低？
③如果老张租用土地的租金从 120 元上涨到 220 元，那么，老张种植菠萝的总成本、平均成本、边际成本如何变化？

(2) 老张以每天 120 元的价格租了一块地种植菠萝。他每天雇用一名工人帮他采摘、包装菠萝需要支付 100 元，每天还需要支付银行贷款利息 80 元。假设老张也可以租

用两块地，则地租需要支付 240 元，贷款利息需要支付 160 元，雇用一名工人仍然需要每天支付 100 元。租用一块地与两块地的菠萝产量如表 6-3 所示。

表 6-3 老张种植菠萝的产量与成本

雇用工人数（人）	一块地的产出（千克/天）	两块地的产出（千克/天）	租种一块地的平均成本（元/千克）	租种两块地的平均成本（元/千克）
0	0	0	—	—
1	100	220	3.00	2.27
2	220	460	1.82	1.30
3	300	620	1.67	1.13
4	360	740	1.67	1.08
5	400	820	1.75	1.10
6	420	860	1.90	1.16

①完成表 6-3。

②画出老张分别租用一块地和两块地的平均成本曲线，以及长期平均成本曲线。

③在何种产量水平下，老张应该租用一块地种植菠萝？在何种产量水平下，老张应该租用两块地种植菠萝？

④老张的生产存在规模经济还是规模不经济？

第七章

完全竞争市场

当稻谷的市场价格只能卖 1.2 元/斤的时候，农民为什么不能通过提价来增加收入呢？这是因为稻谷市场接近于完全竞争市场，单个农民的产量占的市场份额非常少，如果他提价，稻谷就会卖不出去。因此，农民只能被动接受由市场决定的价格。与稻谷不同，一些高端白酒如贵州茅台，由于具有很大程度的不可替代性，企业有一定的定价能力。即使这些高端白酒提价，市场需求也不会减少太多。

两种市场结构的差别决定了企业定价和产量决策的不同，资源配置效率也因此不同。本章主要讨论完全竞争厂商的生产决策以及完全竞争市场的效率，具有市场势力厂商的行为将在第十、第十一章讨论。

第一节 完全竞争厂商的需求曲线

一、利润最大化目标

在经济学分析中，假定企业的目标是利润最大化。**经济学中的利润称为经济利润，等于销售收入减去经济成本。**经济成本是企业使用所有资源的成本，包括显成本和隐成本。显成本是厂商在生产要素市场上购买或租用生产要素发生的实际货币支出，以货币形式支付并直接反映在厂商的账面上，是对企业货币支出的历史记录，又叫会计成本。隐成本是厂商使用未直接支付报酬的自有资源的机会成本，如亲自管理企业，使用自有资金、自有土地等。显成本有实际货币支出，隐成本没有实际货币支出。

会计学中的利润称为会计利润，等于销售收入减去会计成本。下面，举例说明经济利润与会计利润的不同之处。设想你大学毕业后开了一家公司，会计员为你提供了如表 7-1 所示的信息。仅从实际的货币流入与流出来看，企业表面上是盈利的，销售收入减去显成本也就是会计成本等于会计利润,为 17 万元,你会感觉比较良好。

表 7-1　公司的会计利润　　　　　　　　　　　单位:万元

销售收入	80
原材料成本	30
工资与奖金	20
水电费用	5
广告费用	8
总的显成本	63
会计利润	17

假设你在开办企业时,投入了自有资金而不是从银行借来的 100 万元,这些资金如果存入银行 1 年可以获得 5 万元利息。你用家里闲置的房屋作为办公场所,这些房产如果出租 1 年可以获得租金 7 万元。你为了管理企业放弃了其他挣钱的机会,1 年的收入是 6 万元。

现在我们从经济学角度考量企业利润。如表 7-2 所示,你的企业并没有盈利反而出现亏损。销售收入是 80 万元,经济成本包括显成本和隐成本,共 81 万元,经济利润为 -1 万元。虽然会计利润是 17 万元,但考虑投入的资金、房产以及时间这些资源的机会成本,你的企业就是亏损的。在这种情况下,你不办企业会更好。

表 7-2　公司的经济利润　　　　　　　　　　　单位:万元

销售收入	80
原材料成本	30
工资与奖金	20
水电费用	5
广告费用	8
总的显成本	63
会计利润	17
放弃的银行利息	5
放弃的房产租金	7
放弃的工作收入	6
总的隐成本	18
总成本	81
经济利润	-1

经济学研究的对象是资源配置,经济学中的成本包括所有资源的机会成本,因此,经济利润可能会小于会计利润。考量机会成本的目的是为企业经营决策提供信息。这些

决策包括你的企业是否要继续营业，从长远来看是扩张还是收缩，其他企业能否被吸引加入这一行业，等等。经济利润能为这些决策提供信息。核算会计利润的目的是反映企业的财务信息，考核企业的经营业绩。

二、完全竞争厂商的需求曲线

1. 什么是完全竞争市场

完全竞争市场是一种不受任何阻碍、干扰和控制的市场结构，即买卖双方的购买和销售决策对市场价格没有任何影响的市场结构。 完全竞争市场具有4个特点：

（1）市场上有大量的买者和卖者。由于市场上有众多买者和卖者，他们中每一个人的购买份额或销售份额相对于整个市场来说微不足道，好比一桶水中的一滴水。任何一个消费者的买与不买，任何一个生产者的卖与不卖，都不会对整个商品市场的价格产生影响。市场中的每一个消费者以及每一个生产者都是价格接受者，对市场价格没有任何控制力量。

（2）厂商生产的产品是完全同质的。完全同质的商品不仅指商品的质量完全一样，在销售条件、商标、包装等方面也完全相同。因此，对消费者来说，购买哪一个厂商的产品都是一样的。如果一个厂商提价，那么他的商品就会卖不出去。当然，单个厂商也没有必要降价，因为单个厂商总是可以按照既定的市场价格，实现属于自己的那一份相对来说很少的销售份额。

（3）厂商进入或退出一个行业是完全自由的。厂商进出一个行业不存在任何障碍，所有资源都可以在各行业之间自由流动。这样，各行业的厂商数目在长期内是可以变动的。但在短期内，厂商的数目仍然是不可变的。

（4）信息是充分的。市场中每一个买者和卖者都掌握与决策有关的商品和市场的全部信息。市场上每一个消费者或生产者都可以根据掌握的信息，确定最优购买量和最优生产量，获得最大的经济利益。排除了由于信息不对称产生的一个市场同时存在几种价格的情况。

2. 完全竞争厂商的需求曲线

对于完全竞争市场中的单个厂商来说，面对并被动接受的，是由市场需求与供给决定的均衡价格。如图7-1（a）所示，D为产品的市场需求曲线，S为供给曲线，E为均衡点，均衡价格为P_e。**由于这是一个完全竞争市场，处于该市场中的单个厂商面对并被动接受市场价格P_e，在价格P_e下生产、销售商品。该厂商的需求曲线是一条由既定价格P_e出发的水平线，即图7-1（b）中的曲线d。水平的需求曲线意味着企业是价格的接受者，不能控制产品的价格。**

小麦、玉米等农产品市场接近于完全竞争市场。在这些市场中，单个生产者和消费者都是价格的接受者，他们不能决定产品的市场价格。相反，农产品的制成品市场，比如麦片、饼干等市场，就不属于完全竞争市场。虽然不同品牌的麦片、饼干厂商之间竞争激烈，但并不是完全竞争的。这主要是因为：

第一，小麦市场存在数以万计的生产者，任何一个生产者都不具有较多的市场份

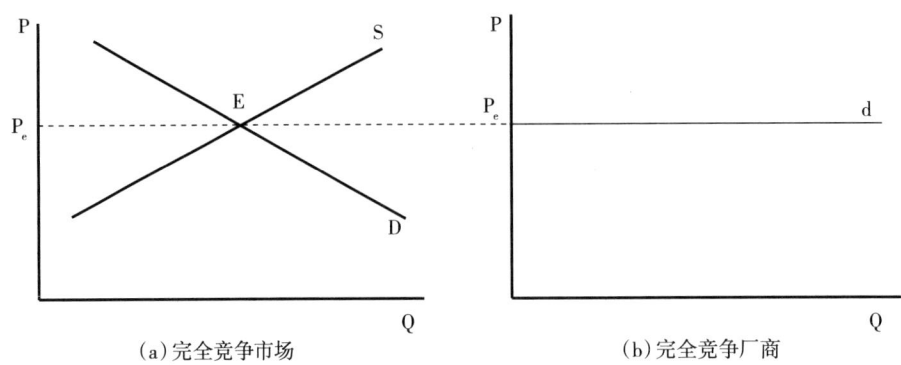

图7-1 完全竞争厂商的需求曲线

额,增加或减少产量均不影响小麦价格。但是,在饼干市场中,几大品牌主宰整个市场,每家公司的市场份额都比较多,一家公司打算销售更多的饼干,其产量变化能够明显地影响市场的总供给,引起饼干价格下跌。

第二,完全竞争市场中的消费者将所有生产者的产品视为无差异的。在饼干市场中,不同品牌的饼干在口味、营养价值等方面是不同的,对消费者来说显然不是理想的替代品。因此,饼干生产者具有一定的定价能力,而不担心自己的顾客被其他企业抢走。但是,消费者会将一个生产者的小麦视为另一个生产者的完全替代品,一个生产者提高价格,他的小麦就会卖不出去。

3. 研究完全竞争市场的原因

显然,理论假设的完全竞争市场的条件是极其严格的,在现实经济生活中,完全竞争市场是不存在的,通常将某些农产品市场看成是比较接近的市场类型。之所以要分析理论上并不存在的抽象市场,是为了理论体系的完整以及加深对非完全竞争市场的理解。经济学家把完全竞争市场作为理想的市场模式,并将现实世界中的市场与之比较,一个市场没有具备完全竞争市场的特征,从整体来看,社会的福利水平就会下降。

第二节 完全竞争厂商的短期生产

一、厂商追求利润最大化的条件

厂商的目标是追求利润最大化,那么,利润最大化应该满足什么条件呢?我们以某农户种植花生为例,来说明厂商追求利润最大化的条件,如表7-3所示。花生市场为完全竞争市场,花生的市场价格为每千克6元,农户是市场价格的接受者,在既定的市场价格下可以销售任意数量的花生。

1. 完全竞争厂商的收益

总收益（Total Revenue，TR）是厂商生产一定数量产品获得的销售收入，等于市场价格 P 乘以产量 Q。总收益可以表示为：

$$TR(Q) = P \times Q \tag{7-1}$$

由于市场价格是给定的，总收益就是产量的函数。当产量为 4 万千克时，总收益为 24 万元。当产量为 5 万千克时，总收益为 30 万元。

平均收益（Average Revenue，AR）是厂商平均生产 1 单位产品获得的总收益，等于总收益 TR 除以产量 Q。平均收益可以表示为：

$$AR(Q) = \frac{TR}{Q} = \frac{P \times Q}{Q} = P \tag{7-2}$$

当产量为 5 万千克时，平均收益为 6 元。对于完全竞争厂商来说，无论产量是多少，平均收益都等于产品的市场价格。因此，平均收益曲线 **AR** 与厂商的需求曲线 **d** 重叠，都是从既定的市场价格出发的一条水平线。

表 7-3 某农户短期生产中的收益、成本与利润

产量 Q（万千克）	价格 P（元/千克）	总收益 TR（万元）	平均收益 AR（元）	边际收益 MR（元）	总可变成本 TVC（万元）	平均可变成本 AVC（元）	总固定成本 TFC（万元）	总成本 STC（万元）	平均总成本 SAC（元）	边际成本 SMC（元）	利润 π=TR-STC（万元）
0	6	0	—	—	0	—	5	5.00	—	—	—
4.00	6	24.00	6	6	12.30	3.08	5	17.30	4.33	3.08	6.70
4.23	6	25.38	6	6	12.40	2.93	5	17.40	4.11	0.43	7.98
4.50	6	27.00	6	6	12.50	2.78	5	17.50	3.89	0.37	9.50
4.60	6	27.60	6	6	12.70	2.76	5	17.70	3.85	2.00	9.90
4.70	6	28.20	6	6	13.00	2.77	5	18.00	3.83	3.00	10.20
4.80	6	28.80	6	6	13.40	2.79	5	18.40	3.83	4.00	10.40
4.90	**6**	**29.40**	**6**	**6**	**14.00**	**2.86**	**5**	**19.00**	**3.88**	**6.00**	**10.40**
5.00	6	30.00	6	6	14.80	2.96	5	19.80	3.96	8.00	10.20
5.10	6	30.60	6	6	15.90	3.12	5	20.90	4.10	11.00	9.70

边际收益（Marginal Revenue，MR）是厂商增加 1 单位产品生产获得的总收益的增加量，等于总收益的增加量 ΔTR 除以产量的增加量 ΔQ。边际收益可以表示为：

$$MR = \frac{\Delta TR}{\Delta Q} = P \tag{7-3}$$

当产量从 4.9 万千克增加到 5 万千克时，产量的增加量为 0.1 万千克，相应地，总收益的增加量为 0.6 万元，则边际收益为 6 元。完全竞争厂商是价格的接受者，无论产量是多少，边际收益都等于产品的市场价格。因此，边际收益曲线 **MR** 与厂商的需求曲

线 d 重叠，都是从既定的市场价格出发的一条水平线。

2. 边际分析法与厂商利润最大化的产量决策

在短期生产中，固定要素投入不变，厂商生产多少产量才能实现利润最大化呢？**经济学中的一个重要研究方法是边际分析法，即一项经济活动的最优数量是边际收益等于边际成本的水平**。对于种植花生的农户来说，要实现利润最大化，必须满足生产最后 1 千克花生的边际收益 MR 等于边际成本 MC，即

$$MR = MC \tag{7-4}$$

如表 7-3 所示，当产量为 4.7 万千克时，边际收益为 6 元，边际成本为 3 元，边际收益大于边际成本，增加产量是有利可图的。当产量为 5.1 万千克时，边际收益为 6 元，边际成本为 11 元，边际收益小于边际成本，减少产量是有利可图的。只有当产量为 4.9 万千克时，边际收益为 6 元，边际成本为 6 元，边际收益等于边际成本，农户获得了最大利润，为 10.4 万元。

下面，我们用几何图形来说明厂商利润最大化的条件。如图 7-2 所示，当产量小于 4.9 万千克时，边际收益大于边际成本，应该增加产量；当产量大于 4.9 万千克时，边际收益小于边际成本，应该减少产量。利润最大化的产量为 4.9 万千克，即边际收益曲线 MR 与边际成本曲线 MC 的交点 A 所对应的产量，此时有 MR = MC。

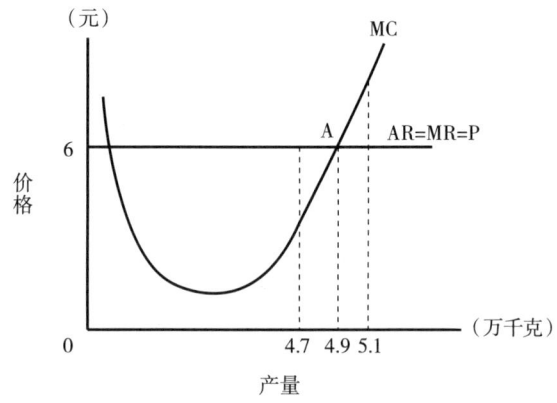

图 7-2　农户种植花生的利润最大化选择

利润最大化条件 **MR = MC 不仅适用于完全竞争厂商，还适用于不完全竞争厂商，不仅适用于短期生产，而且适用于长期生产。满足利润最大化条件 MR = MC，如果厂商是获利的，则一定是获得了最大利润；如果厂商是亏损的，则一定是遭受了最小亏损**。厂商是盈利还是亏损要看厂商的收益曲线与成本曲线的位置关系。

二、完全竞争厂商短期生产中的盈利与亏损

在完全竞争厂商短期生产中，产品的市场价格是给定的，不变要素的投入无法变动，即生产规模是给定的。在既定规模下，厂商通过对产量的调整实现短期利润最大化的条件是 MR = SMC。满足该条件后，厂商可能获得经济利润，也可能亏损。为了分析短

期生产中的盈利状况，在图 7-2 中放入厂商短期生产的平均成本曲线 SAC、平均可变成本曲线 AVC。

1. 获得经济利润

如图 7-3（a）所示，当价格为 6 元时，边际收益曲线 MR 是从纵轴刻度值为 6 的地方出发的一条水平线，利润最大化条件是 MR = SMC，交点为 E，利润最大化的产量为 4.9 万千克。总收益等于产量乘以价格，即 4.9×6 = 29.4（万元），总成本等于产量乘以平均成本，即 4.9×3.88 = 19.01（万元），经济利润等于总收益减去总成本，即 29.4 - 19.01 = 10.39（万元）。

2. 经济利润为零

如图 7-3（b）所示，当价格下降到 SAC 曲线最低点 3.83 元时，利润最大化的产量为 3.8 万千克，总收益为 3.8×3.83 = 14.55（万元），总成本为 3.8×3.83 = 14.55（万元）。在这种情况下，总收益等于总成本，经济利润为零，E 点也叫作收支相抵点或盈亏平衡点。

3. 亏损，但继续生产

如图 7-3（c）所示，当价格下降到 SAC 曲线最低点以下，AVC 曲线最低点以上时，假定为 3 元，利润最大化的产量为 3.7 万千克。总收益为 3.7×3 = 11.1（万元），总成本为 3.7×3.9 = 14.43（万元），经济利润等于总收益减去总成本，即 11.1 - 14.43 = -3.33（万元），农户是亏损的。在这种情况下，是否应继续生产？答案是要继续生产。继续生产，农户获得的收益可以补偿全部可变成本，如支付给工人的工资、种子和化肥支出等。同时，农户获得的收益还可以补偿总是存在的一部分固定成本，如租用土地的租金、一台拖拉机的租金等。

4. 停止营业点

如图 7-3（d）所示，当价格下降到 AVC 曲线最低点时，假定为 2.76 元，利润最大化的产量为 3.6 万千克。总收益为 3.6×2.76 = 9.94（万元），总成本为 3.6×4 = 14.4（万元），经济利润等于总收益减去总成本，即 9.94 - 14.4 = -4.46（万元），农户是亏损的。在这种情况下，农户是否应继续生产？答案是停止生产。如果继续生产，则农户获得的收益仅仅可以补偿全部可变成本，固定成本得不到任何补偿，因此 E 点也称为停止营业点。

下面举例说明如何判断厂商短期是否应该停止生产。当你中午走进一家餐馆吃饭时，发现并没有多少客人，你可能会有疑问，在顾客很少的情况下，收入可能并不能弥补经营成本，餐馆为什么还在营业？实际上，在决定是否营业时，只需要考虑可变成本，而不需要考虑固定成本，如房租、厨房设备、桌子、餐具等，甚至员工的工资在短期中也是固定的。在这种情况下，固定要素形成的成本是沉没成本，是已经发生而无法收回的成本，厂商的决策不应该受到沉没成本的影响。餐馆是否要继续营业，只需要考虑营业收入能否弥补可变成本，如因继续营业而增加的食材、水费、电费等支出。只有在经营收入连这些可变成本都不能补偿时，才需要停止营业。

5. 亏损，并停止生产

如图 7-3（e）所示，当价格进一步下降到 AVC 曲线最低点以下时，假定为 2.5 元，利润最大化的产量为 3.5 万千克。总收益为 3.5×2.5＝8.75（万元），总成本为 3.5×5＝17.5（万元），经济利润等于总收益减去总成本，即 8.75－17.5＝－8.75（万元），农户是亏损的。此时，农户是否应继续生产呢？答案是不生产。因为继续生产，获得的收益不仅不能补偿任何的固定成本，而且连可变成本也不能得到全部补偿。

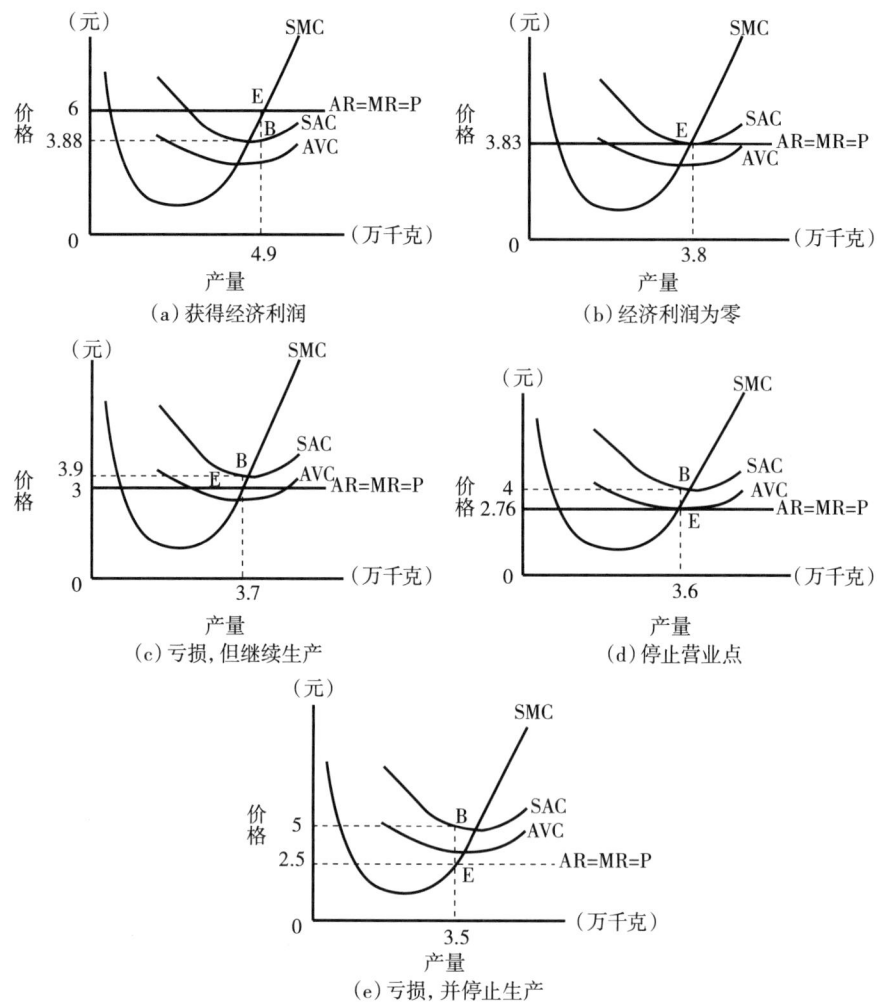

图 7-3 完全竞争厂商短期生产中的盈利与亏损

综上所述，厂商短期是否盈利取决于产品的市场价格 P 与平均总成本 SAC 之间的比较，厂商短期是否继续生产取决于产品的市场价格 P 与最小平均可变成本 AVC 之间的比较。并且，这一结论对不完全竞争厂商短期生产同样适用。

三、单个厂商的短期供给曲线

1. 根据利润最大化条件推导单个厂商的短期供给曲线

我们知道，厂商短期利润最大化的条件是 MR＝SMC。对于完全竞争厂商来说，边际收益 MR 等于产品的市场价格 P，因此利润最大化的条件可以表示为：

$$P = SMC(Q) \tag{7-5}$$

式（7-5）左边是产品的市场价格，是市场给定的，为常数；右边是边际成本，是产量的函数。

对于完全竞争市场中的农户来说，给定一个价格 P_1，根据利润最大化条件，就可以找到一个利润最大化的产量 Q_1；给定一个价格 P_2，同样可以找到一个利润最大化的产量 Q_2；给定一个价格 P_3，还是可以找到一个利润最大化产量 Q_3。这样，可以找到每一个价格水平下利润最大化的产量。然后，把这些与每一个价格水平相对应的产量组合画在横轴为供给量，纵轴为价格的坐标图中，就可以得到单个农户对花生的供给曲线。

2. 根据短期均衡图推导单个厂商的短期供给曲线

如图 7-4 所示，当产品的市场价格为 6 元时，厂商的边际收益曲线 MR 是从纵轴刻度值为 6 的地方出发的一条水平线，利润最大化的产量为边际收益曲线 MR 与边际成本曲线 SMC 相交的点，所对应的产量 4.9 万千克；当价格下降为 4 元时，利润最大化产量为 4.8 万千克；当价格下降为 3.83 元时，利润最大化产量为 3.8 万千克；当价格下降为 2.76 元时，利润最大化产量为 3.6 万千克。上述这样的价格与产量的组合点正好落在短期边际成本曲线 SMC 上。**因此，完全竞争厂商的短期供给曲线是位于平均可变成本曲线 AVC 最低点以上的边际成本曲线 SMC。**完全竞争厂商的短期供给曲线向右上方倾斜，市场价格上升，厂商增加产量；市场价格下降，厂商减少产量。

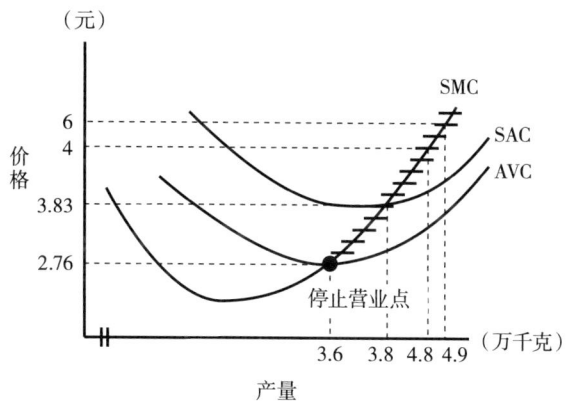

图 7-4 单个农户的供给曲线

值得注意的是，完全竞争厂商的短期供给曲线并不是 SMC 曲线的全部，而是 SMC 曲线处于上升阶段并且位于 AVC 曲线最低点以上的部分。现在回忆一下，在前面的章节中我们讨论了厂商的短期生产和短期成本，理性的厂商在短期生产中可变要素的合理投入区间是，位于可变要素劳动的边际产量 MP_L 与平均产量 AP_L 相交的点与总产量 TP_L 最大值点之间的第Ⅱ阶段，所对应的短期成本曲线是 SMC 曲线不仅要递增，而且要在大于或等于 AVC 曲线最低点的阶段生产，与这里分析的完全竞争厂商的短期供给曲线是一致的。

四、完全竞争市场的短期供给曲线

市场的供给曲线表示在每一个价格水平下,整个行业生产的产量。行业的产量等于所有单个厂商供给数量的总和。假定生产要素的价格不变,市场的供给曲线可以通过对单个厂商的供给曲线水平加总得到。

如图7-5所示,画出了A、B、C三个农户位于AVC曲线最低点以上的SMC曲线(仅分析三个农户是为了作图方便,但这一结论同样适用于很多农户的情形),并且三个农户的生产成本并不相同。当价格在2.3元和2.76元之间时,只有C愿意生产,市场的供给曲线等于C在这一阶段的边际成本曲线SMC_C。当价格上升为2.76元时,A愿意生产3.6万千克,B愿意生产7.5万千克,C愿意生产14.8万千克,市场的供给等于所有农户供给量的总和,则市场的供给量为3.6+7.5+14.8=25.9(万千克)。类似地,当价格上升为6元时,A愿意生产7.5万千克,B愿意生产12万千克,C愿意生产19万千克,则市场的供给量等于7.5+12+19=38.5(万千克)。市场的供给曲线向右上方倾斜,但在价格为2.76元的地方有一个折点。当市场上存在很多农户时,折点并不重要,通常将市场的供给曲线画成一条向右上方倾斜的光滑曲线。

完全竞争市场的供给曲线向右上方倾斜,表示价格和供给量同方向变动。供给曲线上与每一个价格水平相对应的供给量,都是可以使全体厂商在该价格水平获得最大利润或最小亏损的最优产量。

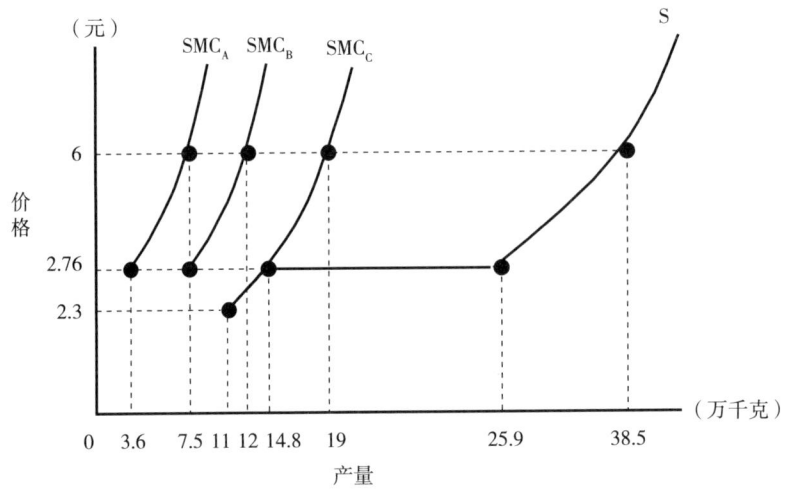

图7-5 市场的供给曲线

值得注意的是,我们在讨论市场的短期供给曲线时假设厂商的投入品价格不变,原因是什么呢?这是因为,花生的价格上升,农户会增加产量,这会提高对种子、人工等种植花生的投入品需求,导致投入品的价格上升,农户的边际成本曲线就会上移。而某一给定的花生价格,降低了每一个农户的花生产量,导致市场的供给曲线向左移动。

第三节 完全竞争厂商的长期生产

在长期生产中,所有投入都是可以调整的,厂商通过对全部生产要素的调整,实现边际收益等于长期边际成本的利润最大化原则,即 MR=LMC。厂商在长期生产中对全部生产要素的调整表现为两个方面:一是对最优生产规模的选择;二是进出一个行业。

一、厂商对最优生产规模的选择

厂商长期利润最大化决策依据是边际收益 MR 等于长期边际成本 LMC。如图 7-6 所示,假定市场价格为 P_1,厂商的平均收益曲线 AR、边际收益曲线 MR 与需求曲线 d 为同一条直线,利润最大化产量为边际收益曲线 MR 与长期边际成本曲线 LMC 相交的点 E 所对应的产量 Q_2。由于处于长期生产,厂商选择最优规模 SMC_2 进行生产。在产量为 Q_2 时,产品的平均收益为 EQ_2,平均成本为 FQ_2,单位产品的经济利润为 EF,厂商获得的经济利润为图中较大矩形的面积。

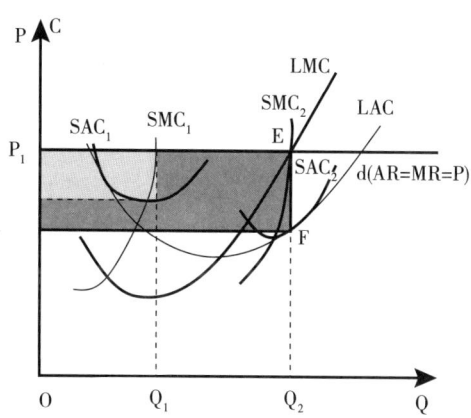

图 7-6 完全竞争厂商对最优生产规模的选择

现在,假定厂商并没有能够调整规模,而是处于较小规模下生产,例如,在规模 SMC_1 进行生产,产品的市场价格仍然为 P_1。厂商根据短期利润最大化原则 $P_1=SMC_1$ 安排生产,产量为 Q_1。此时,厂商只能获得较小的经济利润,即为图中较小矩形的面积。**可见,在长期生产中,厂商通过对最优生产规模的选择,使自己的状况得到改善,从而获得比在短期生产中更大的经济利润。**

二、厂商进出一个行业

在长期生产中，完全竞争厂商可以选择进入或者退出一个行业，其决策依据与短期生产中的停止营业决策类似。厂商退出一个市场，将失去从出售产品中得到的全部收益，同时也将避免所有的可变成本和不变成本。因此，当生产的收益小于总成本时，企业将会退出市场。用公式来表示就是，总收益 TR 小于总成本 LTC，企业将退出市场，即：

$$TR < LTC$$

上式两边同时除以产量 Q，得：

$$\frac{TR}{Q} < \frac{LTC}{Q}$$

进一步地，根据平均收益 AR 和长期平均成本 LAC 的定义，有：

$$AR < LAC \text{ 或 } P < LAC$$

这就是说，当产品的价格 P 小于长期平均成本 LAC 时，完全竞争企业就会退出市场。企业家考虑是否进入某一市场，必须满足产品的价格 P 大于长期平均成本 LAC，也就是获得的总收益 TR 大于总成本 LTC。

如图 7-7 所示，当市场价格为 P_1 时，厂商通过调整要素组合选择最优的规模进行生产，利润最大化的产量为 Q_1，此时，有 P>LAC，厂商获得经济利润，其他厂商就会加入该行业中来。随着新厂商的进入，产品的供给增加，市场价格下降，并且一直持续到单个厂商的经济利润为零。

当市场价格为 P_3 时，厂商通过调整要素组合选择最优规模进行生产，利润最大化的产量为 Q_3，此时，有 P<LAC，厂商是亏损的，行业中的厂商就会退出，随着厂商的退出，产品的供给减少，市场价格上升，并且一直持续到单个厂商不再亏损。

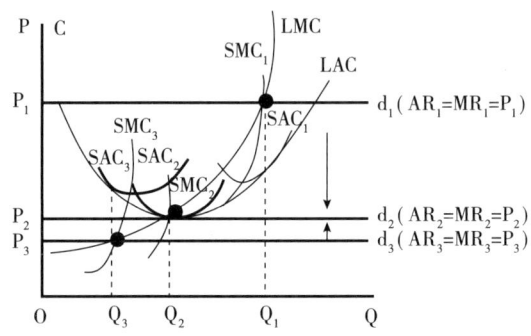

图 7-7 完全厂商进入或者退出一个行业

在长期生产中，当市场价格高于平均成本时，厂商获得经济利润，新厂商进入该行业；当市场价格低于平均成本时，厂商亏损并退出该行业。在这两种情况下，整个行业都没有达到均衡。只有当市场价格正好经过厂商的长期平均成本曲线的最低点，经济利润为零时，不再有厂商进入和退出，行业才达到均衡。在行业长期均衡时，厂商用最小的平均成本生产，消费者支付的价格等于厂商的长期平均成本，即 **P=LAC**；消费者支付的价格也等于厂商的边际成本，即 **P=LMC**。并且，很容易得到一个结论：完全竞争厂商的长期供给曲线是长期边际成本曲线位于长期平均总成本曲线以上的那一部分。

需要说明的是,为什么经济利润为零,厂商还会留在市场上呢?首先,我们要明白经济学中的利润是收入减去总成本,这里的总成本包括企业投入的所有机会成本。在长期均衡获得零利润时,厂商的收益必须能够补偿所有成本。例如,一个农民开办了一个农场,需投入 100 万元资金,如果不开办农场,这 100 万元可以存入银行获得 5 万元利息,该农民进城打工还可以挣得 5 万元。因此,农民开办农场一年的机会成本就是放弃的利息以及打工的工资,合计 10 万元。即使农民经营的经济利润为零,他经营农场的收益也已弥补了所有机会成本。会计师和经济学家衡量成本的方法是不同的,会计师只关注显成本,即用货币表示的流出企业的成本,但不包括不涉及货币流出的生产中使用的资源的机会成本。在零利润均衡时,经济利润为零,但会计利润为正,这足以使得农民经营该农场。

第四节 竞争与效率

完全竞争可以实现资源的有效利用。这一节我们运用所学相关知识来分析完全竞争市场是如何实现资源的有效配置的。

资源是否有效配置的一个衡量标准是产品的边际社会收益(Marginal Social Benefit,MSB)是否等于边际社会成本(Marginal Social Cost,MSC)。产品的边际社会收益 MSB 大于边际社会成本 MSC,表明生产不足。从社会的角度来看,增加 1 单位产品生产给社会带来的收益,要大于这 1 单位产品生产给社会增加的成本,则应该增加这 1 单位产品的生产;相反,产品的边际社会收益 MSB 小于边际社会成本 MSC,表明生产得太多。从社会的角度来看,增加 1 单位产品生产给社会带来的收益,要小于这 1 单位产品生产给社会增加的成本,则应该减少这 1 单位产品生产。

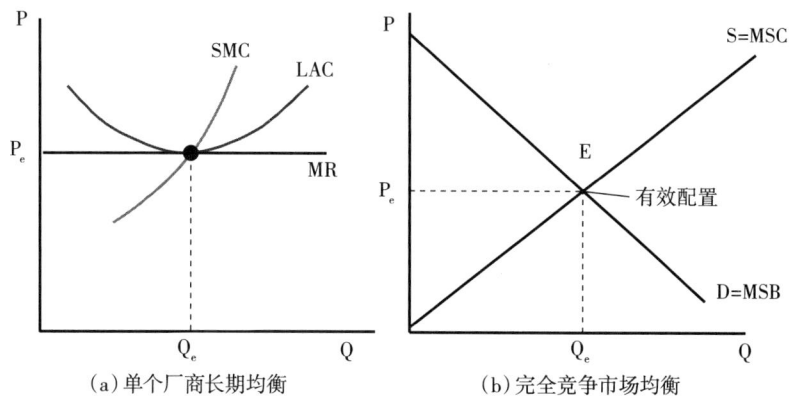

图 7-8 完全竞争的效率

如图 7-8（b）所示，消费者对产品愿意支付的最高价格就是其获得的边际收益，市场的需求曲线 D 就是产品的边际社会收益曲线 MSB，反映消费者额外增加 1 单位产品消费增加的收益，消费者在需求曲线上的任意一点都是有效率的。生产者愿意接受的最低价格就是其产品的边际成本，市场的供给曲线 S 就是产品的边际社会成本曲线 MSC，反映生产者额外增加 1 单位产品生产增加的成本，生产者在供给曲线上的任意一点都是有效率的。**需求曲线与供给曲线相交于 E 点，市场达到均衡，均衡数量为 Q_e，均衡价格为 P_e。在均衡点，产品的边际社会收益 MSB 等于边际社会成本 MSC，资源配置达到最优。**当产量小于均衡产量时，产品的边际社会收益 MSB 大于边际社会成本 MSC，消费者对产品的评价大于生产者的成本，社会应该增加生产；当产量大于均衡产量时，产品的边际社会成本 MSC 大于边际社会收益 MSB，消费者对产品的评价小于生产者的成本，社会应该减少生产。在均衡点，所有生产者都能以高于其边际成本的价格销售商品，所有消费者都能以低于其边际支付意愿的价格购买商品，产品的边际社会收益 MSB 等于边际社会成本 MSC，资源配置达到最优。

图 7-8（a）表示单个企业的均衡情况，单个企业被动接受给定的市场价格，选择最优规模 SMC 进行生产，经济利润为零，平均成本降到最低，生产者的状况达到最优。由于产品不能再以更低的成本进行生产，产品的市场价格等于生产者的最小平均成本，消费者的状况达到最优。接下来的第八章，将运用消费者剩余和生产者剩余进一步分析完全竞争市场的效率。

复习思考题

1. 术语和概念

显成本；隐成本；会计成本；经济成本；经济利润；会计利润；完全竞争；边际分析法；盈亏平衡点；停止营业点；边际社会收益 ；边际社会成本

2. 选择题

（1）_____是一个完全竞争厂商。

A. 中国移动通信集团公司（CMCC）

B. 有线电视服务提供商

C. 海南一位种植香蕉的农户

D. DeBeers——全世界超过 80% 的钻石供应商

（2）当完全竞争企业处于短期均衡时，正确的是_____。

A. MR = SMC B. P = LAC 的最小值

C. P = SAC D. 在短期均衡中，以上都正确

（3）由于企业必须支付的工人工资上升，完全竞争企业的边际成本增加，但其需求没有变化，则该企业应_____其产量和_____其产品的价格。

A. 减少；提高　　　　　　　　B. 增加；降低
C. 减少；不变　　　　　　　　D. 增加；提高

（4）在短期生产中，如果一家完全竞争企业出现亏损，则_____。
A. 停止营业　　　　　　　　　B. 继续经营直到不再出现亏损
C. 当 P>AVC 最小值时停止营业　D. 当 P<AVC 最小值时停止营业

（5）在短期生产中，一个完全竞争企业可能_____。
A. 获得经济利润　　　　　　　B. 获得正常利润
C. 出现经济亏损　　　　　　　D. 以上都有可能

（6）如果一家完全竞争企业一定处于亏损中，则有_____。
A. P = SAC　　　　　　　　　B. P>SAC
C. P<SAC　　　　　　　　　D. 以上都有可能

（7）在短期生产中，下面表述错误的是_____。
A. 完全竞争企业可能获得经济利润
B. 企业数量是不变的
C. 为了实现利润最大化，必须满足 MR = SMC
D. 完全竞争企业必然要在短期平均成本 SAC 最小值时进行生产

（8）假设处于完全竞争行业的企业获得了经济利润，则_____。
A. 其他企业进入该行业，从而价格上涨、经济利润下降
B. 其他企业进入该行业，从而价格下降、经济利润下降
C. 一些企业退出该行业，从而价格上涨、经济利润上涨
D. 不存在企业进入和退出

（9）从长期来看，一个完全竞争企业可能_____。
A. 获得经济利润　　　　　　　B. 获得正常利润
C. 出现经济亏损　　　　　　　D. 以上都有可能

（10）一个完全竞争厂商处于长期均衡，则以下表述正确的是_____。
A. MR = LMC　　　　　　　　B. P = LAC 的最小值
C. P = SAC 的最小值　　　　　D. 在长期均衡中，以上都正确

3. 分析讨论题

（1）郁金香种植是一个完全竞争行业，所有郁金香种植者都面临着相同的成本曲线。现在，郁金香的市场价格是每束 25 元，每个种植者一周生产 2000 束以实现利润最大化，此时平均总成本是 20 元/束，平均可变成本是 15 元/束，厂商最小平均可变成本是 12 元/束，问：

①种植者短期获得的经济利润是多少？
②种植者停止营业点的价格是多少？
③在停止营业点上，种植者的损失是多少？

（2）郁金香种植是一个完全竞争行业，所有郁金香种植者都面临着相同的成本曲线。现在，郁金香的市场价格是每束 15 元，每个种植者一周生产 1500 束以实现利润最大化，此时平均总成本是 21 元/束，厂商最小平均总成本是 18 元/束，问：

①种植者短期获得的经济利润是多少?
②长期看种植者的数量会如何变化?郁金香的市场价格是多少?
③长期经济利润是多少?

(3) 某文具公司面临的生产成本如表 7-4 所示。

表 7-4 某文具公司的短期生产成本

数量（箱）	总固定成本（元）	总可变成本（元）	平均固定成本（元）	平均可变成本（元）	平均总成本（元）	边际成本（元）
0	100	0				
1	100	50				
2	100	70				
3	100	90				
4	100	140				
5	100	200				
6	100	360				

①计算该公司的平均固定成本、平均可变成本、平均总成本以及边际成本。

②当每箱文具的价格为 50 元时，企业应该生产多少文具?利润或亏损是多少?鉴于公司无法获得经济利润，该公司的 CEO 决定停止经营。这是一个明智的决策吗?为什么?

③假定每箱文具的价格为 50 元。该企业 CFO 隐约记起他的初级经济学课程，他告诉 CEO 生产 1 箱文具更好一些，因为在生产这一产量时边际收益等于边际成本，这时，企业应该继续扩大产量吗?

第八章

消费者剩余与生产者剩余

大学里有一个很活跃的二手书市场。在这里，你可以把自己不需要的课本卖掉换钱，也可以用便宜的价格买到二手教材。

我们能否用具体的数字来衡量旧书买卖双方从交易中获得的好处以及获得了"多少"好处呢？答案是，完全可以。在本章中，我们用"消费者剩余"衡量买方从交易中获得的好处，用"生产者剩余"衡量卖方从交易中获得的好处。

不仅如此，我们还可以计算市场的变化对买卖双方福利的影响。假设校方要限制二手书的价格或直接取缔校园二手书市场，这些政策和行为对消费者剩余和生产者剩余会产生怎样的影响，又是如何影响买卖双方从交易中获得的好处？这些计算对评价很多经济政策非常重要，本章将利用消费者剩余和生产者剩余概念，探讨竞争、管制、税收与经济福利。

第一节　消费者剩余与生产者剩余

一、消费者剩余

1. 什么是消费者剩余

一件商品给消费者带来的福利就是消费者从该商品的消费中所得到的价值减去所花费的支出。比如，在二手书市场上，你碰到正好需要的一本经济学教科书，你知道一本新的经济学教科书价格为 30 元，这时，你愿意花费 15 元得到这本二手书，而卖主索要的价格只有 10 元。此时，你便有了 5 元的消费者剩余，你实际支付的价钱比你愿意支付的价钱低了 5 元。**我们把消费者消费一定数量商品时，愿意支付的最高价格与实际支付的价格之间的差额称为消费者剩余（Consumer Surplus）**。根据定义，只要计算出消费者购买商品时愿意支付与实际支付之间的差额，就可以知道消费者在交易中获得了多少好处。消费者剩余是一个货币价值尺度，衡量消费者从一项交易中获得的商品价格之外的额外满足。

2. 单个消费者的剩余

在这里，我们先回忆一下什么是需求曲线，这对进一步理解消费者剩余很有帮助。需求曲线反映消费者在各种价格水平下愿意购买的商品数量，也反映消费者额外增加1单位商品消费所愿意支付的最高金额，即边际支付意愿，它衡量消费者对所消费物品的评价。同时，边际支付意愿也是消费者额外增加1单位商品消费所获得的收益即边际收益。

需求曲线向下倾斜，意味着消费的商品增多，消费者对额外1单位商品的支付意愿下降，商品的边际收益递减。随着一种商品消费数量的增加，边际收益递减的原因在于我们喜欢消费多样性的物品。当消费某种商品的数量越多，我们越会发现更喜爱其他商品。比如你对汉堡的支付意愿，如果你很少购买汉堡，那么你愿意为额外消费一块汉堡支付比较高的价格。但是如果你每天都吃汉堡，你就不愿意花费较高价格去购买一块汉堡。

如图8-1（a）所示，某消费者对猪肉的需求曲线呈阶梯状。该消费者购买第一千克猪肉愿意支付20元，第二千克猪肉愿意支付18元，第三千克猪肉愿意支付16元，以此类推，消费者购买5千克猪肉愿意支付的总金额为20+18+16+14+12=80（元）。但是该消费者只需要按照统一的市场价格支付12元，实际支付的总金额为12×5=60（元）。所以消费者购买5千克猪肉获得的消费者剩余为80-60=20（元），即图中阴影图形。

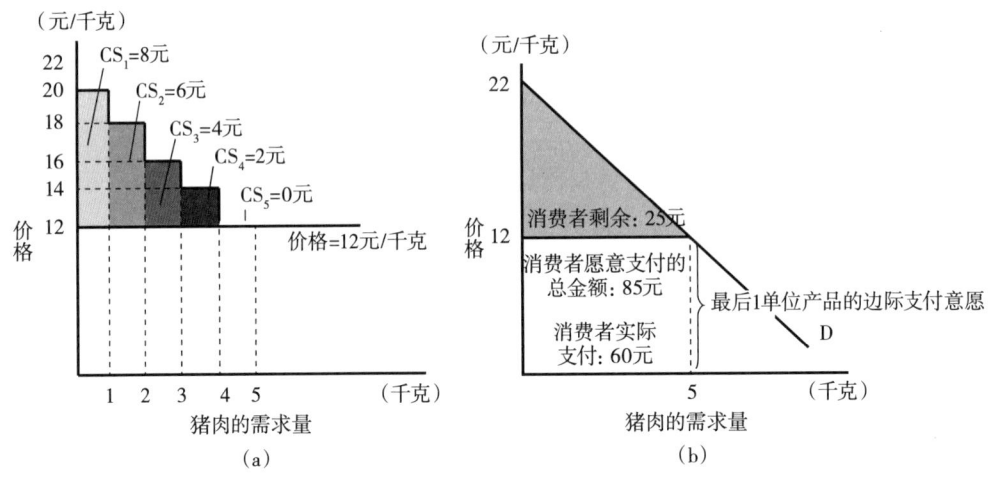

图8-1 单个消费者的剩余

如果该消费者对猪肉的需求曲线为光滑的曲线，即购买的商品数量可以无限细分，那么在这种情况下就如图8-1（b）所示，消费者购买5千克猪肉愿意支付的总金额就是，需求曲线D以下至横轴之间，需求量为0~5围成的梯形面积，其大小为(12+22)×5÷2=85（元），而实际支付的金额为5×12=60（元），消费者剩余就是消费者购买5千克猪肉愿意支付的金额与实际支付的金额之间的差额，即图中阴影三角形的面积，为

85−60=25（元）。

3. 市场所有消费者的剩余

我们可以用个体的需求曲线测量单个消费者的消费者剩余，同样也可以用市场的需求曲线测量市场中所有消费者的消费者剩余。当市场达到均衡时，所有消费者均支付一个相同的价格。但一些消费者可能愿意支付高于均衡价格的价格，这时便会产生消费者剩余。整个市场的消费者剩余等于所有消费者剩余之和，用几何图形来表示就是市场的需求曲线 D 以下，均衡价格线以上与纵轴围成的三角形。如图 8-2 所示，市场价格为 12 元，需求总量为 100 万千克，则市场的消费者剩余为需求曲线 D 以下，市场价格线 P=12 以上与纵轴围成的三角形，即图中阴影部分。我们很容易计算出该三角形的面积为 100×（22−12）/2=500（万元）。

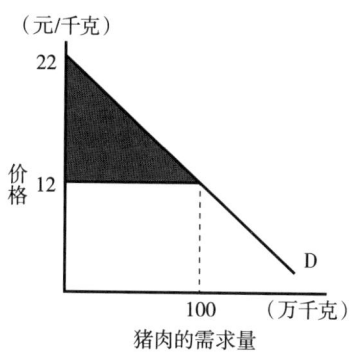

图 8-2　市场所有消费者的剩余

由于消费者总想为购买的物品少支付一些钱，所以价格下降将使消费者的状况变好，消费者的福利增加。猪肉的市场价格下降，消费者剩余就会增加。如图 8-3 所示，当价格下降为 10 元时，猪肉的需求量上升为 120 万千克，比降价前增加了 20 万千克，这是由于猪肉价格下降，支付意愿较低的消费者增加了需求。消费者剩余为需求曲线 D 以下，市场价格线 P=10 以上与纵轴所围成的三角形的面积，即 120×（22−10）/2=720（万元）。

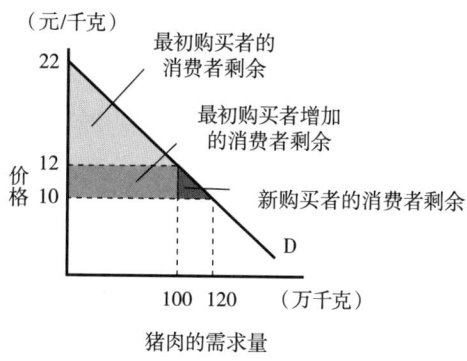

图 8-3　价格下降导致消费者剩余增加

由于价格下降消费者剩余增加了 720-500=220（万元）。猪肉价格下降增加的消费者剩余可以分为两部分：一是原来消费者由于价格下降而增加的消费者剩余，即图 8-3 中阴影矩形的面积，其大小为 200 万元；二是新加入市场的消费者获得的消费者剩余，即图 8-3 中阴影三角形的面积，其大小为 20 万元，整个社会的消费者剩余增加了 200+20=220（万元）。相反，如果猪肉的价格从 10 元上升到 12 元，则消费者剩余的减少量也等于 220 万元。

二、生产者剩余

1. 什么是生产者剩余

生产者同样可以从交易中获得交易利益，即生产者剩余。**我们把生产者提供一定数量产品时，愿意接受的最低价格与实际接受的价格之间的差额称为生产者剩余**（**Producer Surplus**）。比如，在二手书市场上，你打算出售已经使用过的经济学教科书，你愿意接受的最低价格为 5 元，而实际销售价格为 10 元。此时，你便有了 5 元的生产者剩余，这是因为你实际接受的价格比你愿意接受的最低价格高了 5 元，这 5 元就是你从交易中获得的利益。

2. 单个生产者的剩余

通过前面的学习我们知道，供给曲线反映生产者在各种价格水平下愿意生产的产品数量，也反映生产者额外增加 1 单位产品生产所愿意接受的最低价格。供给曲线也是位于平均可变成本曲线最低点以上的边际成本曲线。因此，供给曲线反映了生产者额外增加 1 单位产品生产所增加的成本，即边际成本。生产者得到的价格超过了生产该产品的成本，他就愿意生产。请注意，这里的成本应该理解为机会成本，包括生产者生产产品的显成本和隐成本。由于生产者的成本是其愿意接受的最低价格，所以成本可以衡量其出售产品的意愿，每个生产者都渴望以高于成本的价格销售商品，拒绝以低于成本的价格销售商品。供给曲线向上倾斜，意味着生产的产品增多，生产者对额外 1 单位产品愿意接受的价格上升，产品的边际成本递增。

如图 8-4（a）所示，某生产者对猪肉的供给曲线呈阶梯状。生产者生产 1 万千克猪肉愿意接受的最低价格就是生产这 1 万千克猪肉的边际成本，为 4 万元，生产第二个 1 万千克猪肉的边际成本为 6 万元，生产第三个 1 万千克猪肉的边际成本为 8 万元，以此类推，生产 5 万千克猪肉的边际成本总额为 4+6+8+10+12=40（万元）。而生产者在市场上销售 5 万千克猪肉，按实际市场价格 12 元销售，实际销售总额为 12×5=60（万元）。从而，生产者生产 5 万千克猪肉可以获得生产者剩余 60-40=20（万元）。

如果该生产者对猪肉的供给曲线为光滑的曲线，即生产者生产的产品数量可以无限细分，那么在这种情况下，如图 8-4（b）所示，生产者销售 5 万千克猪肉愿意接受的最小支付总额是供给曲线 S 以下至横轴之间，产量为 0~5 围成的梯形面积，其大小为 35 万元，而实际接受的支付金额为 12×5=60（万元），生产者剩余为图中阴影三角形的面积，其大小为 60-35=25（万元）。

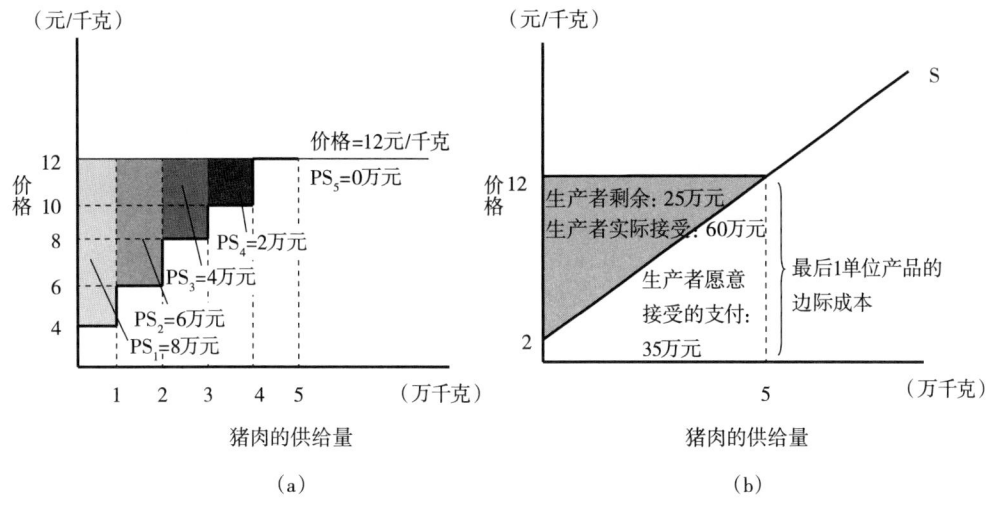

图 8-4 单个生产者的生产者剩余

3. 市场所有生产者的剩余

我们可以用单个厂商的供给曲线测量单个厂商的生产者剩余,同样也可以用市场的供给曲线测量市场中所有厂商的生产者剩余。当市场达到均衡时,所有厂商均接受一个相同的价格。但一些厂商可能愿意接受一个低于均衡价格水平的价格,这时便会产生生产者剩余。整个市场的生产者剩余等于所有厂商的生产者剩余之和,用几何图形来表示就是市场的供给曲线 S 以上,均衡价格线以下与纵轴围成的三角形。如图 8-5 所示,当市场价格为 12 元时,生产者的总产量为 100 万千克,生产者剩余为供给曲线 S 以上,市场价格线 P=12 以下与纵轴围成的三角形,即图中的阴影部分。我们很容易计算出三角形的面积为 100×(12-2)/2=500(万元)。

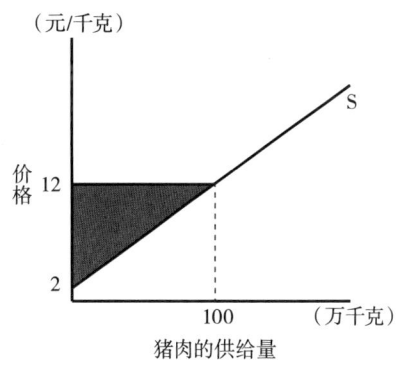

图 8-5 市场所有生产者的生产者剩余

市场价格上升,生产者剩余会增加。当价格上升为 14 元时,猪肉的供给量上升为 120 万千克,比涨价前增加了 20 万千克,这是由于猪肉价格上升,边际成本较高的生产者增加了供给。生产者剩余为图 8-6 中市场供给曲线 S 以上,市场价格线 P=14 以下与纵轴围成的三角形的面积,其大小为 120×(14-2)/2=720(万元)。由于价格上升,生产者剩余增加了720-500=220（万元），这一增加的生产者剩余如图8-6所示，是阴影部分图形。猪肉市场价格上升增加的生产者剩余可以分为两部分：一是原来生产者由于价格上升增加的生产者剩余，为图8-6中阴影矩形的面积（200万元）；二是新加入市场的生产者获得的生产者剩余，为图8-6中阴影三角形的面积（20万元），市场上所有厂商获得的生产者剩余增加了200+20=220（万元）。相反，如果猪肉的价格从14元下降到12元，则生产者剩余的减少量也等于220万元。

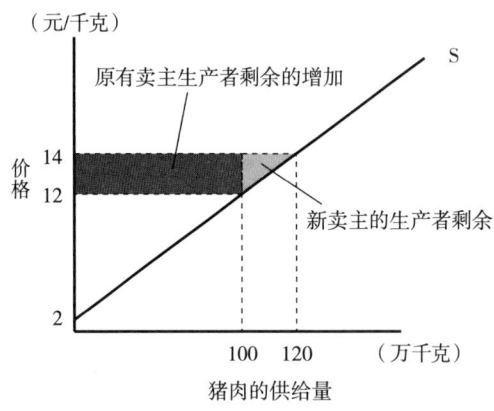

图8-6 价格上升导致生产者剩余增加

三、竞争性均衡与效率

经济学中的一个核心原理是，市场是一种有效的资源配置方式，竞争性市场使得社会的整体福利达到最大。消费者剩余和生产者剩余概念能够帮助我们加深对这一原理的理解。

通过前面的分析我们知道，市场的需求曲线就是产品的边际社会收益曲线MSB，反映消费者额外增加1单位产品消费增加的收益。市场的供给曲线就是产品的边际社会成本曲线MSC，反映生产者额外增加1单位产品生产增加的成本。如图8-7（a）所示，猪肉的需求曲线与供给曲线共同作用达到均衡，均衡价格为12元，均衡数量为100万千克。当市场均衡时，猪肉的边际社会成本为12元，边际社会收益也为12元，边际社会成本等于边际社会收益，资源配置达到最优。当产量小于100万千克时，猪肉的边际社会收益大于边际社会成本，消费者对猪肉的评价大于生产者的成本；当产量大于100万千克时，猪肉的边际社会收益小于边际社会成本，消费者对猪肉的评价小于生产者的成本。竞争性市场把猪肉的生产引导到有效的产量水平，即100万千克。产量小于100万千克，短缺会导致价格上升，刺激生产者增加产量。产量大于100万千克，过剩会导致价格下降，刺激生产者减少产量。最终，猪肉的需求量等于供给量，猪肉的边际社会收益等于边际社会成本，竞争性市场是有效的。

在竞争性市场达到均衡时，消费者剩余和生产者剩余最大。 如图8-7（b）所示，整个社会的福利为需求曲线、供给曲线及纵轴围成的三角形的面积，即消费者剩余与生产者剩余之和为1000万元，不存在福利损失。**竞争性市场中买者和卖者通过追求自身利**

益最大化，使得社会利益达到最大，资源配置达到最优。

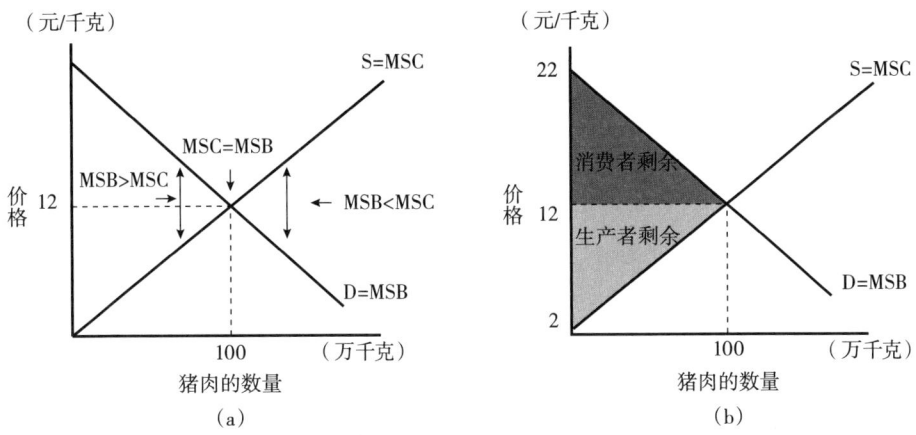

图 8-7 竞争性市场均衡的效率

第二节 价格管制与社会福利损失

一、价格上限与社会福利损失

这一部分，我们运用消费者剩余和生产者剩余分析政府政策的福利效应。如图 8-8 所示，由市场自发调节，猪肉的均衡价格为 12 元，均衡数量为 100 万千克。消费者剩余为 A+B+C=500（万元），生产者剩余为 D+E+F=500（万元），整个社会的福利为消费者剩余与生产者剩余之和，即（A+B+C）+（D+E+F）=500+500=1000（万元）。在均衡产量为 100 万千克时，消费者对产品的边际支付意愿等于生产者的边际成本，整个社会的福利达到最大。

现实中，政府会干预市场价格的形成，制定最高限价会导致社会福利净损失。如图 8-8 所示，在均衡价格为 12 元时，政府可能认为该价格太高，为了保护消费者的利益，设定一个低于均衡价格的价格，即最高限价，比如 10 元。由于最高限价低于均衡价格，消费者的需求量上升为 120 万千克，生产者的供给量下降为 80 万千克，导致供不应求。根据市场交易的短边决定原则，在价格上限处，产品的实际交易量取决于生产者的产量，即 80 万千克，这一数量低于市场自发调节的均衡数量 100 万千克。当猪肉的价格管制在 10 元时，消费者剩余为 A+B+D=640（万元），生产者剩余为 F=320 万元。整个社会的福利为消费者剩余与生产者剩余之和，即（A+B+D）+F=640+320=960（万元）。与竞争性市场相比，价格上限导致社会福利净损失为价格上限时的社会福利与竞争性市场的社会福利之差，即（A+B+D+F）-（A+B+C+D+E+F）= -C-E = 960-1000 = -40

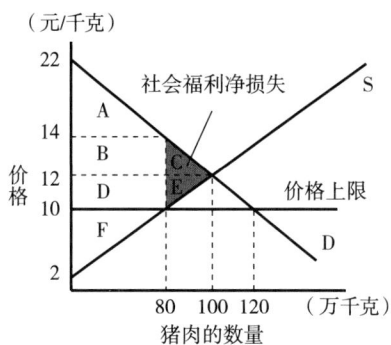

	无最高限价	最高限价	变化量
消费者剩余	A+B+C	A+B+D	D−C
生产者剩余	D+E+F	F	−D−E
社会福利=消费者剩余+生产者剩余	A+B+C+D+E+F	A+B+D+F	−C−E
无谓损失	0	−C−E	

图 8-8 最高限价与社会福利净损失

（万元），即图 8-8 中阴影三角形（C+E）。

政府执行最高限价使得面积 D 的福利从生产者手中转移到消费者手中。由于规定猪肉的价格上限为 10 元，消费者购买 80 万千克猪肉时少支付给生产者的部分即为 D，但这种转移并不会影响社会福利总和。福利水平下降的真实原因是，在没有任何人获益的情况下，消费者的福利损失了 C，生产者的福利损失了 E。

最高限价改变了竞争性市场的均衡，一个群体的剩余损失有一部分没有被另一个群体的收益所抵消，导致社会福利净损失。之所以会产生无谓损失，是因为在产量为 80 万千克时，消费者对额外增加 1 单位猪肉消费的边际收益，大于厂商额外增加 1 单位猪肉生产的边际成本。在产量 80 万千克与 100 万千克之间，消费者的边际支付意愿即需求曲线的高度大于生产者的边际成本即供给曲线的高度，但由于最高限价使得这一部分潜在的互惠交易并未发生，这些贸易好处的损失就引起了无谓损失。

二、价格下限与社会福利损失

政府制定最低限价也会导致社会福利净损失。如图 8-9 所示，在均衡价格为 12 元时，政府可能认为该价格太低了，为了保护生产者的利益，设定一个高于均衡价格的价格，即最低限价，比如 14 元。许多农业政策就是建立在价格支持制度基础上的，在这一制度下，政府规定的价格高于均衡价格，这会导致农产品过剩。政府一般通过购买剩余农产品维持高价格。

在存在价格下限情况下，根据市场交易的短边决定原则，产品的市场交易量取决于消费者的需求量，即 80 万千克，低于市场自发调节的均衡数量 100 万千克。此时，消费者剩余为 A = 320 万元，生产者剩余为 B+D+F = 640（万元），整个社会的福利为消费者剩余与生产者剩余之和，为 A+（B+D+F）= 320+640 = 960（万元）。与竞争性市场相

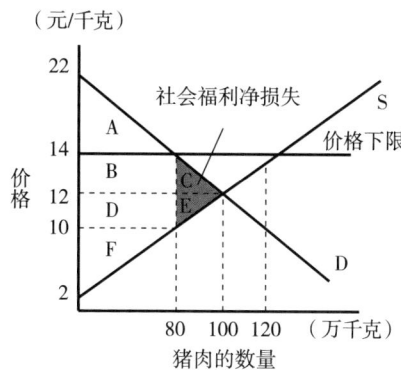

	无最低限价	最低限价	变化量
消费者剩余	A+B+C	A	−B−C
生产者剩余	D+E+F	B+D+F	B−E
社会福利=消费者剩余+生产者剩余	A+B+C+D+E+F	A+B+D+F	−C−E
无谓损失	0	−C−E	

图 8-9　最低限价与社会福利净损失

比，价格下限导致社会福利净损失为价格下限时的社会福利与竞争性市场的社会福利之差，即（A+B+D+F）−（A+B+C+D+E+F）= −C−E = 960−1000 = −40（万元），即图8-9中阴影三角形（C+E）。

与农产品最低限价类似，政府规定最低工资不仅会导致非熟练工人的失业，而且还会导致社会福利净损失。如图 8-10 所示，在自由劳动市场下，均衡工资为 W_e，均衡就业量为 L_e。现在，政府认为市场机制作用下均衡工资 W_e 太低，因此规定一个最低工资 W_{min}。最低工资 W_{min} 必须位于均衡工资 W_e 以上，企业支付给工人的工资不得低于最低工资 W_{min}。随着工资的上升，劳动的供给量增加，从 L_e 上升到 L_2；劳动的需求量减少，从 L_e 下降到 L_1。劳动市场供过于求，市场上有（$L_2−L_1$）数量的工人找不到工作。因此，政府规定最低工资将导致失业。

接下来，我们分析最低工资导致的社会福利净损失。如图 8-10 所示，在自由劳动市场下，均衡工资为 W_e，均衡就业量为 L_e，消费者剩余为（A+B+C），生产者剩余为（D+E），整个社会的福利为消费者剩余与生产者剩余之和，即为（A+B+C）+（D+E）。在政府规定最低工资情况下，最低工资为 W_{min}，均衡就业量取决于厂商的需求量，下降为 L_1，消费者剩余为 A，生产者剩余为（B+D），整个社会的福利为消费者剩余与生产者剩余之和，即为 A+（B+D）。与自由竞争的劳动市场相比，最低工资导致社会福利净损失为规定最低工资时的福利与竞争性劳动市场的福利之差，即（A+B+D）−（A+B+C+D+E）= −C−E。产生福利净损失的原因是，在就业量为 L_1 时，企业即劳动的需求方对雇用额外1单位劳动愿意支付的工资，大于工人额外提供1单位劳动愿意接受的最低工资，但由于规定最低工资使得这一部分潜在的互惠交易并没有发生，这些贸易好处的损失就引起了无谓损失。因此，在政府干预下劳动市场缺乏效率。

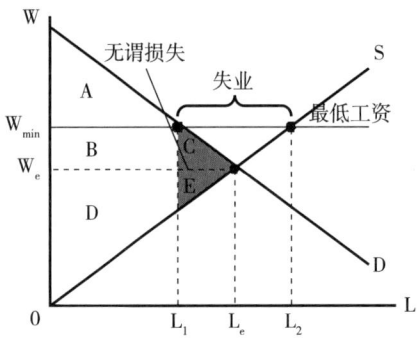

	无最低工资	最低工资	变化量
消费者剩余	A+B+C	A	−B−C
生产者剩余	D+E	B+D	B−E
社会福利=消费者剩余+生产者剩余	A+B+C+D+E	A+B+D	−C−E
无谓损失	0		−C−E

图 8-10 最低工资与社会福利净损失

第三节 税收与社会福利损失

一、税收的分摊

1. 弹性与税收的分摊

消费税是一种根据特定产品的购买情况征收的税种，如政府针对香烟、酒征收的消费税，税收会改变商品的均衡价格与均衡数量。

假定某品牌香烟的市场均衡价格为 15 元，政府对每包香烟征税 10 元，香烟的市场价格如何变化呢？香烟的市场价格不会直接上涨 10 元，因为只有部分税收由消费者承担，其他部分由销售者承担。面对每包香烟 10 元消费税，销售者一开始会使每包香烟涨价 10 元，但随着香烟的价格上升，消费者的需求量会减少，销售者不得不降价。因此，对香烟征税 10 元，并不会使香烟的价格上升 10 元。

如图 8-11（a）所示，需求曲线 D 相对较为陡峭，这是因为吸烟容易使人上瘾，尽管消费者对价格的变化会做出反应，但消费者对价格的变动并不敏感。在初始均衡价格水平 15 元，政府向香烟的销售者征收每包 10 元的消费税，销售者希望能从消费者那里获得 10 元的涨价收入。初始的供给曲线 S_0 每一个供给量水平所对应的价格现在都上涨了 10 元，整个供给曲线向上移动 10 元的距离，这 10 元就是消费税。在 25 元（初始均衡价格 15 元加消费税 10 元）的价格水平，香烟的供给量大于需求量，市场出现供过于求的情况，价格将会下跌。从而，香烟的价格不会上涨到 25 元，而是上涨到 15 元与 25 元之间。

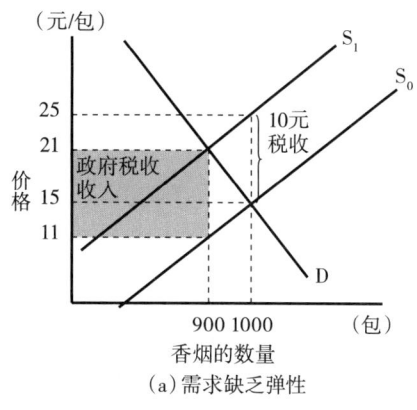
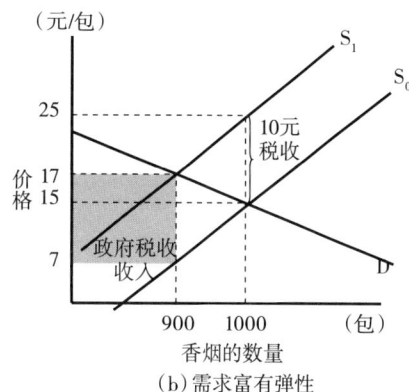

图 8-11　弹性与税收的分摊

如图 8-11（a）所示，新的均衡价格落在 21 元，消费者在每包香烟上多支付了 21-15=6（元），销售者从每包香烟中获得 21 元，但必须缴纳 10 元税收，从每包香烟中获得的净价格为 21-10=11（元），比征税之前少了 4 元。因此，对于每包香烟 10 元消费税，消费者承担了 6 元，生产者承担了 4 元。政府获得的税收总额为新的均衡数量与单位产品税收的乘积，为 900×10=9000（元），即图 8-11（a）中阴影矩形。

税收由谁承担取决于需求和供给对价格上涨的反应程度，或者说需求的价格弹性和供给的价格弹性。在图 8-11（a）中，需求曲线相对比较陡峭，消费者支付的税额高于销售者。因为，即使香烟涨价，需求量下降的幅度也是有限的，销售者能把大部分税负转嫁给消费者。

如果需求曲线比较平缓，供给曲线比较陡峭，那么销售者承担的税额将高于消费者，只要价格稍微上涨，需求量将出现大幅度下降，销售者不能把大部分税收转嫁给消费者。如图 8-11（b）所示，假定新的均衡价格落在 17 元，销售者从每包香烟中获得 17 元，但必须缴纳 10 元税收，从每包香烟中获得的净价格为 7 元，比征税前少了 15-7=8（元）。消费者在每包香烟上需要支付 17 元，比征税前多支付了 17-15=2（元）。因此，每包香烟的 10 元消费税，消费者承担了 2 元，销售者承担了 8 元。政府获得的税收总额为 900×10=9000（元），即图 8-11（b）中阴影矩形。

2. 税收楔子与税收的分摊

图 8-11（a）显示了当向生产者征收 10 元消费税时，销售者承担 4 元税收，消费者承担 6 元税收。如果向消费者征收这 10 元税收，税收会如何分摊呢？答案是，**税收的分摊与表面上由谁向政府纳税无关。无论是向消费者征税还是向销售者征税，税收的分摊都是相同的。**

假定消费者对香烟的需求弹性、销售者对香烟的供给弹性均没有变化，我们来考察这 10 元税收向消费者征收，销售者与消费者将各承担多少呢？如图 8-12 所示，初始均衡价格为 15 元，均衡数量为 1000 包，政府向消费者征收每包香烟 10 元消费税。征税后，如果消费者仍然消费 1000 包香烟，并且支付给销售者的价格为 15-10=5（元），那么，由于价格比较低，销售者愿意提供的香烟比较少，就会出现供不应求。于是香烟的市场价格上升,一直上升到新的均衡为止,新的均衡价格为 11 元,均衡数量为 900 包。这时,消费者支付给销售者的价格为 11 元,支付给政府的税收为 10 元,销售者实际得到的价格为 11 元,与征税之前相比减少了 15－11＝4（元）。因此,在向消费者征收的 10 元税收中,消费者转嫁给销售者的税收为 4 元,自己承担的税收为 6 元。这与向销售者征税的税收分摊结果完全相同。

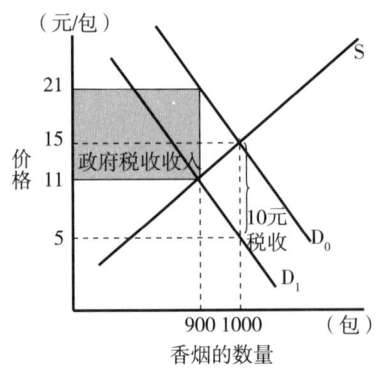

图 8－12　向消费者征税与税收的分摊

总之,不管是向销售者征税,还是向消费者征税,都通过移动供给曲线和需求曲线分析税收的分摊,我们还可以使用一个楔子来理解征税后的均衡问题。如图 8－13 所示,在香烟的供给曲线 S 与需求曲线 D 之间嵌入一个高度为 10 元的税收楔子。征税后,消费者支付的价格为 21 元,销售者接受的价格为 11 元,政府的税收为 10 元,均衡数量从 1000 包下降为 900 包。在 10 元税收中,消费者承担了 6 元,销售者承担了 4 元,这与我们前述分析的向销售者征税或消费者征税结果一致。

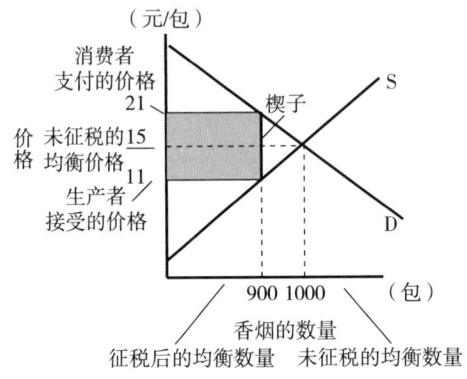

图 8－13　税收楔子

二、税收与无谓损失

税收会导致整个社会生产与消费的产品比没有税收的时候少,一些对生产者和消费者有利的交易没有发生。图 8－14 用消费者剩余与生产者剩余说明了税收导致的无谓损失。在征税之前，需求曲线 D 与供给曲线 S 共同作用决定了商品市场的均衡，均衡价格为 15 元，均衡数量为 1000 包。假定政府对每包香烟征税 10 元，销售税在需求曲线 D 与供给曲线 S 之间嵌入了一个高度为 10 元的楔子。征税后，香烟的交易数量下降为 900 包，消费者支付的价格为 21 元，生产者接受的价格为 11 元。

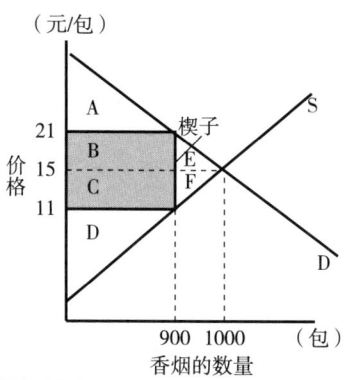

	不征税	征税	变化量
消费者剩余	A+B+E	A	−B−E
生产者剩余	C+F+D	D	−C−F
政府的收入	0	B+C	B+C
社会福利=消费者剩余+生产者剩余+政府的收入	A+B+E+C+F+D	A+D+B+C	−E−F
无谓损失	0		−E−F

图 8-14 税收与无谓损失

征税前，消费者剩余为（A+B+E），生产者剩余为（C+D+F），社会福利为消费者剩余与生产者剩余之和，即（A+B+E）+（C+D+F）。征税后，均衡数量为 900 包，消费者剩余为 A，减少了（B+E），福利损失量为 5700 元；生产者剩余为 D，减少了（C+F），福利损失量为 3800 元，征税使得消费者剩余与生产者剩余一共减少了 5700+3800=9500（元）。虽然消费者剩余和生产者剩余因为征税而减少，但政府获得了税收，其大小为每单位产品的税收 10 元乘以销售的数量 900 包，为 900×10=9000（元），即图 8-14 中（B+C）。征税使得消费者剩余与生产者剩余损失了 9500 元，其中 9000 元转化为政府的税收，其余部分则为社会福利净损失 9000−9500=−500（元）。征税后，整个社会的福利为消费者剩余、生产者剩余、政府的税收三者之和，即为 A+D+（B+C）。征税导致的社会福利损失为征税后的社会福利与征税前的福利之差，即（A+D+B+C）−（A+B+E+C+D+F）=−（E+F）= −500（元），也就是图 8-14 中（E+F）所构成的三角形。

税收之所以会导致无谓损失，是因为税收阻碍了对交易双方都有利的交易的发生。在均衡产量下降为 900 包水平下，消费者对额外增加一包香烟的消费所获得的收益，要大于生产者额外增加一包香烟的生产所增加的成本。在 900 包至 1000 包之间的每一产量水平上，买者和卖者之间一些潜在的贸易好处均未得到实现，这些贸易好处的损失就引起了无谓损失。

税收阻碍的交易越多，造成的无谓损失也就越大。当消费税没有降低交易数量时，

就不会产生无谓损失。如果图 8-14 中的税收楔子越来越大，则反映社会福利净损失的三角形会变大；相反，如果税收楔子越来越小，则反映社会福利净损失的三角形会变小；如果没有税收，则没有社会福利净损失。

第四节 国际贸易的收益

在第一章，我们运用比较优势理论分析了国际贸易的基本动因。本节，我们将用消费者剩余、生产者剩余进一步分析国际贸易，特别是进口、出口以及关税对社会福利的影响。

一、进口、出口对社会福利的影响

1. 进口对社会福利的影响

我们运用图 8-15 来分析进口对社会福利的影响。对于某一国家国内猪肉市场，用供给曲线 S 表示价格与国内猪肉供给量之间的关系，需求曲线 D 表示价格与国内猪肉需求量之间的关系。在没有国际贸易情况下，猪肉的需求曲线 D 与供给曲线 S 相交的交点为均衡点，均衡价格为 12 元，均衡数量为 100 万千克。消费者剩余为需求曲线 D 以下，均衡价格线 P=12 元以上和纵轴围成的面积 A，为 500 万元。生产者剩余为均衡价格线 P=12 元以下，供给曲线 S 以上和纵轴围成的面积即（B+C），为 500 万元。整个社会的福利为消费者剩余与生产者剩余之和，即图形（A+B+C）的面积，为 1000 万元。

在有国际贸易的情况下，开放该国市场，允许猪肉进口。在国际市场上，猪肉的价格比国内市场便宜，为 10 元，可以称之为"世界市场价格"。假定在"世界市场价格"下，国际市场向国内市场提供的猪肉是无限的。由于国外价格低于国内价格，进口商从国外进口是有利可图的。进口增加了国内的供给，国内猪肉价格下跌，并且一直下跌到与"世界市场价格"相同的水平。当国内猪肉价格下降为 10 元时，消费者的需求量从 100 万千克增加到 120 万千克。价格下跌，国内生产者却不愿意提供更多的猪肉，供给量从 100 万千克下降到 80 万千克。需求与供给之间的差额由进口来提供，该国需要进口 40 万千克猪肉。

进口对整个社会的福利会造成怎样的影响呢？在开放条件下，国内猪肉价格下降，导致消费者剩余增加，生产者剩余减少，但整个社会的福利增加。如图 8-15 所示，在开放条件下，消费者剩余为"世界市场价格"线 P=10 元以上，需求曲线 D 以下和纵轴之间围成的面积（请注意，消费者的需求量为 120 万千克），即图形（A+B+Z）围成的面积，为 720 万元。生产者剩余为"世界市场价格"线 P=10 元以下，供给曲线 S 以上和纵轴之间围成的面积（请注意，生产者的供给量为 80 万千克），即三角形 C 的面积，为 320 万元。整个社会的福利为消费者剩余与生产者剩余之和，即图形（A+B+Z）+C 的面积，为 1040 万元。与没有国际贸易相比，进口使得整个社会的福利增加了（A+B+Z+

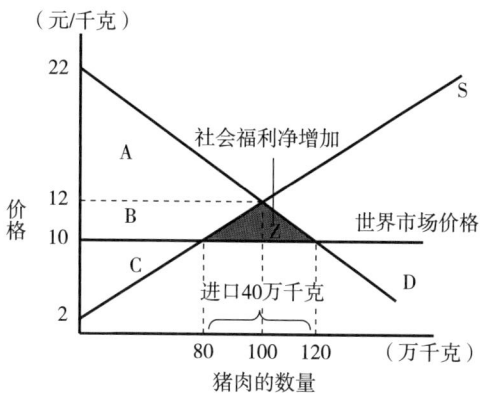

	没有进口	有进口	变化量
消费者剩余	A	A+B+Z	B+Z
生产者剩余	B+C	C	−B
社会福利=消费者剩余+生产者剩余	A+B+C	A+B+Z+C	Z
无谓损失	−Z	0	

图 8-15 进口对社会福利的影响

C)−(A+B+C)=Z，即 1040−1000=40（万元），也就是图 8-15 中阴影三角形 Z。

在开放经济条件下，进口使得消费者获益而生产者受损，但消费者获得的收益超过了生产者的损失，进口导致整个社会福利净增加。

2. 出口对社会福利的影响

我们用图 8-16 分析出口对社会福利的影响。在没有国际贸易情况下，均衡价格为 12 元，均衡数量为 100 万千克。消费者剩余为需求曲线 D 以下，均衡价格线 P=12 元以上和纵轴围成的面积（A+B），为 500 万元。生产者剩余为均衡价格线 P=12 元以下、供给曲线 S 以上和纵轴围成的面积 C，为 500 万元。整个社会的福利为消费者剩余与生产者剩余之和，即图形（A+B）+C 的面积，为 1000 万元。

在有国际贸易的情况下开放该国的猪肉市场，允许猪肉出口。在国际市场上，猪肉的价格比国内市场价格高，为 14 元，可以称之为"世界市场价格"。假定在"世界市场价格"下，国内市场向国际市场提供的猪肉是无限的。由于国外价格高于国内市场，出口商出口猪肉是有利可图的。出口减少了国内市场供给，使得国内市场价格上升，并且一直上升到与世界市场价格相同的水平，也就是 14 元。当国内猪肉的价格为 14 元时，需求量从 100 万千克下降到 80 万千克，供给量从 100 万千克上升到 120 万千克，国内猪肉供给大于需求，这部分差额由出口来解决，该国需要出口 40 万千克猪肉。

出口对社会福利会造成怎样的影响呢？在开放条件下，国内猪肉价格上升，会导致消费者剩余减少，生产者剩余增加，但整个社会的福利增加。如图 8-16 所示，消费者剩余为价格线 P=14 元以上，需求曲线 D 以下和纵轴之间围成的图形 A 的面积，为 320 万元。生产者剩余为价格线 P=14 元以下，供给曲线 S 以上和纵轴之间围成的图形（B+C+Z）的面积（请注意，由于价格上升，生产者的产量为 120 万千克），为 720 万元。

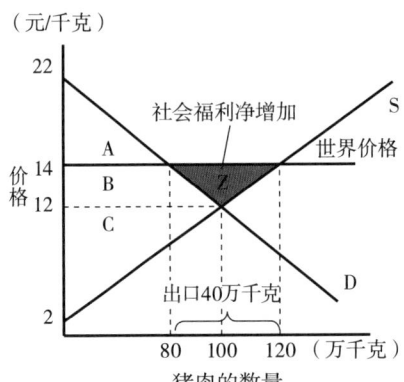

	没有出口	有出口	变化量
消费者剩余	A+B	A	−B
生产者剩余	C	B+Z+C	B+Z
社会福利=消费者剩余+生产者剩余	A+B+C	A+B+Z+C	Z
无谓损失	−Z	0	

图 8-16　出口对社会福利的影响

整个社会的福利为消费者剩余与生产者剩余之和，即 A+（B+C+Z），为 1040 万元。与没有国际贸易相比，出口使得整个社会的福利增加了（A+B+C+Z）−（A+B+C）= Z，为 1040−1000=40（万元），即图 8-16 中阴影三角形 Z。

在开放经济条件下，出口使得生产者获益而消费者受损，但生产者获得的收益超过了消费者的损失，出口导致整个社会福利净增加。

二、关税降低了总剩余

根据大卫·李嘉图的比较优势理论，经济学家主张自由贸易。国家政策不应该试图减少或者增加出口和进口数量，而应该由供给与需求自发地调节进口和出口。但在实践中，政府仍然使用税收与其他政策来限制进口，以保护本国企业。接下来，我们以关税为例分析贸易保护对社会福利的影响。

关税是销售税的一种，是一种向进口商品征收的税收。关税不仅提高了进口商的销售价格，也提高了国内消费者的购买价格。如图 8-17 所示，在征收关税之前，进口使得国内猪肉价格下降为 10 元，国内企业生产的产量为 80 万千克，消费者的需求量为 120 万千克，进口数量为 120−80=40（万千克）。

假定政府对每千克猪肉征税 1 元，国内猪肉的价格就会上升到 11 元，等于"世界市场价格" 10 元加上 1 元关税。由于价格上升，生产者愿意提供的数量从 80 万千克上升到 90 万千克，消费者愿意购买的数量从 120 万千克下降到 110 万千克，猪肉的进口数量下降为 110−90=20（万千克）。

征收关税之前，消费者剩余为"世界市场价格"线 P=10 元以上，需求曲线 D 以下和纵轴之间围成的面积（请注意，消费者的购买数量为 120 万千克），即图形（E+Z+A+

B+C+D），为720万元。生产者剩余为"世界市场价格"线 P=10 以下，供给曲线 S 以上和纵轴之间围成的面积（请注意，生产者的产量为 80 万千克），即图形 F，为 320 万元。整个社会的福利为消费者剩余与生产者剩余之和，即为（E+Z+A+B+C+D）+F，为 720+320=1040（万元）。

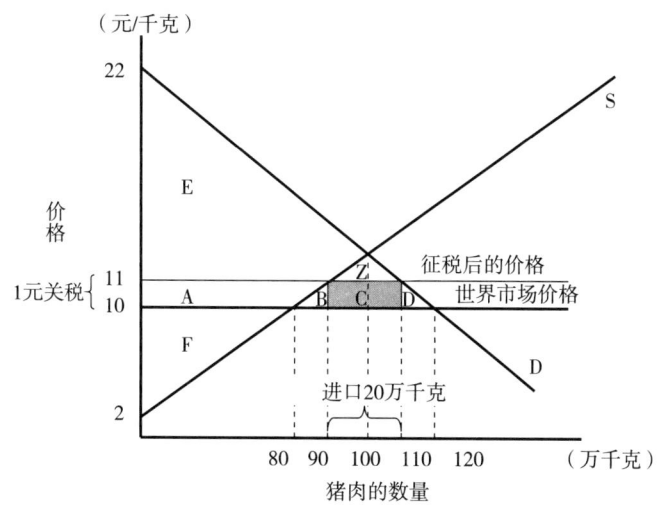

	不征关税	征收关税	变化量
消费者剩余	E+Z+A+B+C+D	E+Z	−A−B−C−D
生产者剩余	F	A+F	A
政府的收入	0	C	C
社会福利=消费者剩余+生产者剩余+政府的收入	E+Z+A+B+C+D+F	E+Z+A+F+C	−B−D
无谓损失	0		−B−D

图 8-17　关税降低了总剩余

征收关税之后，国内猪肉的市场价格上升为 11 元，消费者剩余为价格线 P=11 元以上，需求曲线 D 以下和纵轴之间围成的面积（请注意，消费者的消费数量为 110 万千克），即图形（E+Z），为 605 万元。生产者剩余为价格线 P=11 元以下，供给曲线 S 以上和纵轴之间围成的面积（请注意，生产者的产量为 90 万千克），即图形（A+F），为 405 万元。政府征收的税收总额为产品的进口数量与税率的乘积，进口数量为 20 万千克，税率为每千克 1 元，政府的税收总额为 20 万元，即为图形 C。征收关税后，整个社会的福利为消费者剩余、生产者剩余以及政府的税收之和，即（E+Z）+（A+F）+C=605+405+20=1030（万元）。与不征税相比，征税后的整个社会福利的变化量为（E+Z+A+F+C）−（E+Z+A+B+C+D+F）=−（B+D）=1030−1040=−10（万元）。

关税阻碍了互惠贸易的发生，导致了社会福利损失。关税使得生产者获益，消费者受损，政府获益。关税引起的无谓损失来自两个方面的无效率：第一，面积 D 表示由于总消费减少而损失的剩余，它等于消费者不再购买 10 万千克猪肉的支付意愿与生产这些猪肉的成本之差，这 10 万千克猪肉为进口猪肉，每单位成本就是猪肉的"世界市场价格" 10 元。关税导致一些互惠贸易无法进行，一些消费者即使愿意支付的价格高于猪肉的真实成本，也无法购买到该产品；第二，面积 B 表示经济资源被浪费在无效率的产品生产上，原本以每千克 10 元的成本进口 10 万千克猪肉，但国内生产者却花费超过 10 元的成本来生产。

复习思考题

1. 术语和概念

消费者剩余；生产者剩余；边际社会收益曲线；边际社会成本曲线

2. 选择题

（1）假定你想吃一个橘子，并愿意为 1 个橘子支付 1.5 元，但实际上你只支付了 1 元，那么，你从这个橘子消费中获得的剩余是_____元。

A. 1.5　　　　　　　　　　　B. 1.0
C. 0.5　　　　　　　　　　　D. 2.5

（2）由于边际效用递减，你从第一个橘子获得的消费者剩余_____从第二个橘子获得的消费者剩余。

A. 大于　　　　　　　　　　　B. 等于
C. 小于　　　　　　　　　　　D. 无法比较

（3）多生产一部手机的成本是该手机的_____。

A. 价格　　　　　　　　　　　B. 边际收益
C. 边际成本　　　　　　　　　D. 生产者剩余

（4）供给曲线反映了_____。

A. 厂商多生产 1 单位产品所必须接受的最低价格

B. 厂商多生产 1 单位产品所必须接受的最高价格

C. 厂商多生产 1 单位产品所获得的利润

D. 厂商所得到的生产者剩余的数量

（5）_____不是造成市场无效率的潜在原因。

A. 外部性　　　　　　　　　　B. 递减的边际收益
C. 垄断　　　　　　　　　　　D. 税收

（6）无谓损失_____。

A. 在生产不足时产生，在生产过多时不会产生

B. 指从生产者剩余中扣除

C. 对消费者是损失，但是对生产者来说却是一种收益

D. 是由整个社会所承担的损失

（7）需求曲线反映了_____。

A. 消费者多购买 1 单位产品所愿意支付的最高价格

B. 消费者多购买1单位产品所愿意支付的最低价格

C. 消费者多购买1单位产品所获得的成本

D. 消费者所得到的消费者剩余的数量

（8）产量不足或者生产过多都会导致福利损失，那么产生生产不足或者生产过多的障碍有_____。

A. 价格和数量管制　　　　　B. 税收

C. 垄断　　　　　　　　　　D. 以上都对

（9）_____会影响市场效率，导致社会福利损失。

A. 价格管制与数量管制　　　B. 限制进口与出口

C. 征税或者补贴　　　　　　D. 以上都对

（10）产品的市场需求曲线与供给曲线相交时，_____。

A. 产品的边际社会收益等于边际社会成本

B. 消费者愿意支付的价格等于生产者愿意接受的价格

C. 资源得到有效配置

D. 以上都对

3. 分析讨论题

（1）假定牛肉的需求函数为 $Q_d = 100 - 2P$，供给函数为 $Q_s = -80 + 4P$，其中，Q_d 为牛肉的需求量（万千克），Q_s 为牛肉的供给量（万千克），P 为价格（元/千克）。

①画出牛肉的供给曲线和需求曲线，牛肉的均衡价格和均衡数量。

②计算消费者剩余、生产者剩余和总剩余。

③如果一个不喜欢牛肉的独裁者禁止吃牛肉，谁的损失更大？

（2）假设技术进步使生产手机的成本降低。

①用供求图说明手机市场上价格、数量、消费者剩余和生产者剩余会发生什么变动。

②智能手机和电脑是替代品。用供求图说明电脑市场上的价格、数量、消费者剩余和生产者剩余会发生什么变动，手机技术进步对电脑生产者而言是好事还是坏事。

③手机和软件是互补品。用供求图说明软件市场上的价格、数量、消费者剩余和生产者剩余会发生什么变动，手机技术进步对软件生产者而言是好事还是坏事。

第九章

一般均衡和经济福利

政府对汽油征税，汽油的价格会上升。天然气是汽油的替代品，随着汽油的价格上升，人们会增加对天然气的需求，导致天然气的价格上升。天然气的价格上升，反过来人们又会增加对汽油的需求，汽油的价格因此将会进一步上升。

政府政策的变化、自然灾害和其他冲击往往会对多个市场的均衡产生影响。要确定各种因素变动的结果，就必须了解不同市场之间的联系。本章我们将分析视角从单一市场均衡扩展到所有市场均衡，并探讨所有市场同时均衡是否具有效率。我们将在分析竞争性均衡基础上，提出一个评价效率的标准，并进一步讨论竞争性均衡是否具有效率。

第一节 一般均衡

一、局部均衡分析与一般均衡分析

目前为止，我们所讨论的市场均衡都是局部均衡。**局部均衡研究单个产品市场和要素市场的均衡状态**。局部均衡分析建立在以下两个假定基础之上，一是假定各个市场相互独立，二是在独立的市场中，商品的需求与供给仅仅取决于其本身的价格，其他商品的价格被假定为不变。比如，对猪肉市场的均衡分析，假定猪肉市场独立于玉米市场，玉米市场均衡的变动不会对猪肉市场的均衡产生影响。

这种局部均衡分析足以使人们理解市场的行为，但市场的相互关系有时也显得非常重要。养猪户对投入品玉米的需求增加，会导致玉米的价格以及猪肉的价格上升。汽油的价格上升，会导致人们对汽车的需求下降；百事可乐的价格上升，消费者对可口可乐的需求可能会增加。可见，市场之间并不是相互独立的，而是相互影响的。

一般均衡分析是研究经济中所有市场同时处于均衡的一种状态。在一般均衡分析中，一种商品的需求和供给不仅取决于商品本身的价格，而且也取决于所有其他商品的价格。当整个经济的价格体系恰好使所有的商品都供求相等时，市场就达到了一般均衡。

政府对汽油征税，汽油市场的均衡被打破。汽油的供给曲线向左移动，汽油的价格上升，但政府对汽油征税的效应并不限于此。随着汽油的价格上升，人们会增加对天然气的需求，天然气的需求曲线就会向右移动，导致天然气的均衡价格上升。天然气的价格上升，反过来又会使消费者增加对汽油的需求，汽油的需求曲线向右移动，汽油的价格将会进一步上升。汽油市场和天然气市场相互作用，直到最后实现两个市场的需求量和供给量都相等，同时达到均衡。

在实践中，完全的一般均衡分析即估计一个市场的变动对所有其他市场的影响是不可能的。为此，我们将限于考察几个紧密相关的市场，例如，政府对汽油征税的效应，可能需要考虑天然气、煤炭等市场的相互影响。

二、两个相互依赖的市场——向一般均衡移动

为了研究市场之间的相互依赖性，我们来考察汽油和煤炭这两个紧密联系的竞争性市场。图9-1（a）中，汽油的初始需求曲线为D_P，供给曲线为S_P，均衡价格为6000元，均衡数量为110万吨；图9-1（b）中，煤炭的初始需求曲线为D_C，供给曲线为S_C，均衡价格为3000元，均衡数量为60万吨。

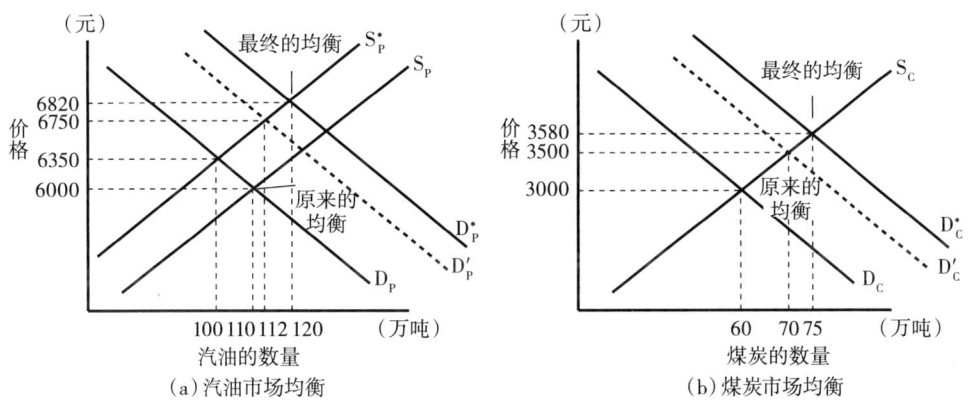

图9-1 两个相互依赖的市场：汽油市场与煤炭市场

现在假定政府对汽油征税，每吨汽油征税1000元。征税后，图9-1（a）中汽油的供给曲线S_P向左移动到S_P^*，新的均衡价格为6350元，均衡数量为100万吨。征税后，汽油的均衡价格上升，均衡数量下降，局部均衡告诉我们的就这么多。但我们可以用一般均衡分析来做进一步的考察：①汽油征税对煤炭市场的影响；②煤炭市场是否对汽油市场有反馈效应。

汽油和煤炭是替代品，对汽油征税会影响煤炭市场的均衡。汽油的价格上升，人们会增加对煤炭的需求，图9-1（b）中煤炭的需求曲线D_C向右移动到D_C'，煤炭的均衡价格从3000元上升到3500元，均衡数量上升为70万吨。可见，对一种产品征税会影响其

他产品的价格和销售量,这是决策者在设计税收政策时需要考虑的。

汽油市场又受到怎样的影响呢?汽油的初始需求曲线为 D_P,这是假定煤炭的价格为 3000 元时画出来的。但现在煤炭的价格上升到了 3500 元,人们对汽油的需求会上升,汽油的需求曲线就会向右移动,从 D_P 移动到 D'_P,汽油的均衡价格进一步上升为 6750 元,而不是 6350 元。可见,局部均衡分析低估了税收对汽油价格的影响。

三、一般均衡的实现

煤炭市场与汽油市场是紧密联系的,要确定税收的全部效应,就需要一般均衡分析,因此,上面的分析并没有结束。汽油市场价格上升会对煤炭的价格产生反馈效应,煤炭价格的变动反过来又会影响汽油的价格,如此往复。因此,我们必须同时决定汽油和煤炭市场的均衡价格和均衡数量。最终,图 9-1(a)中汽油的需求曲线 D_P^* 与供给曲线 S_P^* 决定了汽油的均衡价格为 6820 元;图 9-1(b)中煤炭的需求曲线 D_C^* 与供给曲线 S_C 决定了煤炭的均衡价格 3580 元。这两个价格就是最终的均衡价格,因为,煤炭市场的需求曲线和供给曲线是在汽油价格为 6820 元的假定下画出来的,汽油的需求曲线和供给曲线是在煤炭的价格为 3580 元的假定下画出来的。两组曲线都与相关市场的价格一致,我们没有理由期望任何一个市场的需求和供给会进一步移动。

局部均衡分析会低估税收的效应,使我们得出的结论为税收会使汽油的价格从 6000 元提高到 6350 元。但一般均衡分析告诉我们,税收对汽油价格的影响会更大些,汽油的价格会上升到 6820 元。类似地,如果两种商品为互补品,局部均衡分析会高估税收的效应。考虑一下汽油与汽车这两种商品,对汽油征税会导致汽油的价格上升,但汽油价格上升会降低人们对汽车的需求,这反过来会降低对汽油的需求,导致汽油的均衡价格有所下降。

第二节 交易的效率

本章第一节分析了竞争性市场的一般均衡,接着我们自然要问,竞争性市场达到一般均衡是否有效率呢?通过对竞争性市场的学习我们已经知道,一个不受管制的竞争性市场是有效的,因为它使消费者剩余和生产者剩余达到最大。为了更详细地考察经济效率问题,本节从一个交换经济开始,分析两个消费者的行为。

一、两人间的交易帕累托效率

1. 初始禀赋与交易的条件

假定甲、乙两人地处偏僻的小山村,与外界没有联系。两人一共拥有 10 单位食品和 6 件衣服。其中,甲拥有 7 单位食品和 1 件衣服,乙拥有 3 单位食品和 5 件衣服。**两**

人拥有的物品数量称为他们各自的初始禀赋。现在的问题是，两人之间会进行交易吗？答案取决于两人的偏好，即两人的无差异曲线。

对于两人的偏好，我们假定，对甲来说，他愿意放弃 1 单位食品来换取 0.5 件衣服，即食品对衣服的边际替代率 $\mathrm{MRS}_{FC}=0.5$；对乙来说，他愿意放弃 3 件衣服来换取 1 单位食品，即食品对衣服的边际替代率 $\mathrm{MRS}_{FC}=3$。甲愿意放弃 1 单位食品得到 0.5 件衣服，乙愿意放弃 3 件衣服来换取 1 单位食品，显然，两人之间存在互利的交易机会。例如，乙提出用 1 件衣服换取甲 1 单位的食品，如果甲同意，则双方都可以获益，通过交易甲多得到 0.5 件衣服。

只要两个消费者对两种商品的边际替代率不同，就存在互利的交易机会，资源配置就是无效率的。在多种商品和多个消费者的情况下，这一结论同样成立，即任意两种商品的边际替代率对任意两个消费者不相等，就存在进一步交易的机会。

2. 交换的埃奇沃斯盒状图

我们用埃奇沃斯盒状图来说明在两种商品的禀赋既定情况下，两人之间的交易。埃奇沃斯盒状图由 19 世纪英国经济学家弗朗西斯·伊西德罗·埃奇沃斯提出，它将两个消费者的机会与选择显示在一幅图中。如图 9-2 所示，盒形的长表示 10 单位食品，宽表示 6 件衣服，也就是甲、乙两人拥有的食品和衣服的总和。从盒形图左下方甲的原点 $O_甲$ 开始，向右表示甲拥有的食品的数量，向上表示甲拥有的衣服的数量。从盒形图右上方乙的原点 O_Z 开始，向左表示乙拥有的食品的数量，向下表示乙拥有的衣服的数量。盒形图中任意一点，表示两人拥有的两种商品在两个消费者之间的一种分配方式，也就是两人的初始禀赋，例如，A 点表示甲拥有 7 单位食品和 1 件衣服，乙拥有 3 单位食品和 5 件衣服。

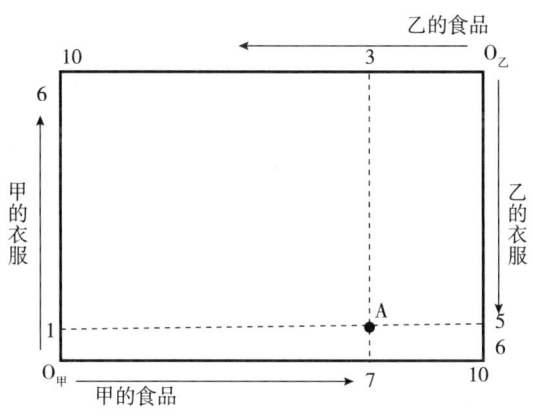

图 9-2　一个埃奇沃斯盒状图

现在的问题是，A 点存在交易机会或者说具有效率吗？这里，我们提出一个衡量效率的标准即帕累托效率。**所谓帕累托效率也称为帕累托最优，是指不可能通过产品的重新分配使得一个人的状况变好，而又不使得另外一个人的状况变坏。**如果 A 点满足帕累托最优，则不存在交易机会，答案取决于两人对两种物品的边际替代率是否相等。

3. 交换契约曲线

在埃奇沃斯盒状图中，我们放进两人的无差异曲线。如图 9-3 所示，$I^1_甲$、$I^2_甲$、$I^3_甲$ 为甲的无差异曲线，离原点 $O_甲$ 越远的无差异曲线表示效用水平越高，无差异曲线凸向甲的原点；同样，$I^1_乙$、$I^2_乙$、$I^3_乙$ 为乙的无差异曲线，离原点 $O_乙$ 越远的无差异曲线表示效用水平越高，无差异曲线凸向乙的原点。

在 A 点，两人的无差异曲线相交，则两条无差异曲线的斜率不同，两人对两种商品的边际替代率也不同。因此，A 点是无效率的，存在进一步的交易机会。我们假定，对甲来说，食品对衣服的边际替代率 $MRS^甲_{FC}=0.5$，对乙来说，食品对衣服的边际替代率 $MRS^乙_{FC}=3$，则两人之间存在交易机会。例如，甲提出用 1 单位食品来换取乙的 1 件衣服，如果乙同意，则两人就会从 A 点移动到 B 点。在 B 点，甲拥有 6 单位食品和 2 件衣服，乙拥有 4 单位食品和 4 件衣服。从 A 点移动到 B 点，两人的状况都得到了改善，甲的效用水平从 $I^1_甲$ 上升到 $I^2_甲$，乙的效用水平从 $I^1_乙$ 上升到 $I^2_乙$。**当一种资源配置状态的改变，在不使任何人的境况变坏的前提下，而使得至少一个人的境况变好，这种资源配置状态的改变称为帕累托改进**。因此，从 A 到 B 是一个帕累托改进。但从 A 向图 9-3 中阴影区域以外的任意一点的移动，都将使两个消费者中的某一个人受损，这不符合帕累托改进的定义。

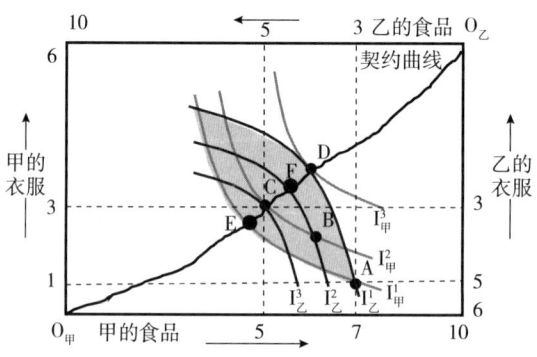

图 9-3 交换的契约曲线

B 点具有帕累托效率吗？不具有。因为在 B 点，两人的无差异曲线相交，两个消费者的边际替代率不相等，仍然存在互利的交易机会。可见，即使从无效率配置开始进行互利交易使得两人都获益，新的配置也并不必然是有效率的。只有当两人的无差异曲线相切，边际替代率相等时，资源配置才是有效率的。

假定从 B 点开始，两人继续交易，甲再放弃 1 单位食品来获得 1 件衣服，乙再放弃 1 件衣服来获得 1 单位食品。两人就从 B 点移动到 C 点，甲拥有 5 单位食品和 3 件衣服，乙拥有 5 单位食品和 3 件衣服，甲的效用水平维持不变，仍然为 $I^2_甲$，乙的效用水平从 $I^2_乙$ 上升到 $I^3_乙$。因此，从 B 到 C 是一个帕累托改进。

当不存在任何帕累托改进时，资源配置就达到了帕累托最优。在 C 点，两人的无差异曲线相切，边际替代率相等，任何一个人都不可能在不使别人受损的情况下获益。C

点达到了交易的帕累托效率，不存在进一步的互利交易。值得注意的是，从 C 点移动到 E 点不是帕累托改进，因为这种改变使得乙的效用变大，而甲的效用变小。

无差异曲线还在组合点 E、F、D 处相切，这些组合与 C 组合一样具有帕累托效率，我们把 E、C、F、D 这样的组合点连接起来，得到交易的效率曲线或契约曲线。**两个消费者的所有无差异曲线的切点都代表帕累托最优，其轨迹构成的曲线叫作交易的效率曲线或契约曲线，表示两种产品在两个消费者之间所有最优分配的集合**。之所以称为契约曲线，是因为只有在这些组合点上，双方才不愿意做进一步的交易或者签订交易契约。在交换的埃奇沃斯盒状图中，任意一点，如果它处在两人无差异曲线的切点上，那么，它就是帕累托最优状态。在这种情况下，不存在帕累托改进的余地。对于任何一方来说，我们不能说契约曲线上的任何点都比曲线上的其他点代表更好的分配，但可以说给定任何不在契约曲线上的点，总存在比它更好的点，这些点在契约曲线上。

二、竞争性市场的交易效率

如果市场是竞争性的，那么有效率的交易就能得到。通过第四章的学习我们知道，任意一个消费者甲或者乙在消费任意两种商品如食品和衣服时，都必须满足食品对衣服的边际替代率等于食品的价格 P_F 除以衣服的价格 P_C，即

$$\text{MRS}_{FC}^{甲} = \frac{P_F}{P_C} \quad \text{以及} \quad \text{MRS}_{FC}^{乙} = \frac{P_F}{P_C}$$

由于产品市场是完全竞争的，消费者面对并被动接受食品和衣服的价格，则有：

$$\text{MRS}_{FC}^{甲} = \frac{P_F}{P_C} = \text{MRS}_{FC}^{乙}$$

进一步地，则有：

$$\text{MRS}_{FC}^{甲} = \text{MRS}_{FC}^{乙} \tag{9-1}$$

因此，在一个竞争性均衡中，任意两个消费者对任意两种商品的边际替代率都相等，消费者的无差异曲线相切。竞争性均衡在交换契约曲线上，并且在交易上是有效率的，作为价格接受者的消费者实现了所有自愿交易，不存在不使其他人变坏的情况下而使某人变好。

第三节　生产的效率

一、两人间生产的帕累托效率

1. 生产的埃奇沃斯盒状图

上面我们考察的是两种商品交换中实现有效配置的基本条件，现在我们来考察商品

生产中投入品的有效使用。假定一个社会劳动和资本的投入量是固定的，劳动的数量是50个单位，资本的数量是30个单位，生产食品和衣服两种商品。

如图9-4所示，我们用埃奇沃斯盒状图来说明既定的生产要素在两个生产者之间的配置，假定有丙、丁两个生产者，分别生产食品和衣服。盒形的长表示50单位劳动，宽表示30单位资本。从盒形图左下方丙的原点 $O_丙$ 开始，向右表示丙拥有的劳动的数量，向上表示丙拥有的资本的数量。从盒形图右上方丁的原点 $O_丁$ 开始，向左表示丁拥有的劳动的数量，向下表示丁拥有的资本的数量。盒形图中任意一点A，表示既定的生产要素在两个生产者之间的初始分配，丙拥有35单位劳动和5单位资本，丁拥有15单位劳动和25单位资本。

盒形图中的 $Q_丙^1$、$Q_丙^2$、$Q_丙^3$ 表示丙生产食品的等产量曲线，每条等产量曲线都代表了特定投入组合下的产出水平，并且有 $Q_丙^3 > Q_丙^2 > Q_丙^1$，等产量曲线凸向丙的原点 $O_丙$；同样地，$Q_丁^1$、$Q_丁^2$、$Q_丁^3$ 表示丁生产衣服的等产量曲线，并且有 $Q_丁^3 > Q_丁^2 > Q_丁^1$，等产量曲线凸向丁的原点 $O_丁$。

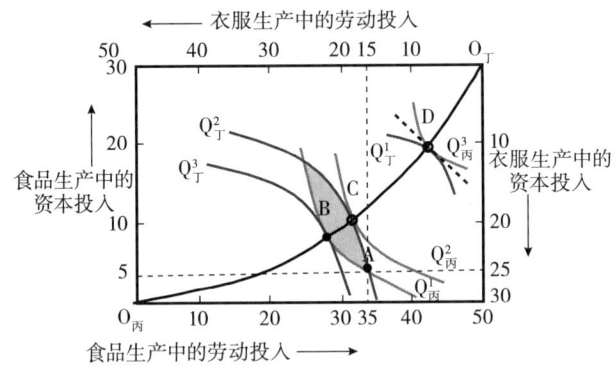

图9-4　生产的埃奇沃斯盒状图

A点是劳动和资本两种要素在两个生产者之间的有效配置吗？如果在不减少一种产品产量的情况下就不能再增加另一种产品的产量，则这种配置就是有效率的。如果通过调整要素的投入组合可以生产出一种或者两种产品，则要素的配置就是无效率的。很显然，A点是无效率的。因为，图9-4中阴影区域内任何一点都优于A点，都可以生产出更多的食品和衣服。只要从A点移动到B点，也就是把一部分劳动从食品的生产转移到衣服的生产，同时把一部分资本从衣服的生产转移到食品的生产，这样，丙生产的食品的数量没有变化，仍然为 $Q_丙^1$，丁生产的衣服的数量就会从 $Q_丁^2$ 增加到 $Q_丁^3$。

2. 生产契约曲线

对于图9-4中的B点，两个生产者的等产量曲线相切，劳动对资本的边际技术替代率相等，任何一个生产者都不可能在不使别人受损的情况下获益，B点达到了生产的帕累托效率。同样，等产量曲线还在要素组合C、D处相切，这些组合像B点一样具有帕累托效率，我们把B、C、D这样的组合点连接起来就得到了生产效率曲线或者契约曲线。**两个生产者的所有等产量曲线的切点都代表帕累托最优，其轨迹构成的曲线叫作生**

产的效率曲线或契约曲线，它表示两种要素在两个生产者之间所有最优分配的集合。在生产的埃奇沃斯盒状图中，任意一点，如果它处在生产者的两条等产量曲线的切点上，则它就是帕累托最优状态。在这种情况下，不存在帕累托改进的余地。对于任何一方来说，我们不能说契约曲线上的任何点都比曲线上的其他点代表更好的分配，但可以说的是给定任何不在契约曲线上的点，总存在比它更好的点，这些点在契约曲线上。

二、竞争性市场的生产效率

如果要素市场是竞争性的，那么有效率的生产就能得到。通过第六章的学习我们知道，任意一个生产者丙或者丁在使用任意两种要素如劳动和资本时，都必须满足劳动对资本的边际技术替代率等于劳动的价格 w 除以资本的价格 r，即

$$\text{MRTS}_{LK}^{丙} = \frac{w}{r} \quad \text{以及} \quad \text{MRTS}_{LK}^{丁} = \frac{w}{r}$$

由于要素市场是完全竞争的，生产者面对并被动接受劳动和资本的价格，则有：

$$\text{MRTS}_{LK}^{丙} = \frac{w}{r} = \text{MRST}_{LK}^{丁}$$

进一步地，则有：

$$\text{MRTS}_{LK}^{丙} = \text{MRST}_{LK}^{丁} \tag{9-2}$$

因此，在一个竞争性均衡中，任意两个生产者对任意两种要素的边际技术替代率都相等，生产者的等产量曲线相切。要素市场竞争性均衡在生产契约曲线上，并且，竞争性均衡在生产上是有效率的。最终，社会在生产契约曲线上哪一点生产，取决于消费者对两种商品的需求。如图9-4所示，一个可能的竞争均衡在 D 点。当然，社会也可能生产 C 组合或者其他组合的商品。要素市场没有唯一的竞争均衡，要素的有效使用可以生产较多的食品、较少的衣服，或者较少的食品、较多的衣服。

第四节 产出组合的效率

一、生产可能性边界

1. 什么是有效的产出组合

交换的帕累托效率说明的是交换的效率法则，生产的帕累托效率说明的是生产的效率法则。但这不能代表，当交换和生产综合起来看时，也具有效率。例如，由于某种原因，一个社会几乎将所有的资源用来生产衣服，只生产了极少的食品。在失衡的产出组合中，投入要素也可以得到有效分配。但是，如果能少生产一些衣服，多生产一些食品，也许消费者的快乐程度会提高。因此，经济中应该还存在另外一个效率标准，也就

是是否存在一个有效产出组合问题。

要使得生产与交换同时有效率,就要求生产出来的产品组合等于消费者所要求的数量组合。一个经济要有效率,不仅要以最小的成本生产食品和衣服,而且生产出来的食品和衣服必须与人们的购买意愿一致,即既定的资源在两种产品的配置中所提供的效用最大。

2. 生产可能性边界

首先,我们来介绍一个分析工具——生产可能性边界。其实,我们对这一概念并不陌生,在第一章我们已经非常熟悉了。这里,我们更详细地讨论生产可能性边界与生产契约曲线之间的关系,以及生产可能性边界的一些特征。**生产可能性边界表示一个社会在投入要素既定的情况下,生产两种产品最大组合点的轨迹。**生产可能性边界可以由生产契约曲线推导出来。生产契约曲线上的每一点表示一定量投入要素在最优配置时所能生产的一对最优产出,如图9-5所示,我们把这样的产出组合描绘在横轴为食品,纵轴为衣服的坐标图中,就可以得到生产可能性边界。

生产可能性边界上的点表示一对有效的产出组合,它对应于埃奇沃斯盒状图中生产契约曲线上的点。生产可能性边界以内的点表示无效的产出组合,对应于埃奇沃斯盒状图中不在生产契约曲线上的点。生产可能性边界以外的点表示既定的资源不能生产的产出。

3. 边际转换率

生产可能性边界向下倾斜,意味着要有效地生产更多的食品,就必须放弃衣服的生产,将更多的资源转移到食品生产上来。当经济体将食品的产量从 F_1 提高到 F_2,就必须减少衣服的生产,衣服的产量将从 C_1 下降到 C_2。(C_2-C_1)与(F_2-F_1)的比值称为食品对衣服的边际转换率(The Marginal Rate of Transformation,MRT),用公式表示:

$$\mathrm{MRT}_{FC} = -\frac{C_2-C_1}{F_2-F_1}$$

在上式中加负号是为了使边际转换率为正值。**边际转换率表示增加 1 单位某种商品的生产,必须减少另一种商品的数量。**结合边际转换率的定义以及图9-5,我们发现,边际转换率就是生产可能性边界的斜率的绝对值。生产可能性边界向右上方凸,意味着其斜率的绝对值随着食品产出的增加而递增。边际转换率反映一个经济体沿着生产可能性边界调整其产出组合时,增加 1 单位某种产品的生产所必须放弃的另一种产品的数量,也就是生产该产品的机会成本。一种产品的边际成本是生产 1 单位该产品的机会成本。例如,在 B 点,增加 1 单位食品生产需要放弃 1 件衣服,则食品对衣服的边际转换率为 $\mathrm{MRT}_{FC}=1$,即生产 1 单位食品的机会成本为 1 件衣服;在 E 点,增加 1 单位食品生产需要放弃 2 件衣服,则食品对衣服的边际转换率为 $\mathrm{MRT}_{FC}=2$,即生产 1 单位食品的机会成本为 2 件衣服。可见,当不断增加食品的生产时,食品的边际成本递增。

生产可能性边界的斜率衡量相对于生产另一种商品,生产某一种商品的边际成本。在图9-5中,当从 B 点移动到 E 点,只有将衣服的产量从 C_1 减少到 C_2,才能将食品的

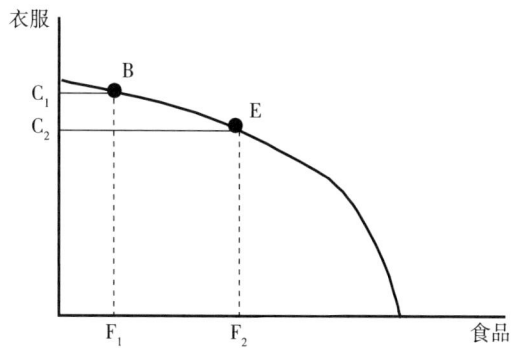

图 9-5　生产可能性边界

产量从 F_1 增加到 F_2，也就是说，C_2-C_1 是生产食品增加的成本，用 MC_F 来表示。同样地，F_2-F_1 是生产衣服增加的成本，用 MC_C 来表示。因此，食品对衣服的边际转换率等于食品的边际成本 MC_F 与衣服的边际成本 MC_C 之比，即

$$MRT_{FC}=\frac{MC_F}{MC_C} \tag{9-3}$$

可见，边际转换率是边际成本的比率。当我们讨论竞争性经济是否生产有效率的结果时，这个关系非常重要。

二、有效的产出组合

社会在生产可能性边界上哪一点生产才是有效的产出呢？如果让单个消费者来决定，他会在生产可能性边界上选择能使其效用最大化的组合，如图 9-6 所示，也就是消费者的无差异曲线与生产可能性边界相切的点 C。**有效的产出组合必须满足，消费者对两种商品的边际替代率等于生产者的边际转换率，即 $MRT_{FC}=MRS_{FC}$，即消费者为得到 1 单位食品愿意放弃衣服的数量，必须等于生产者为多生产 1 单位食品愿意放弃衣服的产量。**

如果产出组合不满足消费者的边际替代率等于生产者的边际转换率的条件，则不是有效的产出组合。比如说，图 9-6 中的 D 组合，$MRT_{FC}=2$，$MRS_{FC}=1$，即有 $MRT_{FC}>MRS_{FC}$。MRT_{FC} 为 2，意味着厂商减少 1 单位食品的生产，可以增加 2 单位衣服的生产。MRS_{FC} 为 1，意味着消费者减少 1 单位食品，增加 1 件衣服就可以维持效用水平不变。因此，如果厂商少 1 单位食品的生产，就可以多生产出 2 件衣服，而对消费者来说，放弃 1 单位食品，只要 1 件衣服就可以维持效用水平不变，多余的 1 件衣服就代表了社会福利的净增加。这表明，产品的边际转换率大于边际替代率，仍然存在帕累托改进的余地。

我们可以把上面的分析扩展到所有消费者同时选择产品组合的情形，即所有消费者的边际替代率必须等于生产者的产品边际转换率，前提是经济为每个生产者生产出最优的产出组合，下面我们用竞争性市场来分析。

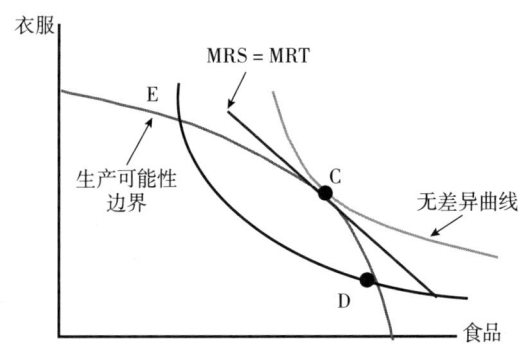

图 9-6 最优生产组合

三、竞争与有效产出组合

从社会的消费来看,当产品市场是完全竞争的时候,对于任意两种商品如食品和衣服,作为价格接受者,每一个消费者都选择一个组合,使得两种商品的边际替代率等于两种商品的价格之比,即

$$\mathrm{MRS}_{FC} = \frac{P_F}{P_C} \tag{9-4}$$

在一个竞争性均衡中,所有消费者有着相同的边际替代率,所以不再有交易发生。竞争性均衡实现了交易效率,即无法在消费者之间重新分配产品以使一个消费者的状况变好而又不使得任何一个人的状况变坏。

从社会的生产来看,食品和衣服由竞争性企业生产,所有企业都按照与边际成本相等的价格出售食品和衣服,即

$$P_F = MC_F \quad 及 \quad P_C = MC_C$$

根据式 (9-3),我们知道,食品对衣服的边际转换率等于食品的边际成本 MC_F 与衣服的边际成本 MC_C 之比,进而就有:

$$\mathrm{MRT}_{FC} = \frac{MC_F}{MC_C} = \frac{P_F}{P_C} \tag{9-5}$$

可见,竞争性企业在边际转换率等于产品价格之比的条件下生产。根据式 (9-4)、式 (9-5),则有:

$$\mathrm{MRS}_{FC} = \mathrm{MRT}_{FC} \tag{9-6}$$

因此,竞争确保任意一个消费者对任意两种商品的边际替代率等于任意一个生产者对两种商品的边际转换率,竞争性均衡有一个有效组合。生产者可以把一种产品转换成另一种产品的比率,就像消费者对两种产品的支付意愿所反映的那样,它是消费者愿意在两种产品之间进行替代的比率。

第五节 市场为什么会失灵

一、垄断

当产品市场和要素市场拥有市场势力时,就会产生无效率。让我们再次考虑只生产两种商品的简单经济,假定食品由垄断者生产,衣服生产是竞争性的。结果,竞争性生产者会选择 $P_C = MC_C$ 的产量水平,垄断生产者则会选择 $P_F > MC_F$ 的产量水平(详细讨论见第十章)。对垄断生产者而言,由于 $P_F > MC_F$,则有 $MRT_{FC} = MC_F/MC_C < P_F/P_C$。进一步地,就有 $MRT_{FC} < MRS_{FC}$,生产和消费无效率,社会生产出过少的食品和过多的衣服。刺激生产者做出反应的是一套体系,而刺激消费者的却是另一套体系,结果,投入食品生产的经济资源显得过少,而投入衣服生产的资源则显得过多。

同样,要素市场存在垄断,也会影响投入效率。假定工会使得工人在食品行业的劳动市场具有势力,为食品生产提供的劳动过少,工资(W_F)过高;工人在服装行业的劳动市场是竞争性的,为衣服生产提供的劳动会过多,工资(W_C)过低。在食品行业,投入效率满足 $MRTS_{LK}^F = W_F/r$,在服装行业,投入效率满足 $MRTS_{LK}^C = W_C/r$。结果,$MRTS_{LK}^F > MRTS_{LK}^C$,要素配置变得无效率,因为效率要求所有商品的边际技术替代率相等。

二、不完全信息

若消费者没有准确的市场价格或产品质量信息,则市场会无效率。对生产者而言,不完全信息会导致产品生产过多或过少;对消费者而言,不完全信息会导致其对商品的消费不足或消费过多。此外,信息不对称还可能会阻碍某些市场的发展。

三、外部性

外部性是由某种产品或服务的买、卖者以外的人承担的成本或收益。外部性导致生产者和消费者对不同的相对价格体系做出相应的反应。一个发电厂在烧煤发电时会引起酸雨,危害附近的农作物,从而形成外部成本。当发电厂决定供给多少电时没有考虑外部成本,结果造成生产过量。公寓楼里的房主安装感烟探测器的行为给邻近的房主带来了好处,形成外部收益。当房主决定安装时,并未考虑到邻居的收益,从而导致这种产品的供给不足。

在存在负外部性的情况下,决定产品生产数量时,生产者只考虑如何使产品价格与私人边际成本相等的问题,忽略了负外部性对市场之外的其他人强加的成本,从而导致有负外部性的产品生产过多,其他产品相对过少。正外部性正好相反,我们得到的具有正外部性产品过少,其他产品相对过多。

四、公共物品

公共物品是不具有排他性和竞争性的物品。排他性是指只有对商品支付价格的人才能使用该商品。竞争性是指若一个人消费了一定量的某种物品，其他人就要减少对该物品的消费量。国防就是公共物品的例子，一个人享受国防带来的好处并不影响其他人同样享受国防带来的好处，对政府而言，要想保护一些公民不受外国侵犯的同时拒绝另一些公民享受同样的保护，这是很困难的。

竞争性市场生产的公共产品不足是因为"搭便车问题"，即不支付成本就得到利益。因此，公共物品不能由市场提供。如果不能排除人们对公共物品的使用，那么作为追求利润最大化的企业不能提供任何数量的公共物品。政府通过生产公共物品，或者改变对私人企业生产的激励，就可以解决公共物品的供给问题。

接下来的几章，我们将进一步讨论市场势力、外部性、公共物品与市场失灵。

复习思考题

1. 术语和概念

帕累托改进；帕累托最优；交易的效率；生产的效率；交易契约曲线；生产契约曲线；生产与交易的效率；生产可能性曲线；边际转换率

2. 选择题

（1）假定存在一个经济，其中有两个人（A 和 B）、两种商品（X 和 Y），达到交易效率的条件是_____。

  A. 对于 A 和 B，$MRS_{XY} = P_X/P_Y$ B. 对于 A 和 B，$MRS_{XY} = MRTS_{XY}$
  C. 对于 A 和 B，$MRS_{XY}^A = MRS_{XY}^B$ D. 上面三个条件都是

（2）假定存在一个经济，其中只有两种商品（X 和 Y）、两种生产要素（L 和 K），达到生产效率的条件是_____。

  A. $MRTS_{LK} = w/r$ B. $MRTS_{LK} = MRS_{XY}$
  C. $MRTS_{LK}^X = MRTS_{LK}^Y$ D. $MRT_{XY} = MRS_{LK}$

（3）假定存在一个经济，其中有两个人（A 和 B）、两种商品（X 和 Y），达到有效产出组合的条件是_____。

  A. $MRT_{XY} = MRS_{XY}^A = MRS_{XY}^B$ B. $MRT_{XY} = P_X/P_Y$
  C. $MRS_{XY} = P_X/P_Y$ D. $MRS_{XY}^A = MRS_{XY}^B$

（4）小李有 5 块巧克力和 5 个苹果，小张有 5 块巧克力和 5 个苹果，小李更喜欢巧克力，小张更喜欢苹果。在帕累托最优状态下，可能_____。

  A. 小李消费更多的巧克力

  B. 小张消费更多的苹果

C. 两人的苹果和巧克力的边际替代率相等

D. 上面说得都对

(5) 生产可能性曲线是从_____推导而来的。

A. 无差异曲线 B. 生产契约曲线

C. 消费约束曲线 D. 社会福利曲线

(6) 生产契约曲线上的点表示生产者_____。

A. 获得了最大利润

B. 支出了最小成本

C. 通过生产要素的重新配置提高了总产量

D. 以上都正确

(7) 当经济达到帕累托最优时，下列不一定得到满足的一项是_____。

A. 交换的效率 B. 生产的效率

C. 产品组合的效率 D. 收入的公平分配

(8) 下列符合帕累托改进原则的是_____。

A. 通过增发货币增加部分人员工资

B. 在增加国民收入的基础上增加部分人员工资

C. 用增加的税收增发部分人员工资

D. A 和 B

(9) 如果对于消费者甲来说，以商品 X 替代商品 Y 的边际替代率等于 3；对于消费者乙来说，以商品 X 替代商品 Y 的边际替代率等于 2，那么有可能发生下述哪种情况_____。

A. 乙用 X 向甲交换 Y B. 乙用 Y 向甲交换 X

C. 甲和乙不会交换商品 D. 以上均不正确

(10) 由上题已知条件，在甲和乙成交时，商品的交换比例可能是_____。

A. 1 单位 X 和 3 单位 Y 交换

B. 1 单位 X 和 2 单位 Y 交换

C. X 与 Y 的交换比例大于 1/3，小于 1/2

D. 上述均不正确

3. 分析讨论题

(1) 假设在一个没有交换的经济中，社会生产食品、衣服两种产品。劳动和资本的价格均为 4 元/小时。在衣服生产中 $MP_L^C/MP_K^C = 2$，而食品生产中 $MP_L^F/MP_K^F = 1/2$。这个经济有效率吗？如果没有效率，社会应该如何分配两种投入要素？

(2) 为什么说完全竞争市场是有效率的？

第十章

垄断

电影院会对不同群体的观众收取不同价格的票价，如学生票价格低于成人票；电影院出售套票，套票的单价低于单独出售的电影票；不同时段的票价也会有差异，如上午场票价低于晚场票价。所有这些现象都无法用完全竞争模型来解释。在完全竞争模型中，所有消费者对完全相同的商品支付单一价格，即所谓的一价定律。在竞争性市场上，价格等于边际成本，为儿童和老年人提供一个座位的边际成本与为其他人提供一个座位的边际成本相同。但如果电影院有垄断力量，而且儿童、老年人对电影票的支付意愿较弱，那么电影院就可以通过价格歧视增加利润。

电影院销售的爆米花、饮料的价格却往往是统一的。对于爆米花这样的商品，电影院很难针对不同的顾客收取不同的价格。但电影院销售的爆米花、饮料的价格又比食品店的价格高很多，也比生产这些商品的边际成本高。本章我们讨论垄断厂商的产量与价格决策行为，以及垄断市场的效率问题。

第一节 垄断的成因

一、垄断厂商的需求曲线

市场力量和竞争是在大多数市场中都发生作用的两种因素。**市场力量**是指通过影响产品的销售量来影响市场，特别是影响市场价格的一种能力。完全竞争厂商没有市场力量，他们面临着竞争的力量，是价格的接受者。与完全竞争不同的另一种极端情况是完全缺乏竞争，有着很强的市场力量，这就是垄断。**垄断是指整个行业中只有唯一厂商的市场组织**。市场上只有唯一厂商生产和销售商品，并且没有任何相近的替代品，其他厂商进入该行业极为困难或者不可能。

在本章开头提到的某地方的电影院符合垄断的定义吗？该电影院是否构成垄断取决于所放映的影片有没有替代品。如果电影公司放映的是一般性娱乐影片，有很多替代品，观众可以选择其他电影院的影片或者其他方式让自己放松，那就不具有垄断性。如果电影公司独家放映某部大片，没有替代品，那么对于一心想看该影片的观众来说，该电影院就是一个垄断者，而对于只是想看一部电影的观众来说，不同影院之间就会面临激烈的竞争。

垄断与完全竞争的根本区别在于厂商所面临的需求价格弹性不同。 完全竞争厂商的价格弹性为正无穷大，只要把价格提高一点点，就会失去所有的市场份额；垄断厂商对价格则有很强的控制力。垄断的例子包括通过经营管道和线路提供水、电、气的自来水公司、电力公司和天然气公司等。发明了 Windows 操作系统的微软公司也接近于垄断。

通过第七章对完全竞争市场的学习，我们知道，尽管市场的需求曲线向下倾斜，但完全竞争行业中单个厂商所面临的需求曲线仍是一条水平线，如图 10-1（a）所示。这意味着完全竞争厂商不能控制产品的价格，他们只是市场价格的接受者，只能在既定的市场价格下生产和销售产品。完全竞争厂商的平均收益和边际收益都等于产品的市场价格。由于需求曲线是水平的，完全竞争厂商不需要降价就可以多销售 1 单位产品，增加 1 单位产品的边际收益。**而垄断厂商是市场上唯一的供给者，垄断厂商的市场需求曲线是向下倾斜的，垄断厂商可以通过控制产量来控制价格**，如图 10-1（b）所示。

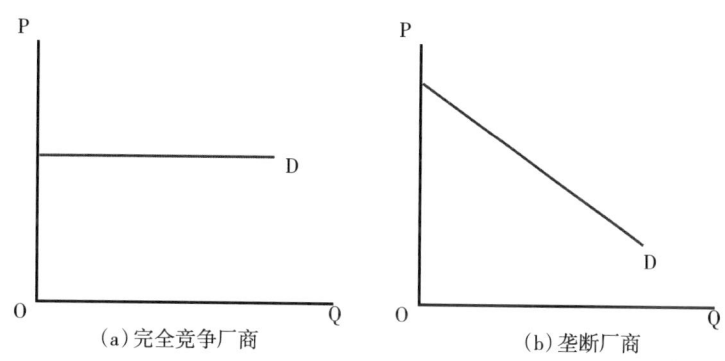

图 10-1 完全竞争厂商与垄断厂商的需求曲线比较

二、垄断形成的原因

1. 对重要生产要素的控制

可能只有一家企业具备生产某种产品所需要的稀缺资源，从而形成垄断。如南非的德比尔斯（deBeers）公司几乎控制了全世界所有钻石的生产。1888 年，英国商人 Cecil Rhodes 创立了德比尔斯公司，它一度控制了全世界钻石矿产的 80%，由于德比尔斯公司的市场份额小于 100%，它不是一个完全垄断者，但对钻石的市场价格可以产生相当大的影响。

2. 规模经济

由于高昂的固定成本，只有大规模生产才能降低成本，从而形成自然垄断。一种产品由一家厂商来提供时，产品的成本最低，这种情况称为自然垄断。在生产初期必须投入大量固定成本，才能在一个比较大的产出范围内呈现边际成本与平均成本递减的情况。许多公用行业，如电力、自来水、煤气、地铁等是典型的自然垄断行业。为了向居民供水，企业必须铺设遍及全城的管网。如果由两家或者更多的企业供水，那么每家企业都必须支付铺设自来水管网的固定成本，倘若只有一家企业为整个市场提供服务，水的平均成本会更低。

3. 专利权和版权

专利权是赋予一种产品或服务发明者的专营权。版权是赋予文学、音乐、喜剧或艺术作品等作者或创作者的专营权。专利权和版权在一定时间内是有效的。可能只有一家企业获得了生产过程中所必需的发明知识，为了保护知识产权，政府颁发专利权，以便给一项发明或一种生产方法授予法律专用权。如果一家公司不能通过高价出售产品以弥补创新支出，企业的创新活动就会失去激励。没有专利权的存在，竞争将会迫使价格降至边际成本，创新步伐将会严重减缓。

4. 政府特许经营

在许多市场上，政府只允许一家企业经营，从而形成合法的垄断。如城市的出租车营运，政府通过发放许可证形成垄断。特许经营的例子还有高速公路、地铁、垃圾发电、垃圾处理等。政府的特许经营成为垄断来源，是规模经济在以另外一种形式发挥作用。

第二节 垄断厂商的利润最大化

一、垄断厂商的收益曲线

1. 边际收益

首先，我们来探讨完全竞争厂商的边际收益，如图 10-2（a）所示，完全竞争厂商初始产量为 Q_1，市场价格为 P_1，总收益为 $Q_1 \times P_1$，即矩形 A。当厂商增加 1 单位产品生产即产量为（Q_1+1）时，市场价格仍然为 P_1，则总收益为（Q_1+1）$\times P_1$，即矩形（A+B）。边际收益为（Q_1+1）$\times P_1 - Q_1 \times P_1 = P_1$，即矩形 B。因此，完全竞争厂商的边际收益等于市场价格。

那么，垄断厂商的边际收益如何呢？垄断厂商是市场上唯一的供给者，垄断厂商的市场需求曲线是向下倾斜的。如图 10-2（b）所示，垄断厂商初始产量为 Q_1，市场价格为 P_1，总收益为 $Q_1 \times P_1$，即矩形（A+C）。当垄断厂商增加 1 单位产品生产时，产量为（Q_1+1），市场价格下降为 P_2，总收益为（Q_1+1）$\times P_2$，即矩形（A+B）。边际

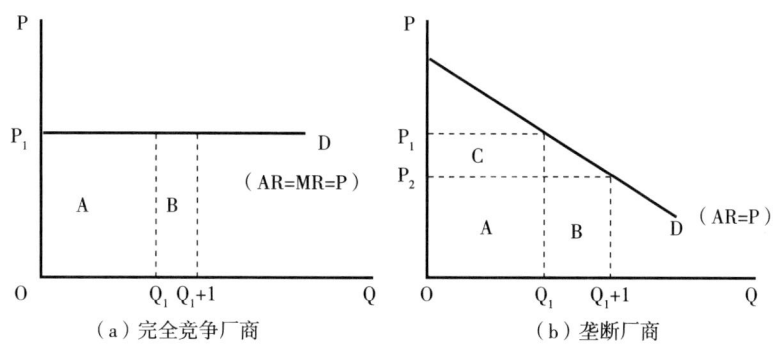

	初始的总收益TR$_1$	增加1单位产品销售后的总收益TR$_2$	边际收益 MR=TR$_2$-TR$_1$
完全竞争厂商	A	A+B	B
垄断厂商	A+C	A+B	B-C

图 10-2 平均收益和边际收益

收益为$(Q_1+1) \times P_2 - Q_1 \times P_1 = (A+B) - (A+C) = B-C = P_2-C$,即矩形B、矩形C的面积之差。因此,垄断厂商的边际收益比它收取的价格P_2低了一个面积等于矩形C的量。

2. 平均收益曲线与边际收益曲线

假设垄断厂商面临的市场需求曲线为$P=6-Q$。如表10-1所示,根据垄断厂商的需求表,计算出垄断厂商的总收益、平均收益、边际收益以及需求的价格弹性(每一产量水平下的弹性值根据点弹性计算公式得到),并将这些信息绘制成图10-3。

表 10-1 垄断厂商的总收益、边际收益和平均收益[①]

产量 Q	价格 P	总收益 TR=PQ	平均收益 AR=P	边际收益 MR	边际成本 MC	需求弹性 e_d
0	6	0	—	—	3	∞
1	5	5	5	5	3	5
2	4	8	4	3	3	2
3	3	9	3	1	3	1
4	2	8	2	-1	3	0.5
5	1	5	1	-3	3	0.2
6	0	0	0	-5	3	0

---

① 假定垄断厂商的需求函数为$P=a-bQ$,则总收益函数为$TR=P \times Q = aQ-bQ^2$。通过微分,边际收益函数为$MR=a-2bQ$。在本例中,需求函数为$P=6-Q$,则总收益函数为$TR=6Q-Q^2$,边际收益函数为$MR=6-2Q$(这只有在Q变化很小单位时才成立,因此,根据边际收益函数计算的边际收益与表10-1中的值不完全符合)。

总收益 TR 等于产品的价格 P 乘以产量 Q。当产量为 1 时，价格为 5，则总收益为 5；当产量为 2 时，价格下降为 4，则总收益为 8。

边际收益 MR 是厂商增加 1 单位产品生产增加的总收益。当产量从 1 增加到 2 时，总收益从 5 增加到 8，则第 2 件产品的边际收益为 3。

平均收益 AR 是单位产品的总收益，且等于产品的价格 P，用总收益 TR 除以相应的产量 Q。产量为 2 时，总收益为 8，则平均收益为 4。**垄断厂商的平均收益曲线 AR 向下倾斜，与需求曲线重合**。由于平均收益曲线是递减的，根据边际量与平均量之间的一般关系，垄断厂商的边际收益曲线位于平均收益曲线的下方。

一般来说，边际收益曲线与需求曲线的关系取决于需求曲线的形状。对于所有线性需求曲线来说，边际收益曲线是一条直线，它与需求曲线在纵轴上的截距相同，斜率是需求曲线的 2 倍，边际收益曲线在横轴的截距为需求曲线与横轴交点值的 1/2 处。如图 10-3 所示，垄断厂商的需求曲线为 P=6-Q，斜率为 -1，横轴的截距为 6；边际收益曲线为 MR=6-2Q，斜率为 -2，横轴的截距为 3。

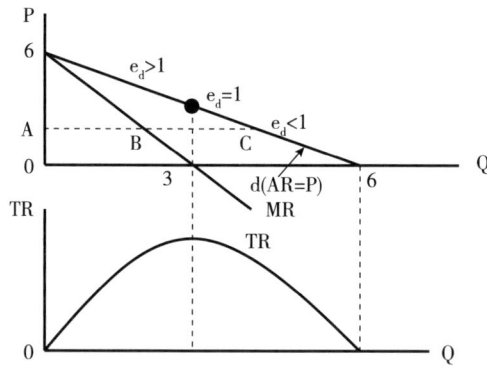

图 10-3　需求弹性与总收益、平均收益和边际收益

3. 弹性与边际收益

垄断厂商的需求曲线向下倾斜，假定厂商决定增加产量 ΔQ，并引起产品价格下降 ΔP，则垄断厂商增加 1 单位产品生产将引起价格平均下降 $\Delta P/\Delta Q$，这会使卖出的所有产品的收益减少，即引起总收益减少 $(\Delta P/\Delta Q)\times Q$。同时，增加 1 单位产品以价格 P 销售，带来的总收益的增加量为 P。因此，垄断厂商的边际收益为：

$$MR = P + \frac{\Delta P}{\Delta Q} \times Q$$

对上式做进一步的变换，有：

$$MR = P + P \times \frac{\Delta P}{\Delta Q} \times \frac{Q}{P}, \quad MR = P\left(1 - \frac{1}{-\frac{\Delta Q}{\Delta P} \times \frac{P}{Q}}\right)$$

根据弹性理论，我们知道需求的价格弹性 $e_d = -\frac{\Delta Q/Q}{\Delta P/P}$，则有：

$$MR = P\left(1-\frac{1}{e_d}\right) \tag{10-1}$$

根据式（10-1）及图10-3，有如下关系：

- 当 $e_d>1$ 时，边际收益 MR>0，总收益 TR 上升。
- 当 $e_d=1$ 时，边际收益 MR=0，总收益 TR 最大。
- 当 $e_d<1$ 时，边际收益 MR<0，总收益 TR 下降。

可见，需求的价格弹性越大，边际收益越接近于价格。特别是在需求曲线与纵轴交点的地方，需求的价格弹性为无穷大，边际收益等于价格。从表10-1可以发现，垄断厂商的产量越小，弹性值越大；产量越大，弹性值越小。

对于完全竞争厂商来说，需求曲线为一条水平线，需求的价格弹性为无穷大。因此，完全竞争厂商的边际收益 $MR=P\left(1-\frac{1}{e_d}\right)=P$。

二、垄断厂商的价格或产量决策

所有厂商都根据边际收益 MR 等于边际成本 MC 的原则来实现利润最大化。与竞争性厂商不同，垄断厂商可以调整价格，通过在价格或者产量方面做出选择，实现利润最大。但垄断厂商不能同时选择产量和价格，由于需求曲线向下倾斜，只能在低产量、高价格与高产量、低价格之间选择。换句话说，垄断厂商是通过选择需求曲线上的某一点来获得最大利润的。

边际成本不受企业类型影响，由于存在边际报酬递减规律，垄断厂商同样面临着一条向上倾斜的边际成本曲线 MC。为了实现利润最大化，垄断厂商必须在边际成本 MC 等于边际收益 MR 的条件下安排生产。如图10-4所示，当边际收益 MR 大于边际成本 MC 时，厂商会增加产量；当边际收益 MR 小于边际成本 MC 时，厂商会减少产量。厂商选择边际收益曲线 MR 与边际成本曲线 MC 相交的 A 点所对应的产量生产时，利润最大化，产量为 Q_1，并根据需求曲线制定价格 P_1。

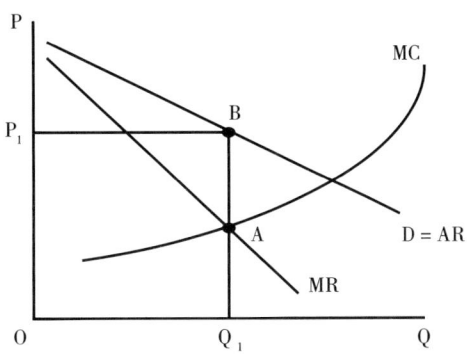

图10-4 垄断厂商利润最大化的产量和价格

那么，垄断厂商获得多少利润呢？为了确定垄断厂商的利润，在图10-4中加入厂商的平均成本曲线 AC，如图 10-5 所示。垄断厂商的平均成本曲线 AC 先下降，与边际成本曲线 MC 相交后逐渐上升。利润最大化产量为 Q_1，定价为 P_1，总收益等于产量 Q_1 乘以价格 P_1，即矩形 OP_1BQ_1。总成本等于平均成本 EQ_1 乘以产量 Q_1，即矩形 $OFEQ_1$。经济利润等于总收益减去总成本，即矩形 FP_1BE。

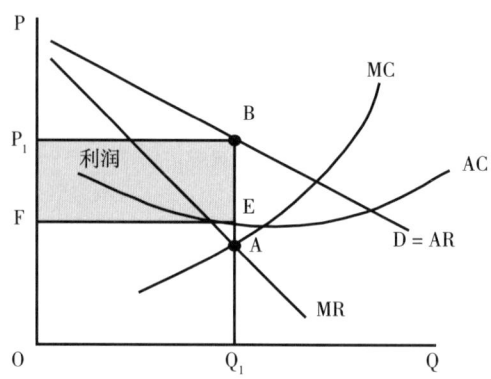

图 10-5 垄断厂商均衡时的利润

在短期，垄断厂商与完全竞争厂商相同，可能获得经济利润，也可能蒙受亏损，这取决于成本曲线与收益曲线之间的位置关系。如果垄断厂商短期利润较小或蒙受亏损，那么，在长期可以通过调整规模获得更大经济利润或不再亏损。如果长期继续亏损，厂商则会退出该行业。垄断厂商通常能在长期获得经济利润，不仅是因为垄断厂商可以调整规模，而且因为该行业对其他厂商的加入是关闭的，不同于完全竞争行业其他厂商可以自由进入，长期均衡时经济利润为零。

三、垄断与完全竞争的比较

缺少竞争的垄断厂商保持较高的产品价格，垄断厂商的价格高于其边际成本（$P>MC$），而完全竞争厂商的产品价格等于其边际成本（$P=MC$）。一般而言，垄断厂商的产量低于完全竞争行业的产量。如图 10-6 所示，垄断厂商利润最大化产量为 Q_m，根据需求曲线定价 P_m。如果垄断行业分割成若干家完全竞争厂商，市场的供给曲线就是所有单个厂商供给曲线的汇总，等同于垄断厂商的边际成本曲线。完全竞争市场产品的价格为 P_c，低于垄断厂商制定的价格 P_m，完全竞争市场产品的产量 Q_c 高于垄断厂商的产量 Q_m。

垄断厂商的行为与完全竞争厂商不同，表 10-2 总结了两者的相同与不同之处。从公共政策角度来看，可以得出一个重要结论：垄断厂商的产量小于社会有效率的产量，收取高于边际成本的价格，会引起无谓的损失。在某些情况下，垄断厂商可以通过价格歧视来减少无效率，这一点将在本章后面的内容进行介绍。

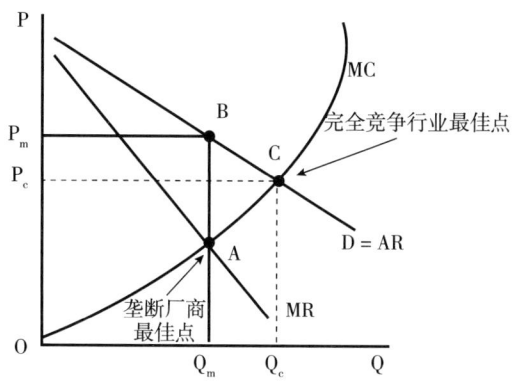

图 10-6 垄断与完全竞争的比较

表 10-2 垄断与完全竞争的比较

	完全竞争	垄断
相同之处		
企业目标	利润最大化	利润最大化
利润最大化原则	MR = MC	MR = MC
短期利润	获得经济利润或者亏损	获得经济利润或者亏损
不同之处		
企业数量	许多	一个
边际收益	MR = P	MR < P
价格	P = MC	P > MC
长期中能进入吗	能	不能
长期中能赚到经济利润吗	不能	能
有价格歧视的可能性吗	没有	有

第三节 垄断与公共政策

一、垄断造成福利净损失

垄断厂商的产量小于社会有效率的产量，会引起社会福利净损失。我们用图10-7来说明垄断是如何导致社会福利净损失的。追求利润最大化的垄断厂商，生产的产量为 Q_m，定价为 P_m。在垄断情况下，消费者剩余为市场需求曲线 D 以下、价格线 P_m 以上的部分，即图形 H，生产者剩余为价格线 P_m 以下、边际成本曲线 MC 以上的部分，即图形（J+K），整个社会的福利为消费者剩余与生产者剩余之和，即图形（H+J+K）。

通过前面的分析我们已经知道，如果该行业为完全竞争市场，则市场的产量为 Q_c，价格为 P_c。在完全竞争情况下，消费者剩余为市场需求曲线 D 以下、价格线 P_c 以上的部分，即图形（H+J+E），生产者剩余为价格线 P_c 以下、边际成本曲线 MC 以上的部分，即图形（K+F），整个社会的福利为消费者剩余与生产者剩余之和，即图形（H+J+E+K+F）。

垄断导致的福利净损失为垄断市场的福利与完全竞争市场的福利之差，即（H+J+K）-（H+J+E+K+F）= -（E+F）。垄断之所以会导致无谓损失，是因为垄断厂商的产量小于社会有效率的产量。垄断厂商减少的产量为（Q_c-Q_m），而对这一部分产品，消费者的评价超过了厂商的成本，消费者对额外增加 1 单位产品的支付意愿，大于生产者额外增加 1 单位产品生产增加的成本。

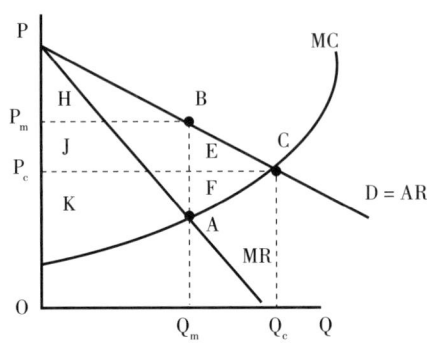

	竞争性市场	垄断	变化量
消费者剩余	H+J+E	H	-J-E
生产者剩余	K+F	J+K	J-F
社会福利=消费者剩余+生产者剩余	H+J+E+K+F	H+J+K	-E-F
无谓损失	0	-E-F	

图 10-7 垄断的无谓损失

二、对垄断厂商的最优管制价格

垄断厂商通过控制产量、抬高价格获得经济利润，因此，垄断会受到政府的管制，最优价格管制会减少社会福利净损失。那么应该如何制定管制价格呢？下面通过图形来说明这一问题。如图 10-8（a）所示，在无管制情况下，追求利润最大化的垄断厂商生产的产量为 Q_m，定价为 P_m，消费者剩余与生产者剩余之和为（H+J+K）。如果政府设定最高价格 P_c，被管制厂商生产产量 Q_c，垄断厂商的产量与完全竞争厂商相同[①]，在这种

[①] 只有在管制价格高于厂商的平均成本条件下，厂商才愿意生产产量 Q_c。换句话说，只有在平均收益曲线 AR 上的 C 点位于厂商的平均成本曲线 AC 之上，厂商不出现亏损的情况下，厂商才愿意生产产量 Q_c。

情况下，消费者剩余为（H+J+E），生产者剩余为（K+F），整个社会的福利为消费者剩余与生产者剩余之和（H+J+E+K+F），福利净增加了（E+F），此时，不存在社会福利损失。

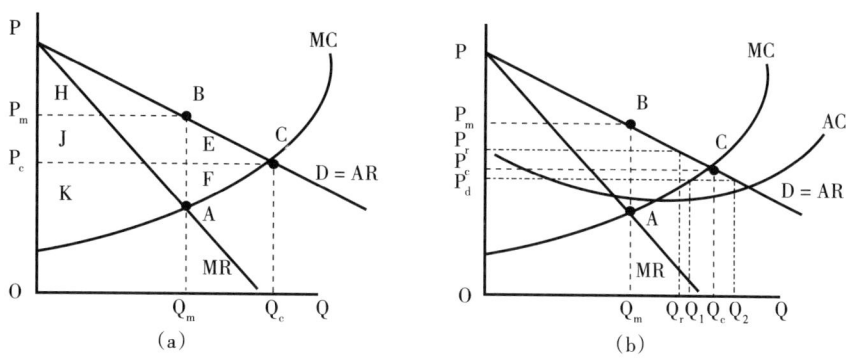

图 10-8　最优价格管制

若政府未能设定最优管制价格 P_c，则社会福利将减少。第一，如果政府设定的管制价格低于企业的最低成本，企业就会停止生产，无谓损失等于最优管制下的消费者剩余与生产者剩余之和，即图 10-8（a）中的（H+J+E+K+F）。

第二，如果政府设定的价格低于最优管制价格 P_c，但又高于企业的平均成本，如图 10-8（b）中的 P_d，这相当于在完全竞争行业加了一个最高限价，厂商的产量为 Q_1，消费者的需求量为 Q_2，形成短缺以及由于管制造成的无谓损失。当价格进一步下降，厂商的产量随之下降，短缺情况不断加重，最终，价格低于平均成本，厂商会因为亏损而退出。

第三，如果政府设定的价格低于垄断厂商利润最大化的价格 P_m，但高于最优管制价格 P_c，如图 10-8（b）中 P_r，则厂商的产量 Q_r 将在 Q_m 和 Q_c 之间。不难看出，在管制价格 P_r 下，造成的福利损失比垄断价格 P_m 下有所减少，当管制价格下降到完全竞争价格 P_c，垄断造成的无谓损失就会消失。

三、对自然垄断的价格管制

假定某自然垄断厂商由于规模经济，在任何产量范围内平均成本曲线 AC 是递减的，即平均成本随着产量的增加而下降。相应地，厂商的边际成本曲线 MC 位于平均成本曲线 AC 的下方。如图 10-9（a）所示，在未受价格管制的情况下，垄断厂商根据边际收益 MR 等于边际成本 MC 的利润最大化原则，生产的产量为 Q_m，制定的价格为 P_m，由于价格高于平均成本，厂商获得经济利润，其大小为矩形 EP_mBC，消费者剩余为三角形 P_mFB。

假定政府对自然垄断厂商实行价格管制，如图 10-9（a）所示，管制价格为 P_r，低于垄断价格 P_m，但高于平均成本 AC。在管制价格为 P_r 的情况下，消费者的需求量为 Q_r。由于管制价格高于平均成本，厂商仍然可以获得经济利润，愿意以更低的价格生产更多的商品。

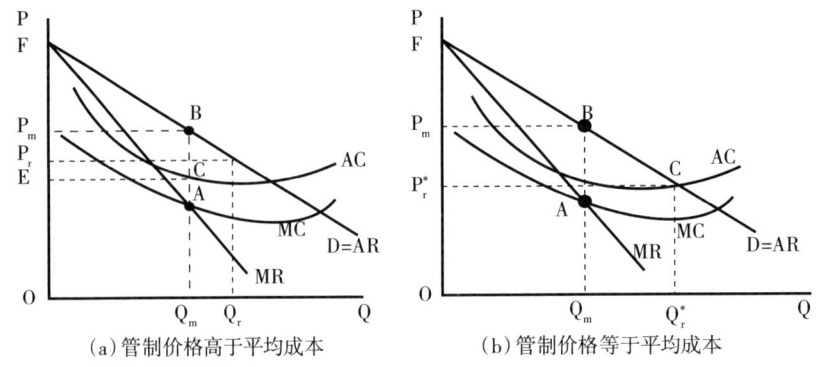

图 10-9 对自然垄断的价格管制

管制价格定得很低，厂商出现亏损，就不愿意生产。因此，管制价格必须制定得足够高，可以弥补厂商的平均成本。如图 10-9（b）所示，管制者尽可能地压低价格，使其达到需求曲线 D 与平均成本曲线 AC 的交点 C，价格 P_r^* 为最优管制价格，垄断厂商刚好生产产量 Q_r^*，任何低于 P_r^* 的价格都会使厂商亏损。在管制价格 P_r^* 下，厂商的经济利润为零，消费者剩余为三角形 P_r^*FC。

与不受管制相比，垄断厂商受到价格管制时，消费者剩余会因为管制而增加，增加的途径有两个：一是垄断厂商的利润消失，转化为消费者剩余；二是更高的产量和更低的价格，使总体福利增加。

在现实中，管制者可能缺乏关于垄断厂商的需求曲线 D 与成本曲线 AC 相交点的信息，很难确定管制价格 P_r^*，可能将管制价格定得过低，导致产品短缺，也可能将管制价格定得过高，导致社会福利损失。

第四节 价格歧视

一、价格歧视的原因和条件

1. 价格歧视的原因

无论什么商品，总有一些消费者愿意支付较高的价格，另一些消费者愿意支付较低的价格。垄断厂商应该如何定价呢？垄断厂商定高价，可能失去一部分消费者，销售量和利润减少；垄断厂商定低价，虽然可以增加销售量，但可能因为价格较低，而减少收益和利润。

航空公司针对不同消费者设定头等舱、公务舱、经济舱等不同价格的机票，电影院针对不同的人群出售学生票、成人票等不同价格的电影票，出版商在发行一本新小说时，先出版昂贵的精装本，再出版便宜的平装本，这些都是价格歧视的例子。**价格歧视是厂商向不同消费者群体收取不同的价格，通过价格歧视可以比制定单一价格获得更大的利润。**

假定仅有一家航空公司提供 A、B 两地的直达航班，不存在载客量问题，航空公司能够根据旅客的数量提供足够的飞机，并且没有固定成本，无论运载多少乘客，提供一个座位的边际成本都是 125 元。通过市场调查航空公司知道市场中有两类乘客，一类是商务旅行者，每周有 2000 名乘客，另一类是学生，每周也有 2000 名乘客。潜在的乘客是否乘坐飞机取决于机票的价格，商务旅行者在价格不高于 550 元时愿意乘坐，学生只在价格不高于 150 元时才愿意乘坐。

航空公司应该如何定价呢？如表 10-3 所示，如果航空公司向每位乘客收取相同的价格 550 元，只有 2000 名商务旅行者愿意乘坐，学生不愿意乘坐，航空公司的总收入为 110 万元，成本为 25 万元，总利润等于总收入减去总成本，为 85 万元。请注意，航空公司的决策还导致了社会福利净损失，学生的边际支付意愿为 150 元，航空公司的边际成本为 125 元，总剩余损失为（150-125）×2000＝5（万元）。这种无谓损失是垄断者收取高于边际成本的价格时所引起的无效率。

表 10-3　不同定价方式下航空公司的利润

定价方式	来自 2000 名学生的收入（万元）	来自 2000 名商务旅行者的收入（万元）	成本（万元）	总利润（万元）
统一定价 550 元	0	110	25	85
统一定价 150 元	30	30	50	10
价格歧视：商务旅行者定价 550 元 学生定价 150 元	30	110	50	90

如果航空公司向每位乘客收取相同的价格 150 元，商务旅行者和学生都愿意乘坐，航空公司的总收入为 60 万元，成本为 50 万元，总利润等于总收入减去总成本，为 10 万元。如果航空公司根据不同群体的支付意愿收取不同的价格，例如，向商务旅行者提供 550 元的机票，而向凭学生证买票的学生提供 150 元的机票，航空公司的总收入为 140 万元，总成本为 50 万元，利润为总收入减去总成本，即 90 万元。可见，执行价格歧视可以增加厂商的利润。

2. 价格歧视的条件

（1）厂商必须具有定价能力，否则就不能向消费者收取高于竞争水平的价格。垄断企业、寡头垄断企业、垄断竞争企业或者联合企业都可以实行价格歧视，完全竞争厂商却不能实行价格歧视。

（2）消费者对价格敏感度存在差异，而且企业必须能够识别这些差异。电影院知道不同年龄消费者支付意愿是不同的，出版商知道一本小说的普通读者和忠实崇拜读者的支付意愿是有所差异的，可以通过学生证或者其他证件来识别消费者的身份。

（3）厂商必须能够防止以低价购买商品的消费者，把商品转售给只能以高价购买商品的消费者。消费者可以将商品从一个市场转卖给另一个市场，该价格歧视就不成功。电影院可以向不同的人群收取不同的价格，因为低价购买电影票的学生马上入场，没有时间去转售，或者受到限制不能将电影票转售给其他消费者。但电影院老板将爆米花以10元的价格卖给学生，而以20元的价格卖给成人，一些聪明的学生就会利用这个机会，以10元以上的价格将爆米花卖给那些不愿花20元购买的成人，并从中获利。

二、一级价格歧视

1. 什么是一级价格歧视

一级价格歧视也称为完全价格歧视，是指企业按照消费者愿意为每一单位商品支付的最高价格来销售商品。不同消费者支付的价格有所不同，对同一消费者而言，为不同单位商品支付的价格也会有所不同。如果厂商可以准确地了解消费者愿意为每单位商品支付的价格，并且能够阻止转售，就可以按照消费者的保留价格，即消费者愿意支付的最高价格来定价。

假定某垄断厂商的一个潜在客户的需求曲线 d_i 如图10-10所示，对这样一个消费者，垄断厂商从 Q_e 单位产品销售中获得多少收益呢？如果垄断厂商以同一价格 P_e 销售 Q_e 单位产品，则总收益为 $Q_e \times P_e$，即图形 OP_eBQ_e，消费者剩余为三角形 P_eAB。

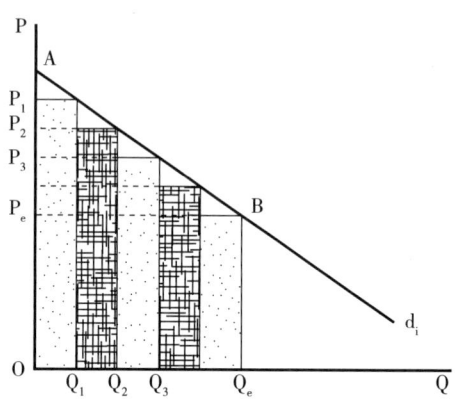

图10-10 一级价格歧视

如果垄断厂商能够对不同单位产品收取不同的价格，比如，对 Q_1 单位产品收取 P_1 的价格，对 (Q_2-Q_1) 单位产品收取 P_2 的价格，以此类推。很容易知道，厂商的收益为图10-10中的阴影部分。假定厂商可以任意分割产品，收益为图形 $OABQ_e$。在一级价格歧视下，消费者剩余全部转化为了垄断厂商的收益。

2. 一级价格歧视下的产量与价格决策

为了追求利润最大化，执行一级价格歧视的垄断厂商如何确定产量和价格呢？答案是边际收益等于边际成本。图 10-11 给出了垄断厂商的需求曲线 D、边际成本曲线 MC、边际收益曲线 MR。**由于执行一级价格歧视，垄断厂商降低价格销售产品并不需要降低原先销售的产品的价格，增加 1 单位产品销售所增加的收益就是产品的价格，边际收益曲线就是需求曲线 D**。利润最大化产量为边际成本曲线 MC 与需求曲线 D 的交点所对应的产量 Q^{**}，定价 P_c。利润为需求曲线 D 与边际成本曲线 MC 围成的图形（A+B+D+C+E）①。在一级价格歧视下，每一单位产品都按照消费者的支付意愿定价，消费者剩余为零，生产者剩余为（A+B+C+D+E），整个社会的福利之和为（A+B+C+D+E），社会福利达到最大，不存在福利损失。

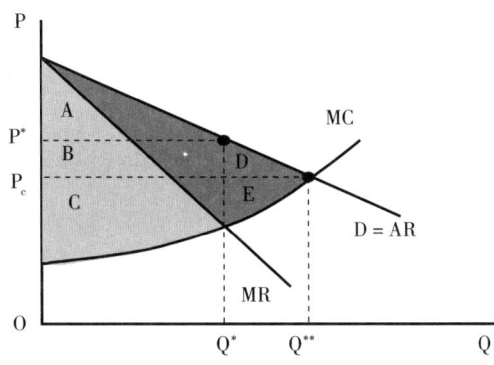

	不执行一级价格歧视	执行一级价格歧视	变化量
消费者剩余	A	0	−A
生产者剩余	B+C	A+B+D+C+E	A+D+E
社会福利=消费者剩余+生产者剩余	A+B+C	A+B+D+C+E	D+E
无谓损失	−D−E	0	

图 10-11 执行一级价格歧视的垄断厂商

我们知道，垄断厂商不执行一级价格歧视，利润最大化产量为 Q^*，定价 P^*，利润为边际收益曲线 MR 与边际成本曲线 MC 围成的面积②，消费者剩余为需求曲线 D、从价格 P^* 出发的水平线以及纵轴围成的三角形 A，生产者剩余为价格水平 P^* 以下、边际成本曲线 MC 以上围成的图形（B+C），整个社会的福利为消费者剩余和生产者剩余之和，即图形（A+B+C）。此时，存在福利净损失，其大小为图形（D+E）。

**最后，对执行一级价格歧视垄断厂商利润最大化的产量和价格决策做一个小结：①均衡产量上升，因为降价可以增加对那些支付意愿较低消费者的购买，同时还能对先

---

① 只要把需求曲线理解成执行一级价格歧视厂商的边际收益曲线就可以，而利润是边际收益曲线 MR 与边际成本曲线 MC 围成的面积。

② 利润 π 等于总收益 TR 减去总成本 TC，即 $\pi = TR - TC$，利润的变化量等于总收益的变化量减去总成本的变化量，即 $\Delta\pi = \Delta TR - \Delta TC$，进一步有 $\Delta\pi/\Delta Q = \Delta TR/\Delta Q - \Delta TC/\Delta Q$，则边际利润 $\Delta\pi/\Delta Q = MR - MC$。总利润 π 由边际利润 $\Delta\pi/\Delta Q$ 相加得到。因此，厂商的利润就是边际收益曲线 MR 与边际成本曲线 MC 围成的面积。请注意，这里忽略了固定成本，因为厂商的产量和定价决策与固定成本无关。

前消费者维持较高的价格。②利润增加，消费者剩余全部转化为厂商的经济利润。③不存在社会福利净损失。

一级价格歧视是一个永远无法达到的理论假设，因为垄断厂商不可能清楚地了解一个消费者的需求曲线，从而对每一个消费者收取不同的价格。即使是最富经验，善于察言观色的商家，也不能完全看出聪明的消费者隐藏着的意图。

三、二级价格歧视

通常情况下，厂商很难知道单个消费者的需求曲线，但容易知道消费者愿意为第1单位产品支付的价格要高于后面购买的产品，因为，典型消费者的需求曲线是向下倾斜的。这样，厂商就可以通过购买数量的不同，支付不同的价格来实行价格歧视，价格差异取决于购买的数量。

二级价格歧视也称为数量歧视，指针对消费者购买数量的不同收取不同的价格。 许多公用事业企业实行的是区间定价法，即在一个数量区间内收取一个价格，在接下来的数量区间内再收取另外一个价格。如电力公司采用费率递减的定价策略，每月用电量为300千瓦时，价格为0.5元，再增加用电量300千瓦时，价格为0.4元，超过600千瓦时，价格为0.35元。

下面，用图10-12来说明垄断厂商是如何执行二级价格歧视的。如图10-12（a）所示，垄断厂商面临一条向下倾斜的线性需求曲线，需求曲线在纵轴交于80元处，横轴交于80元处。为了计算简便，假定垄断厂商的边际成本MC固定不变，为20元。

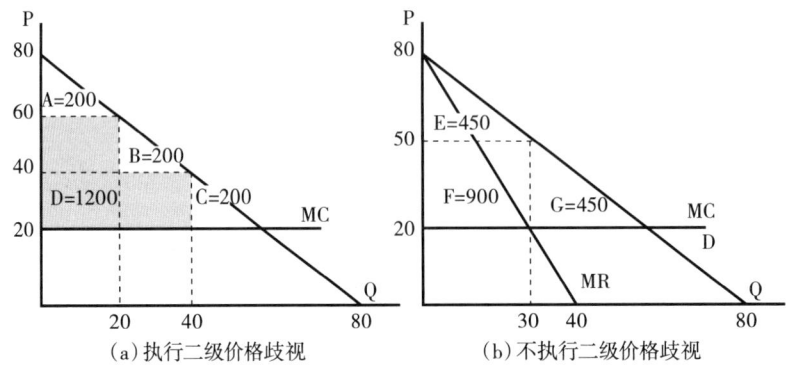

图10-12 执行二级价格歧视的垄断厂商

垄断厂商执行二级价格歧视，通过制定两个不同的价格实现利润最大化，即消费者的购买数量为1~20，定价60元，购买数量为20~40，定价40元。当消费者购买40单位产品时，在二级价格歧视下，生产者剩余为阴影图形D=1200元，消费者剩余为（A+B）=400元，与一级价格歧视相比，造成社会福利净损失为C=200元。

如果垄断厂商不执行二级价格歧视，如图10-12（b）所示，根据利润最大化原则边际收益MR等于边际成本MC，生产的产量为30，定价为50元。此时，生产者剩余为

F=900元，消费者剩余为E=450元，与一级价格歧视相比，造成社会福利净损失为G=450元。

垄断厂商设定的价格区间越多，就越接近一级价格歧视，造成的无谓损失越小。无谓损失是垄断厂商制定的价格高于边际成本所导致的，当垄断厂商设定的价格越多，最后的价格就越低，也就越趋近边际成本。

四、三级价格歧视

1. 什么是三级价格歧视

通常情况下，垄断厂商虽然不知道每个消费者的保留价格，但很容易知道哪个群体的保留价格高于其他群体。**三级价格歧视也称为多市场价格歧视，是指把潜在消费者群体分成两个或者多个群体，对不同群体制定不同的价格。**"三级"并没有什么特殊含义，只是在最初的价格歧视分类中，这种类型的价格歧视刚好排在了第三。

同样一本经济学教材在不同国家售价可能并不相同。由于各国收入水平不同，学生对经济学教材的需求价格弹性也不同，如果采用高收入国家的定价，低收入国家的学生将很难接受。同一部电影对不同人群收取不同的价格，老年人与年轻学生的价格弹性比较大，对他们定低价是比较明智的选择，这些都是三级价格歧视的例子。

只有当消费者之间不能进行相互交易时，三级价格歧视才能成功。同一本原版图书在美国卖20美元，而在中国卖40美元，就会有人从美国购入并在中国市场销售，最终国内外的价格差异就会消失，这种贱买贵卖的行为叫作套利①，厂商也就很难实行三级价格歧视。

2. 三级价格歧视下的产量与价格决策

垄断厂商为了追求利润最大化，应该使得不同市场的边际收益相等，并且等于产品的边际成本。如果垄断厂商在两个市场中的边际收益不相等，如 $MR_1 > MR_2$，那么就要增加第1个市场的销售量，减少第2个市场的销售量，直到两者相等。为了实现最大利润必须满足：

$$MR_1 = MR_2 = MC \tag{10-2}$$

请回忆一下边际收益与弹性之间的关系，有：

$$MR = P\left(1 - \frac{1}{e_d}\right) \tag{10-3}$$

对于两个不同的市场，则有：

$$MR_1 = P_1\left(1 - \frac{1}{e_{d1}}\right) \tag{10-4}$$

---

① 为什么高价购买图书的消费者没有通过亚马逊网站或者其他网店订购便宜的图书呢？可能的原因包括：消费者缺乏上网渠道、价格信息不对称、较高的运输成本、要求快速发货以及法律限制（比如禁止销往中国大陆市场）等。

以及 $$MR_2 = P_2\left(1 - \frac{1}{e_{d2}}\right) \quad (10-5)$$

其中，MR_1、MR_2 分别为两个市场的边际收益，e_{d1}、e_{d2} 分别为两个市场的需求价格弹性。进一步地，则有：

$$P_1\left(1 - \frac{1}{e_{d1}}\right) = P_2\left(1 - \frac{1}{e_{d2}}\right) \quad (10-6)$$

以及 $$\frac{P_1}{P_2} = \frac{\left(1 - \frac{1}{e_{d2}}\right)}{\left(1 - \frac{1}{e_{d1}}\right)} \quad (10-7)$$

假定 $e_{d1} = 2$、$e_{d2} = 5$，也就是说，第 2 个市场比第 1 个市场更富有弹性，则有：

$$\frac{P_1}{P_2} = \frac{\left(1 - \frac{1}{e_{d2}}\right)}{\left(1 - \frac{1}{e_{d1}}\right)} = \frac{\left(1 - \frac{1}{5}\right)}{\left(1 - \frac{1}{2}\right)} = 1.6 \quad (10-8)$$

因此，厂商对第 1 个市场的定价是第 2 个市场的 1.6 倍。**由此可见，厂商对弹性较小的市场定高价，对弹性较大的市场定低价。**

下面用几何图形来说明三级价格歧视下的产量和价格决策。假设垄断厂商占有两个相互分割的市场，图 10-13（a）中 A 市场的需求曲线为 $P_1 = 10 - Q_1$，边际收益曲线为 $MR_1 = 10 - 2Q_1$，图 10-13（b）中 B 市场的需求曲线为 $P_2 = 20 - Q_2$，边际收益曲线为 $MR_2 = 20 - 2Q_2$，总成本曲线为 $TC = 5 + 2Q$，相应的边际成本曲线为 $MC = 2$。现在的问题是，厂商在两个市场的产量及定价分别是多少才能获得最大利润？

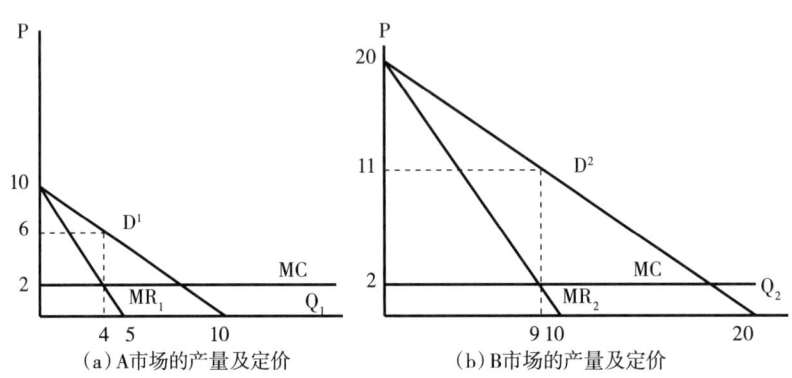

图 10-13 垄断厂商的多市场定价

我们知道，追求利润最大化的垄断厂商应该使得两个市场的边际收益相等，并且等于共同的边际成本 MC，即满足 $MR_1 = MR_2 = MC$。根据该条件很容易知道，A 市场的产量为 4、定价为 6，B 市场的产量为 9、定价为 11，厂商的经济利润为 92。假定垄断厂商在两个市场上实行统一价格，应该生产多少产品，制定什么样的价格，获得多少经济利润？这一问题留给读者去思考。

复习思考题

1. 术语和概念

垄断；自然垄断；价格歧视；一级价格歧视；二级价格歧视；三级价格歧视

2. 选择题

（1）一家垄断企业发现产量为 80 单位时，该企业的需求是富有弹性的，则在该产量水平上_____。

　A. 该企业的边际收益为正

　B. 该企业的边际收益为零

　C. 该企业的边际收益为负

　D. 以上都不对，因为边际收益与弹性无关

（2）一家垄断企业发现增加 1 单位产品的边际收益大于所增加的边际成本，则为了增加利润，企业应该_____。

　A. 增加这 1 单位产品生产

　B. 维持产量不变

　C. 减少这 1 单位产品生产

　D. 以上都不对

（3）对单一价格垄断厂商来说，以下表述正确的是_____。

　A. 价格通常等于边际成本，即在任何产量水平上，P = MC

　B. 在任何产量水平上，价格等于边际收益，即 P = MR

　C. 在短期内，垄断厂商可能获得经济利润，也可能蒙受亏损

　D. 以上都不对

（4）由于劳动成本上升，一家垄断企业发现其边际成本和平均总成本都提高了。假设该垄断厂商不停产，则该企业价格_____，产量_____。

　A. 提高；增加　　　　　　　　　　　B. 提高；减少

　C. 减低；增加　　　　　　　　　　　D. 降低；减少

（5）与具有相同成本的完全竞争行业相比，单一价格垄断厂商的产量_____。

　A. 高于完全竞争行业　　　　　　　　B. 低于完全竞争行业

　C. 等于完全竞争行业　　　　　　　　D. 无法与完全竞争行业相比

（6）与具有相同成本的完全竞争行业相比，单一价格垄断厂商所制定的价格_____。

　A. 高于完全竞争行业　　　　　　　　B. 低于完全竞争行业

　C. 等于完全竞争行业　　　　　　　　D. 无法与完全竞争行业相比

（7）如果一个完全竞争的行业变成一个单一价格垄断厂商而且其成本不变，则以下表述正确的是_____。

　A. 生产者获利，需求者和社会受损

B. 生产者和社会受损，需求者获利

C. 生产者、需求者和社会都受损

D. 生产者受损，但需求者和社会获利

（8）如果单一价格垄断厂商被分解，致使其变成一个完全竞争行业，并且该行业的成本不变，则以下表述正确的是_____。

A. 生产者获利，需求者和社会受损

B. 生产者和社会受损，需求者获利

C. 生产者、需求者和社会都受损

D. 生产者受损，但需求者和社会获利

（9）一个能够进行一级价格歧视的垄断厂商_____。

A. 所确定的价格是每个消费者愿意支付的最低价格

B. 所生产的产量比其为单一价格垄断厂商时的产量要低

C. 能将所有的消费者剩余转化为自己的利润

D. 产生的无谓损失要小于其为单一价格垄断厂商时的损失

（10）一家垄断电影院发现晚上8点钟来看电影的顾客的支付意愿要高于下午4点钟来看电影的顾客的支付意愿。现在，如果这家电影院要想实现价格歧视而获得更大利润，应该把_____。

A. 晚上8点钟的价格定得高些

B. 晚上8点钟的价格定得低些

C. 下午4点钟的价格定得高些

D. 下午4点钟的价格定得低些

3. 分析讨论题

（1）一家出版社要出版一位著名作家的一部小说，需求表如表10-4所示。

表10-4　出版社出版一部小说的成本、收益与利润

价格（元）	数量（万册）	总收益（万元）	边际收益（元）	固定成本（万元）	可变成本（万元）	总成本（万元）	边际成本（元）	利润（元）
100	0							
90	10							
80	20							
70	30							
60	40							
50	50							
40	60							
30	70							
20	80							
10	90							
0	100							

出版社向作者支付的稿酬是 200 万元，印刷一本书的边际成本是固定的 10 元。

①完成表 10-4，出版社利润最大化的产量与价格是多少？

②为什么小说的边际收益总是小于其价格？

③画图表示厂商的均衡以及无谓损失。

④如果向作者支付的稿酬是 300 万元而不是 200 万元，将如何影响出版社关于收取的价格决策？解释原因。

⑤假设出版社目标不是利润最大化，而是关注经济效率最大化（即按照完全竞争厂商生产原则生产）。则它对这本书收取的价格是多少？在这种价格下能获得多少利润？

（2）你打算租借学校的电影院放一部大片。假定教师和学生分别有 300 人和 200 人愿意观看这部电影。这次活动的固定成本为 2000 元，多销售一张电影票的边际成本为零。表 10-5 是两类顾客的需求表。

表 10-5 顾客对电影票的需求表

价格（元）	教师票（张）	学生票（张）	销售教师票的总收益（元）	销售教师票的边际收益（元）	销售学生票的总收益（元）	销售学生票的边际收益（元）
10	0	0				
9	100	0				
8	200	0				
7	300	0				
6	300	0				
5	300	100				
4	300	200				
3	300	200				
2	300	200				
1	300	200				
0	300	200				

①完成表 10-5。

②为了使利润最大化，你对教师票收取多高的价格？对学生票呢？你获得多少利润？

③校方通过了一项规定，禁止你向不同顾客收取不同的价格。现在你把票价确定为多少？获得多少利润？由于学校规定禁止价格歧视，谁的状况变坏了？谁的状况变好了？

④如果这次活动的固定成本上升为 2500 元，在可以差别定价情况下，你的定价策略是什么？利润是多少？如果不允许差别定价，你的定价策略是什么？利润是多少？

（3）假设一家垄断厂商占有 A、B 两个相互分割的市场，A 市场的需求函数为 $P_1=10-Q_1$，B 市场的需求函数为 $P_2=20-Q_2$，企业的总成本函数为 $TC=5+2Q$。如果该厂商在两个市场上实行统一价格，则应该生产多少产品？制定什么样的价格？经济利润是多少？并将计算结果与三级价格歧视下的产量、价格决策进行比较。

第十一章

寡头垄断和垄断竞争

每年"双11"期间,天猫商城都会降价促销。2019年,天猫商城"双11"交易额达到2684亿元,创历史新高。我们来想象一下,市场上另一家大型电商京东商城是不是也应该降价呢?很显然,京东商城维持价格不变,就会失去一些市场,理性的厂商应该跟着降价。当少数几家企业拥有较高的市场份额时,就形成了寡头垄断。寡头垄断厂商的行为相互影响,一家企业降价,其他企业会跟着降价。在某些情况下,寡头厂商也可能采取价格联盟,提高价格,获取高额利润。

与几家大型电商企业形成寡头垄断不同,经济学原理教材市场则属于另外一种情况。经济学原理有很多版本,不同教材的市场份额不算很大,有着大致相同的教学内容,具有很大程度的替代性和竞争性。但每本教材又与众不同,有着独特的写作风格,例如,有的精选生动的案例,有的配备适量习题,有的语言生动活泼,等等。因此,经济学原理教材市场一方面具有垄断性,另一方面又具有竞争性,这样的市场结构叫作垄断竞争。牙膏、饮料、饼干、麦片等都属于垄断竞争市场。本章将讨论寡头垄断厂商和垄断竞争厂商的产量与价格决策,以及这两种市场结构的效率问题。

第一节 市场结构的类型

一、在完全竞争和垄断之间:寡头垄断与垄断竞争

在第七章和第十章,我们分别讨论了有许多厂商的完全竞争市场以及只有一个厂商的垄断市场。完全竞争市场的价格总是等于生产的边际成本,在长期生产中,完全竞争厂商可以自由进入和退出,经济利润为零,价格也等于平均总成本。在垄断市场中,有市场势力的企业可以使用市场势力使产品的价格高于边际成本,厂商可以获得经济利

润，并且垄断会导致社会福利净损失。

完全竞争和垄断是市场结构的两种极端形式，市场上有很多企业提供基本相同的物品，就形成了竞争；市场上只有一家企业提供某种物品，就形成了垄断。现实中的市场往往同时包含了竞争和垄断的成分，我们不能用这两种情况中的任何一种来全面地对市场进行描述。经济中的一般企业，一方面，面临着竞争，但竞争程度并没有使企业成为价格接受者那样；另一方面，企业也具有某种程度的市场势力，但其力量并没有使企业成为完全垄断企业那样。换句话说，现实中的企业往往介于完全竞争和完全垄断这两种极端情形之间，我们称之为不完全竞争，包括寡头垄断和垄断竞争。**寡头垄断是只有少数几家企业控制大部分产品生产的市场结构**，钢铁、汽车、彩电等属于寡头垄断。**垄断竞争是大量企业通过生产相似但略有差别的产品进行竞争的市场结构**，饼干、饮料、洗发水等产品符合垄断竞争。

二、市场结构的类型

表11-1总结了市场结构的四种类型，分别从厂商的数目、产品差别程度、对价格的控制程度、进出一个行业的难易程度等方面进行了区分。当然，这样区分市场结构的类型在现实中并不像理论上界限分明，在某些情况下，我们可能很难用某种市场结构来描述一个市场，例如，在计算企业的数量时，究竟多少代表"很多"，一个由10家企业构成的方便面生产行业是更接近垄断竞争还是寡头垄断呢？答案是有争议的。同样，对于产品的差别性，也没有一种确切的方法可以确定产品是相同的，还是有差别的，例如，不同品牌的纯净水是相同的吗？答案也是有争议的。因此，我们在分析现实中的市场时，必须记住从研究各种市场结构类型中得出的结论，并在合适的时候运用每个结论。

表11-1　市场结构的四种类型

市场类型	厂商数目	产品差别程度	对价格的控制程度	进出一个行业的难易程度	接近哪种商品市场
完全竞争（第七章）	很多	完全无差别	没有	很容易	小麦、牛奶
垄断竞争（第十一章）	很多	有差别	有一些	比较容易	巧克力、牙膏
寡头垄断（第十一章）	几个	有差别或者没有差别	相当程度	比较困难	钢、汽车、石油
垄断（第十章）	一个	唯一的产品，没有接近的替代品	很大程度，但经常受到管制	很困难，几乎不可能	自来水、有线电视

第二节 寡头垄断

一、什么是寡头垄断

寡头垄断是少数几家企业控制大部分产品生产的市场结构。寡头垄断厂商可能生产完全相同的产品而在价格上竞争,如钢铁、水泥等,也可能生产差异化的产品并在价格、产品质量和营销上竞争,如彩电、汽车等。寡头垄断形成的原因与垄断相同,只是垄断的程度更轻。寡头垄断行业存在进入壁垒,自然障碍或者法律障碍阻碍新企业的进入。规模经济和范围经济形成自然进入壁垒,从而形成自然垄断或寡头垄断。

寡头垄断行业中有多少家企业呢?我们并不能确切地描述,可能只有几家企业,也可能有很多家企业。可以确定的是,寡头垄断行业中只有少数几家企业居于主导地位,并提供绝大多数产品。一个只有 4 家企业的行业可能属于寡头垄断,一个行业有 1 万家企业但其中 4 家企业控制了整个行业供给量 80% 的市场份额,该行业也属于寡头垄断。寡头垄断的关键特征在于少数几家企业主导了整个行业的生产与供给。每家企业占有很大市场份额,企业的行为相互影响,它们面临着合作的诱惑,从而提高共同的经济利润。**寡头垄断企业生产的产品可能是同质的,也可能是有差异的,关键在于少数几家企业主导了整个行业的供给。**

由于寡头厂商的产量在全行业总产量中占有较大的比重,所以每个厂商的产量和价格变动都会对其他竞争对手乃至整个行业的产量和价格产生举足轻重的影响。因此,每个寡头厂商在采取行动前,都必须考虑竞争对手的反应,并据此采取最有利的行动。每个寡头厂商的利润都受到行业中所有厂商的决策的相互影响。对寡头厂商而言,不知道竞争对手的反应方式,就无法建立价格产量的模型。或者说,有多少种关于竞争对手反应方式的假定,就有多少种价格产量的模型。因此,并没有一个统一的寡头垄断模型,下面我们介绍两个寡头垄断模型。

二、古诺模型

1. 卡特尔均衡

古诺模型是只有两个寡头厂商的简单模型,也称双头模型。你可以在你生活的地方看到一些关于双头垄断的例子,如你居住的城市有两家出租车公司、两家移动电话公司、两家印刷中心等。

我们来观察一个只有两家企业的寡头市场。设想在一座小镇上,有 A、B 两人以打水卖水为生,他们都拥有能生产饮用水的水井,假定水的生产成本为 0,则销售收入就是利润。经估计,小镇居民对水的需求曲线为 $P = 120 - Q$,需求表如表 11-2 所示。两人都是在已知对方产量的情况下,各自确定能够给自己带来最大利润的产量,即每人都是消极地以自己的产量去适应对方已经确定的产量。

表 11-2 小镇居民对水的需求表

价格（元/千克）	数量（千克）	总收益/总利润（元）
120	0	0
110	10	1100
100	20	2000
90	30	2700
80	40	3200
70	50	3500
60	60	3600
50	70	3500
40	80	3200
30	90	2700
20	100	2000
10	110	1100
0	120	0

通过对竞争性市场的学习我们知道，如果小镇的供水市场是一个完全竞争行业，则只要市场价格大于边际成本，两人都有增加产量的动机。市场的需求函数为 $P=120-Q$，由于边际成本为 0，只要两人的总产量小于 120，水的市场价格就会大于 0，边际收益就会大于边际成本，增加产量就是有利的。最终，两人会一直将产量增加至 120 千克，边际收益和边际成本均为 0，两者相等。在均衡时，水将被免费提供，两人的利润均为 0。

然而，生产者并不是傻瓜。当行业中只有两家企业时，每家企业都知道自己生产得多，会压低市场价格。如果能够像垄断厂商那样限制产量，两人相互合作，实施串谋形成卡特尔，那么就可以获得最大利润。**卡特尔是生产相似产品的独立企业联合起来，提高价格和限制产量的一种组织。参加这一组织的成员在生产、商业和法律上保持独立。**

首先，我们来观察两人联合起来形成卡特尔会生产多少水。从表 11-2 很容易看出，为了获得最大利润，两人应该一共生产 60 千克，定价 60 元，总利润为 3600 元。当然，我们也可以根据 MR=MC 利润最大化原则来确定产量，需求函数为 $P=120-Q$，则总收益为 $TR=120Q-Q^2$，边际收益为 $MR=120-2Q$，边际成本为 $MC=0$，则最优产量为 60 千克，定价 60 元。

其次，我们将思考两人将如何分配这 60 千克水的生产。卡特尔的每个成员都想占有较大市场份额，因为市场份额越大，利润就越大。如果两人同意平分，则每人生产 30 千克，定价 60 元，每人的利润均为 1800 元，总利润为 3600 元。两人联合起来生产，可以通过很多种方法来划分垄断产量，如 A 扮演一个垄断者的角色，生产 60 千克水，B 不生产，然后 A 给予 B 一部分利润；也可以反过来，B 扮演一个垄断者的角色，生产 60

千克水，A 不生产，然后 B 给予 A 一部分利润，或者用其他划分产量的方法，只要总产量等于 60 千克就行。

但寡头厂商希望形成卡特尔并赚取垄断利润，在实际上是不可能的，因为卡特尔具有不稳定性。卡特尔成员之间对如何瓜分利润的斗争使他们很难达成协议。假定两人同意各自生产 30 千克水，并且两人都明白这项计划将使他们的总利润达到最大，但两人都有犯规的动机。下面，我们就来分析两人如何分别决定自己的产量。

2. 古诺均衡

我们可以预计两人会联合起来共同达到垄断时的利润最大化产量。但在没有限制性协议的情况下，垄断结果是不可能形成的，因为两人都有扩大产量的动机。为了了解其原因，我们首先分析 B 遵守协议生产 30 千克，A 为了追求更大利润就有可能违背协议的情况。A 可能的行动逻辑是：

"我生产 30 千克，B 也生产 30 千克，总产量就是 60 千克，价格是 60 元，我们两人的利润都是 1800 元；但如果我生产 40 千克，B 仍然生产 30 千克，总产量就是 70 千克，这时价格下降为 50 元，我的利润就是 2000 元，B 的利润就是 1500 元。尽管我们两人的总利润减少了，但我的利润增加了，还是增加产量好。"

同样，B 也会这样推理。最终，两人博弈结果就是古诺均衡，各生产 40 千克，总产量为 80 千克，价格为 40 元，两人的利润均为 1600 元。

现在，你可能会问，为什么两人博弈的均衡结果是各生产 40 千克，市场总产量为 80 千克呢？我们不妨考虑两人继续扩大产量的结果，首先来分析一下 A 的行动逻辑：

"现在我生产 40 千克，B 也生产 40 千克，总产量为 80 千克，价格为 40 元，我的利润是 1600 元；如果我生产 50 千克，B 仍然生产 40 千克，那么，总产量就是 90 千克，这时价格将下降为 30 元，我的利润就是 1500 元。不合算，我还是不增加产量，这样我的状况会更好些。"

同样，B 也不想继续扩大产量，仍然生产 40 千克。最终，两人博弈均衡是各生产 40 千克。

我们通过几何图形说明古诺均衡。如图 11-1 所示，市场的需求曲线为 P = 120-Q，市场最大容量为 120 千克，由于生产成本为 0，故图中无成本曲线，厂商的收益等于利润。假定 A 先进入市场，为了获得最大利润，A 应该生产市场总容量的一半，也就是 60 千克，价格为 60 元（此时，需求曲线与坐标轴围成的三角形的内接矩形面积最大）。在 A 决策之后，B 进入市场，为了获得最大利润，B 应该生产剩下来市场容量的一半，也就是 30 千克，此时市场总产量为 90 千克，价格下降为 30 元。在 B 决策之后，A 再进行决策，A 应该生产剩下来市场容量的一半，也就是 45 千克。接着，B 再进行决策，B 应该生产剩下来市场容量的一半，也就是 37.5 千克。接着，两人仍然会继续博弈下去。最终，均衡结果是各生产 40 千克。

古诺均衡结果是两个厂商分别生产市场容量的 1/3，行业均衡产量为市场容量的 2/3。古诺均衡实际上就是博弈论中的纳什均衡。在一个纳什均衡里，如果其他参与者均不改变各自的最优策略，任何一个参与者都不会改变自己的最优策略。美国数学家和统计学家约翰·纳什在 20 世纪 50 年代提出这一概念，因此，称之为纳什均衡。

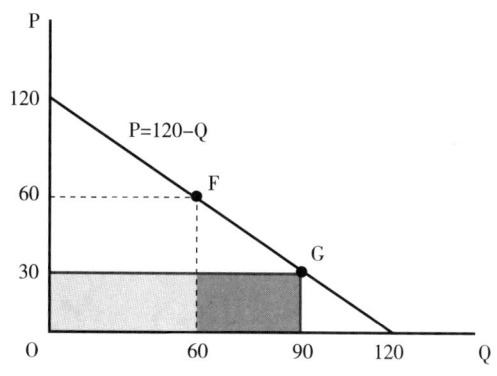

图 11-1　古诺模型

三、斯塔克伯格模型

在古诺模型中，两个厂商同时进行产量决策。事实上，在有些市场上，厂商之间的地位是不对称的，市场地位的不对称引起了决策次序的不对称。通常，小企业是在观察到大企业的行动之后，再决定自己的行动。如果领导者能够在跟随者之前决定产量，就会发生参与人序贯决策博弈。率先行动的企业是否会有优势呢？为了回答这个问题，斯塔克伯格模型对古诺模型进行了修正。**斯塔克伯格模型是一个产量领导模型，厂商之间存在着行动次序的区别。**

领导者如何决定产量呢？领导者认识到，一旦自己确定了产量，竞争企业就会相应确定一个最优产量，因此，领导者会在跟随者行动之前预测跟随者的行动。这样领导者就可以操纵跟随者，通过损害跟随者的利益获得好处。

我们用图 11-2 所示的博弈树来说明率先行动的重要性。该博弈树说明了企业行动的顺序，每家企业可能的行动策略以及利润。为简单起见，假定 A、B 两人只能在 30 千克、40 千克、60 千克三种产出中做出选择。

博弈树中每一条线代表了一种行动，每个方框都是其中一家企业的决策点。领导者 A 率先从三种产出中选择一个（图 11-2 的左侧），接着，跟随者 B 再从三种产出中选择一个（图 11-2 的中间），该选择决定了两人的利润（图 11-2 的右侧）。例如，A 选择生产 30 千克，接着，B 选择生产 40 千克，则 A、B 两人的利润分别为 1500 元和 2000 元。

现在的问题是，A 会如何行动。对于每一种可能的选择，A 会对 B 的行为进行预测，并确定能够使自己获得最大利润的产量。如图 11-2 所示，A 会这样思考：

"我生产 30 千克，B 就会生产 40 千克，我的利润就是 1500 元。"
"我生产 40 千克，B 就会生产 40 千克，我的利润就是 1600 元。"
"我生产 60 千克，B 就会生产 30 千克，我的利润就是 1800 元。"
"不管 B 生产多少，我生产 60 千克是最好的选择。"

可见，为了实现最大利润，无论 B 生产多少，A 唯一的最优选择是生产 60 千克，

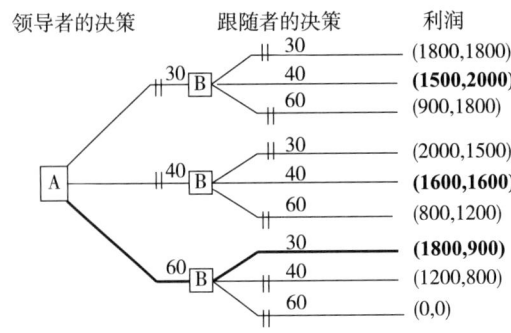

图 11-2 斯塔克伯格模型博弈树

其他两种行为上的双竖线表示 A 不会选择该行动,我们把 A 的唯一最优行动叫作占优策略。**所谓占优策略是指无论其他参与者采取什么策略,某参与者唯一的最优策略就是他的占优策略。**

接着,我们来观察 B 是如何行动的。B 的选择取决于 A 的产量水平。当 A 生产 30 千克时,B 的最优选择是生产 40 千克,其他两种行为上的双竖线表示 B 不会选择该行动。类似地,当 A 生产 40 千克时,B 的最优选择是生产 40 千克;当 A 生产 60 千克时,B 的最优选择是生产 30 千克。可见,B 并没有占优策略,B 的选择依赖于 A 的选择。

为了实现最大利润,领导者 A 的最优选择是生产 60 千克,相应地,跟随者 B 的最优选择是生产 30 千克,两人的利润分别为 1800 元、900 元。这个结果就是斯塔克伯格均衡,同时也是一个纳什均衡。

四、双头垄断下的各种均衡比较

前面我们对双头垄断下的古诺均衡和斯塔克伯格均衡做了详细介绍,接下来,仍以小镇上 A、B 两人生产水为例,居民的需求函数为 P=120-Q,生产者的成本为 0,对双头垄断下不同市场结构的均衡产量、均衡价格以及经济福利做一个比较,结果如表 11-3 所示。

表 11-3 各种市场结构均衡结果比较

	完全竞争	卡特尔	古诺均衡	斯塔克伯格均衡
A 的产量(千克)	60	30	40	60
B 的产量(千克)	60	30	40	30
均衡总产量(千克)	120	60	80	90
均衡价格(元)	0	60	40	30
A 的利润(元)	0	1800	1600	1800
B 的利润(元)	0	1800	1600	900

续表

	完全竞争	卡特尔	古诺均衡	斯塔克伯格均衡
总利润（元）	0	3600	3200	2700
消费者剩余（元）	7200	1800	3200	4050
福利=利润+消费者剩余（元）	7200	5400	6400	6750
无谓损失（元）	0	−1800	−800	−450

从均衡总产量来看，卡特尔均衡为 60 千克，古诺均衡为 80 千克，斯塔克伯格均衡为 90 千克，完全竞争均衡为 120 千克。从均衡价格来看，卡特尔均衡为 60 元，古诺均衡为 40 元，斯塔克伯格均衡为 30 元，完全竞争均衡为 0。从总利润来看，卡特尔均衡为 3600 元，古诺均衡为 3200 元，斯塔克伯格均衡为 2700 元，完全竞争均衡为 0。**可见，竞争程度越高，均衡总产量越高，均衡价格越低，厂商的经济利润越低；反之，垄断程度越高，均衡总产量越低，均衡价格越高，厂商的经济利润越高。**因此，消费者会认为，完全竞争市场最好，斯塔克伯格均衡比古诺均衡要好，古诺均衡比卡特尔要好。

从经济福利来看，完全竞争市场不存在福利损失，其他垄断市场结构都存在福利损失，垄断程度越高，福利损失越大。卡特尔均衡、古诺均衡、斯塔克伯格均衡福利净损失分别为 1800 元、800 元、450 元。对各种市场结构经济福利的具体分析留给读者去思考。

第三节　垄断竞争

一、什么是垄断竞争

对于寡头垄断的分析，假定市场存在进入障碍，寡头垄断厂商一般能获得经济利润。相反，垄断竞争市场没有进入障碍，厂商能自由地进出，均衡时经济利润为零。**垄断竞争是大量企业通过生产相似但略有差别的产品进行竞争的市场结构。**企业提供具有差异化的产品，产品差异化使企业有一定的市场力量，垄断竞争企业是其特定产品的唯一生产者。例如，在香皂市场上，数百家企业生产差异化的香皂，每一种香皂都是其他品牌的替代品，但与其他品牌相比又具有不同的功能与特征，每家企业都是一个独特品牌的唯一生产者。差异化产品不一定是不同的产品，关键是消费者感到它们有差别，如不同品牌的巧克力。

1. 由大量企业组成

每家企业的市场份额都比较小，只提供行业总产量的一小部分，只有有限的力量影响产品的价格，并且只能在小范围内偏离其他企业的平均价格。垄断竞争行业中的企业不能支配市场，没有一家企业能直接影响其他企业的行为。由于企业的数量很多，也不存在企业之间的合谋。

2. 提供差异化的产品

如果某一企业生产与竞争企业略有差别的产品，该企业实施的就是产品差异化战略。差异化产品是另一家企业的相近替代产品，但不是完全替代品。一些消费者愿意为差异化产品支付更多的价钱，因此，当价格上升时，产品的需求量会下降，但不会减少为零。例如，星巴克、雀巢等都生产差异化的咖啡，如果其他品牌的价格不变，雀巢咖啡涨价，那么雀巢咖啡的需求量会下降，其他品牌的咖啡就会多卖一些。但雀巢咖啡并不会从市场上消失，除非它的价格上升幅度非常大。

每家企业生产的产品至少与其他企业的产品略有不同，因此每家企业都不是价格的接受者，生产差异化产品的企业面临着向下倾斜的需求曲线。 与垄断厂商类似，垄断竞争厂商可以设定价格和产量，但需要在产品质量和价格之间进行权衡，要在生产高质量产品、收取较高价格与生产低质量产品、收取较低价格之间进行选择。

由于产品差异化，垄断竞争企业必须营销它的产品。营销主要有两种形式：广告和包装。生产高质量产品的企业想以较高的价格出售产品，必须在一定程度上宣传和包装其产品，使消费者相信其产品质量，并愿意支付较高的价格。即使企业生产较低质量的产品，也需要广告和包装，从而使得消费者相信尽管产品质量低，但价格也低到足以补偿低质量这个事实。

3. 厂商可以自由地进入和退出

在垄断竞争行业中，企业可以自由地进入和退出。因此，垄断竞争厂商不能在长期中获得经济利润。 当企业获得经济利润时，其他企业就会进入该行业。新厂商的加入，会降低产品的市场价格，并最终使得企业的经济利润不存在。当企业出现亏损时，一些企业就会退出该行业。企业退出提高了产品的价格并增加了利润，最终消除了亏损。在长期均衡时，企业既不进入也不退出该行业，该行业中企业的经济利润为零。

二、垄断竞争厂商短期均衡

垄断竞争厂商是其品牌的唯一生产者，正如垄断厂商一样，垄断竞争厂商同样面临着一条向下倾斜的需求曲线。相应地，垄断竞争厂商的平均收益曲线 AR 同需求曲线 D 是重叠的，边际收益曲线 MR 位于平均收益曲线 AR 的下方。

与垄断厂商一样，垄断竞争厂商根据 MR=SMC 的利润最大化原则来安排短期生产，并根据需求曲线制定价格，从而获得最大经济利润。图 11-3 反映了垄断竞争厂商的短期均衡。由于厂商的产品与竞争对手有差别，垄断竞争厂商的需求曲线 D 向下倾斜。

在图 11-3（a）中，厂商要获得最大利润，选择边际收益曲线 MR 与短期边际成本曲线 SMC 相交的 A 点所对应的产量 Q_1 进行生产，并根据需求曲线确定价格 P_1。这时，价格 P_1 大于平均成本 SAC，厂商获得经济利润，其大小为矩形 HP_1CD。在图 11-3（b）中，利润最大化产量为 Q_1，厂商根据需求曲线确定价格 P_1。由于价格 P_1 小于平均成本 SAC，厂商是亏损的，其大小为矩形 P_1HCD。**在短期生产中，垄断竞争厂商可能获得经济利润，也可能蒙受亏损，究竟是盈利还是亏损，取决于平均收益曲线 AR 与平均成本**

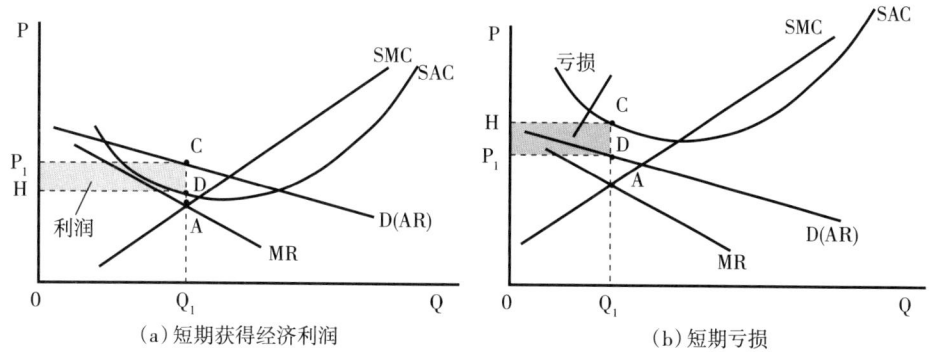

图 11-3 垄断竞争企业的短期均衡

曲线 SAC 之间的位置关系。

三、垄断竞争厂商长期均衡

在长期，由于垄断竞争厂商可以自由地进出该行业，图 11-3 中的情况并不会维持下去。当厂商在长期获得经济利润时，就会吸引竞争性品牌厂商加入，新厂商的加入扩大了消费者对产品的选择范围，该厂商的市场份额就会减少，需求曲线就会向左移动。随着需求曲线向左移动，厂商的经济利润下降，直到消失没有新厂商进入为止。当厂商在长期蒙受亏损时，厂商就会退出该行业，厂商的退出缩小了消费者对产品的选择范围，增加了对现有厂商产品的需求，厂商的需求曲线就会向右移动。随着厂商的需求曲线向右移动，亏损逐渐减少，直到消失没有新厂商退出为止。

厂商的进入和退出一直要持续到市场上的企业没有经济利润为止。如图 11-4 所示，厂商的需求曲线 D 与平均收益曲线 AR 重叠，边际收益曲线 MR 位于平均收益曲线 AR 的下方。厂商长期利润最大化原则为 MR = LMC，生产产量 Q_1，并根据需求曲线确定价格 P_1。

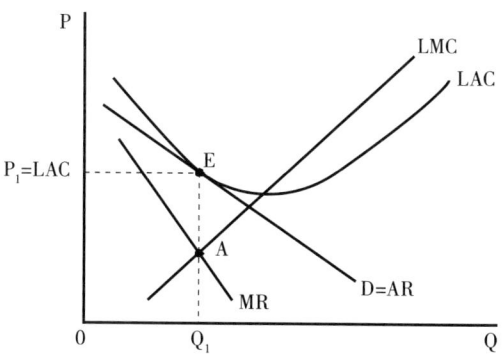

图 11-4 垄断竞争厂商的长期均衡

长期均衡时，垄断竞争厂商的需求曲线 D 与曲线 LAC 正好相切于 E 点。由于利润等于价格减去平均成本，均衡时必然有需求曲线 D 与曲线 LAC 相切。如果需求曲线 D 与曲线 LAC 不相切，厂商可能获得经济利润，也有可能蒙受亏损。当需求曲线 D 与曲线 LAC 相交时，厂商获得经济利润，这会吸引新厂商的进入，需求曲线 D 就会向左移；当需求曲线 D 与曲线 LAC 相离时，厂商出现亏损，行业中的厂商就会退出，该厂商的需求曲线 D 就会向右移。

垄断竞争厂商长期均衡有两个特征：

（1）正如垄断厂商一样，价格大于边际成本（P>LMC）。这是因为垄断竞争厂商的需求曲线向下倾斜，边际收益小于价格，利润最大化要求边际收益等于边际成本，因而价格大于边际成本。

（2）正如竞争性市场一样，价格等于平均总成本（P=LAC）。这是因为垄断竞争市场可以自由进出，厂商不能获得经济利润，因而价格等于平均总成本。

四、垄断竞争与完全竞争比较

完全竞争市场在经济上是有效率的，消费者剩余和生产者剩余达到最大。垄断竞争是无效率的市场吗？图 11-5 显示了垄断竞争与完全竞争的不同之处。

1. 价格大于边际成本

当产品的边际社会收益等于边际社会成本时，资源就得到了有效利用。长期均衡时，与完全竞争厂商有 P=LMC 不同，对于垄断竞争厂商而言有 P>LMC。价格 P 是消费者对产品的评价，也是产品的边际社会收益，LMC 是产品的边际社会成本。因此，垄断竞争厂商额外增加 1 单位产品生产，消费者的评价 P 大于生产这 1 单位产品的成本 LMC，资源配置没有达到最优。垄断竞争厂商的价格大于边际成本，产量低于有效产量，形成社会福利损失。如果垄断竞争厂商将产量扩大至需求曲线 D 与边际成本曲线 LMC 的交点处，就可以增加社会福利，其大小等于图 11-5（a）中阴影图形（其分析可以参考图 10-7 垄断导致的无谓损失）。

2. 存在过剩生产能力

图 11-5（b）显示，由于完全竞争厂商的需求曲线是一条水平线，厂商长期均衡时零利润点出现在长期平均成本曲线的最低点。图 11-5（a）表明，垄断竞争厂商的需求曲线是向下倾斜的，零利润点出现在长期平均成本曲线最低点的左侧。

我们把使平均成本最小的产量称为企业的有效规模，企业的有效规模是使市场不再从规模经济中获益的产量。在长期均衡时，完全竞争厂商在有效规模上生产，垄断竞争厂商的产量低于有效规模，存在过剩生产能力。事实上，垄断竞争厂商可以通过增加产量来降低产品的平均成本，但由于需求曲线向下倾斜，增加产量就要降低产品的价格，这会给厂商带来损失。在我们周围可以很容易地发现垄断竞争市场中生产能力过剩情况，餐馆中总有部分空桌子（除非是非常有名的餐厅），你可能不用排队就可以在美发店美发。这些行业都是垄断竞争的例子。企业存在过剩生产能力，通过降价可以出售更

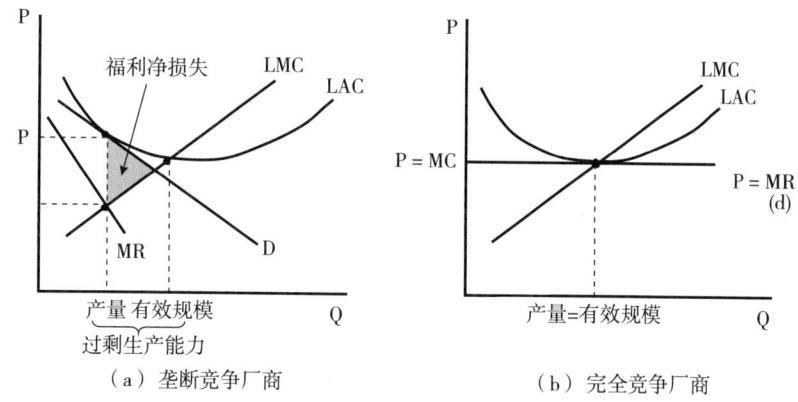

图 11-5　垄断竞争与完全竞争均衡比较

多的产品，但这样做会导致亏损。

3. 产品多样化

尽管垄断竞争市场存在无效率，消费者支付的价格大于产品的边际成本，垄断竞争厂商存在过剩生产能力，但是垄断竞争市场也会带来产品的多样性，这同样能增加消费者的利益。20 世纪 60 年代的中国人几乎只能选择中山装，而今天的中国人可以穿各式各样自己喜欢的服装。20 世纪 30 年代的德国，有能力的人都拥有第一代大众甲壳虫汽车，而今天的德国人可以选择不同风格的汽车。因此，消费者因为过剩生产能力而支付更高的价格，在某种程度上被产品多样化带来的收益所抵消。

复习思考题

1. 术语和概念

寡头垄断；古诺模型；卡特尔；纳什均衡；占优策略；斯塔克伯格模型；垄断竞争

2. 选择题

(1) 与垄断厂商相比，垄断竞争厂商_____。
A. 需求都是完全弹性的
B. 长期均衡时都可以获得经济利润
C. 边际收益曲线均位于需求曲线下方
D. 都存在进入壁垒

(2) 与完全竞争厂商相比，垄断竞争厂商_____。
A. 需求都是完全弹性的
B. 长期均衡时都可以获得经济利润
C. 边际收益曲线均位于需求曲线下方

D. 都不存在进入壁垒

(3) 在长期均衡中，一个垄断竞争企业的经济利润为零，这是因为_____。

A. 产品差异化

B. 没有进入壁垒

C. 过剩的生产能力

D. 单个企业的需求曲线向下倾斜

(4) 在决定投入多少资金用于开发新产品时，一个企业应该考虑_____。

A. 开发新产品的边际收益

B. 开发新产品的边际成本

C. 开发新产品的边际收益与边际成本的比较

D. 开发新产品的价格和平均总成本

(5) 下面关于垄断竞争企业的表述正确的是_____。

A. 企业的产量超过其生产能力

B. 企业的销售成本很高

C. 企业的产量是有效产量

D. 企业很少做广告

(6) 在斯塔克伯格模型中，大企业的行为像_____，小企业的行为像_____。

A. 垄断企业；垄断竞争企业

B. 垄断企业；寡头企业

C. 垄断企业；完全竞争企业

D. 寡头企业；完全竞争企业

(7) 在具有联合协议的双头模型中，行业范围内的利润在_____的情况下最大。

A. 两个企业都遵守协议

B. 两个企业都不遵守协议

C. 一个企业遵守协议而另一个企业违背协议

D. 不确定，因为这取决于该行业的边际收益曲线

(8) 在具有联合协议的双头模型中，当_____时一个企业的利润最大。

A. 两个企业都遵守协议

B. 两个企业都不遵守协议

C. 一个企业遵守协议而另一个企业违背协议

D. 不确定，因为这取决于该行业的边际收益曲线

(9) 对双头垄断来说，_____市场结构的社会福利损失最小。

A. 垄断　　　　　　　　　　B. 串谋

C. 古诺均衡　　　　　　　　D. 斯塔克伯格均衡

(10) 对双头垄断来说，_____市场结构的均衡价格最低。

A. 垄断　　　　　　　　　　B. 串谋

C. 古诺均衡　　　　　　　　D. 斯塔克伯格均衡

3. 分析讨论题

（1）设想你是一位太阳镜销售商。每月固定成本为 4000 元，每副太阳镜购进成本为 100 元，除此以外再无其他成本。表 11-4 为你销售太阳镜的需求表。

表 11-4　太阳镜的需求表

价格（元/副）	数量（副/月）
250	0
200	50
150	100
100	150
50	200
0	250

①你的利润最大时的销售量、价格以及经济利润。
②你预计会有其他厂商进入并和你竞争吗？
③从长期看你的企业太阳镜需求会发生什么变化？
④从长期看你的经济利润会有什么变化？

（2）在一个偏僻小岛上，只有两口天然气井，一口归东方公司所有，另一口归未来公司所有。每口井都有一个控制流量的阀门，生产天然气没有固定成本，边际成本也为零。表 11-5 为该岛居民天然气需求表。

表 11-5　天然气的需求表

价格（元/单位）	数量（单位/天）
12	0
11	1
10	2
9	3
8	4
7	5
6	6
5	7
4	8
3	9
2	10
1	11
0	12

①两家公司不得不以完全竞争市场的价格出售，利润最大化时的产量、价格及各自获得的利润和利润总额。

②两家公司结成卡特尔，并愿意结成同盟共同瓜分市场，求利润最大化时产量、价格及各自获得的利润和利润总额。如果东方公司不遵守盟约，偷偷增加产量生产 4 单位/天，未来公司仍然生产 3 单位/天，则市场价格、各自的利润及总利润为多少？东方公司为什么要违约？

③双寡头竞争下，求利润最大化时产量、价格、各自获得的利润及利润总额。

第十二章

要素市场与收入分配

1977年,中国恢复高考制度,当年招生27万人。2019年,这一数字已经突破820万人。现在,越来越多的年轻人接受高等教育,人们期望通过提高学历来增加收入。相关调查发现,目前,本科生、硕士生、博士生月平均工资相差大约2500元,也就是说,如果本科生月工资为5000元,则硕士生、博士生分别达到7500元、10000元。为什么受教育程度越高,收入水平越高呢?与产品的价格决定一样,要素的价格同样由供求关系决定。工资是劳动的价格,由劳动的供求决定。教育能够提高劳动的生产力,导致劳动的需求曲线向右移动,从而使工资上升。

所有的经济决策都是对成本与收益的比较,而且通常是边际成本和边际收益的比较。厂商根据额外1单位投入带来的收益与成本的比较,确定最优要素投入量。消费者同样是在边际上决策,在额外1单位要素提供给市场与保留自用之间进行选择,以获得最大效用。本章将根据这些原则探讨劳动、资本、土地等要素的供给与需求,以及要素价格的决定因素。

第一节 要素的价格决定与要素收入

一、生产要素的种类

经济学家把生产要素分为四大类:劳动、土地、物质资本和人力资本。土地是自然赋予的资源;劳动是人类所做的工作。物质资本通常简称为资本,由厂房、机器、工具等这些人造的资源构成。在日常生活中,我们往往说股票和债券是资本。但实际上,这些是金融资本,金融资本的作用是帮助企业借入资金去购买物质资本,金融资本本身并不直接用来生产商品和服务。金融资本不是生产性的,因而不叫资本。**人力资本是人们**

从教育、在岗培训和工作经历中获得的知识与技能。在现代经济中，人力资本与物质资本同样重要。

值得注意的是，厂商在生产过程中投入的原料、燃料等不是生产要素。生产要素是通过出售服务而反复获得收入，原料、燃料等投入品却不是这样的。工人通过重复出售劳动获得收入，机器、厂房等投入品的所有者通过重复出售其使用权获得收入，劳动、资本等投入品代表着持久的收入来源，原料、燃料等投入品却在生产过程中被耗尽，不能成为其所有者未来收入的来源。

二、要素的价格与要素收入

1. 要素市场的均衡

在产品市场中，居民是产品的需求者，企业是产品的供给者，产品的需求与供给共同决定产品的价格，例如，棉花的需求曲线与供给曲线共同决定棉花的均衡价格和均衡数量。**在要素市场中，企业是要素的需求者，居民是要素的供给者，要素的需求与供给共同决定要素的价格**。例如，采摘棉花工人的需求曲线与供给曲线共同决定采摘棉花工人的均衡工资和均衡就业量。要素市场的均衡价格就是劳动的工资率、资本的利率、土地的租金和企业家才能的正常利润。

对生产要素的需求属于派生需求，是由企业生产物品和服务的需求派生出来的。也就是说，企业对生产要素的需求是由于提供物品和服务的决策而派生出来的。例如，对电脑程序员的需求与电脑软件的供给必然密切相关，对餐馆服务员的需求与食品的供给是必然密切相关的。

一种要素的需求量就是在给定的要素价格下，企业对生产要素的计划购买量。需求规律同样适用于要素市场，在其他条件不变的情况下，要素的价格下降，需求量上升；要素的价格上升，需求量下降。一种要素的供给量就是在给定的价格下，居民对生产要素的计划销售量。除了后面将要看到的一个可能例外，供给规律同样适用于要素市场，在其他条件不变的情况下，要素的价格下降，供给量下降；要素的价格上升，供给量上升。

图12-1显示了某一要素市场的均衡。企业对要素的需求曲线为D，在需求规律作用下，要素的需求曲线向下倾斜；居民对要素的供给曲线为S，在供给规律作用下，要素的供给曲线向上倾斜。**要素的供求决定了要素市场的均衡，均衡价格为 P_e，均衡数量为 Q_e**。要素所有者获得的收入为均衡数量 Q_e 与均衡价格 P_e 的乘积。

2. 要素市场均衡的变动

要素的需求或供给的变动同样会引起要素市场均衡的变动，并影响要素所有者的收入。在其他条件不变的情况下，要素的需求增加，需求曲线向右移动，均衡价格上升，均衡数量上升，要素所有者的收入增加；要素的需求减少，需求曲线向左移动，均衡价格下降，均衡数量下降，要素所有者的收入减少。

在其他条件不变的情况下，要素的供给增加，供给曲线向右移动，均衡价格下降，均衡数量上升，要素所有者的收入可能增加、减少或保持不变，这取决于要素的需求弹

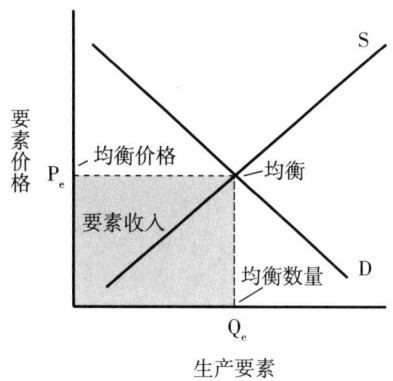

图 12-1 要素市场的需求与供给

性。如果要素的需求富有弹性，则要素所有者的收入增加；如果要素的需求缺乏弹性，则要素所有者的收入减少；如果要素需求为单位弹性，则要素所有者的收入保持不变。要素的供给减少，供给曲线向左移动，均衡价格上升，均衡数量下降，要素所有者的收入可能增加、减少或保持不变，这同样取决于要素的需求弹性。

第二节 劳动市场

一、利润最大化与劳动投入

1. 完全竞争厂商雇用劳动的原则

企业雇用劳动进行生产，并把生产出来的产品销售给顾客。那么，哪些因素决定了企业雇用工人的数量和工资呢？显然，企业是否多雇用一个工人，必须考虑支付给这个工人的工资，增加该工人所增加的产量，以及生产出来的产品的价格。

所有经济决策都是对成本与收益的比较，而且通常是边际成本和边际收益的比较。在产品市场中，我们已经知道，利润最大化的厂商是否增加 1 单位产品生产，取决于增加这 1 单位产品生产带来的收益与成本的比较。在要素市场中，厂商是否多雇用一个工人同样是这样考虑的，如果雇用这个工人对企业收益的贡献大于支付给工人的工资，那么，雇用这个工人就是有利的。

在完全竞争条件下，厂商是产品价格和要素价格的接受者。增加一个工人增加的成本就是要素的边际成本，即劳动的工资 W。**厂商多雇用一个劳动所增加的收益叫作劳动的边际产品价值（The Value of The Marginal Product of Labor，VMP_L）。劳动的边际产品价值 VMP_L 是劳动的边际产品 MP_L 与产品的价格 P 的乘积**，即

$$VMP_L = P \times MP_L$$

厂商雇用工人的决策实际上是一个边际决策,也就是把雇用一个工人的边际产品价值 VMP_L 与雇用该工人的边际成本 W 进行比较:

当 $VMP_L>W$ 时,雇用该工人;

当 $VMP_L<W$ 时,不雇用该工人;

当 $VMP_L=W$ 时,达到利润最大化。

这一利润最大化原则不仅适用于劳动,也适用于土地、资本等生产要素。任何要素的边际产品价值都等于要素的边际产品乘以产品的价格。对于追求利润最大化的完全竞争厂商来说,要素的使用应该达到这样一点,即最后 1 单位要素的边际产品价值等于要素的价格。

当某农场主正在考虑下一年是否需要多租用一亩土地来种植小麦时,利润最大化要求额外租用一亩土地的成本与使用这一亩土地的边际产品价值进行比较,并且使得两者相等。如果农场主自己拥有这一亩土地,他是否应该用这一亩土地来种植小麦,也应该从边际收益与边际成本的角度来决策,不过这里的成本应该从机会成本的角度来理解,也就是这一亩土地不是用来种植小麦,而是种植玉米或者出租给别人获得的最大收益。对于资本要素来说,利润最大化的农场也应该满足,在特定时间内使用 1 单位资本的成本等于资本的边际产品价值。

2. 完全竞争厂商最优劳动雇用量

我们来考虑某服装企业雇用劳动的例子,其劳动投入、产量、收益如表 12-1 所示。假设企业使用劳动 L 和资本 K 两种要素,并且资本投入是固定的,劳动投入是可变的。根据生产函数,在资本投入固定不变的情况下,企业生产的服装数量取决于雇用劳动的数量。**企业多雇用一个劳动所增加的产量称为劳动的边际产品(The Marginal Product of Labor,MP_L)**,边际产品随着劳动投入的增加而递减。边际产品递减的原因在于,多雇用的工人必须与其他工人一起使用工作场所和机器设备,相对于原来的工人而言,多雇用的工人给企业带来的产出增加要少得多,即存在所谓的边际收益递减规律。

表 12-1 某服装企业雇用工人的收益、成本与利润

劳动 L	产量 Q	边际产品 MP_L	产品价格 P	边际产品价值 VMP_L	工资 W	边际利润 VMP_L-W	利润
0	0						
1	100	100	100	10000	4000	6000	6000
2	180	80	100	8000	4000	4000	10000
3	240	60	100	6000	4000	2000	12000
4	280	40	100	4000	4000	0	12000
5	300	20	100	2000	4000	-2000	10000

厂商在产品市场和要素市场上都处于完全竞争,它是产品和要素价格的接受者,假定服装的价格 P 为 100 元,工人的工资 W 为 4000 元,都是市场给定的。则服装企业应

该雇用多少工人才能达到利润最大呢？这个问题实际上应该从边际上来决策，即多雇用一个工人的边际收益与边际成本的比较。雇用一个工人的边际收益大于边际成本，雇用这个工人；雇用一个工人的边际收益小于边际成本，不雇用这个工人；当雇用一个工人的边际收益等于边际成本时，雇用工人数达到最优，利润达到最大。

根据表12-1，当企业雇用3个工人时，第3个工人的边际产品价值 VMP_L 为6000元，边际成本 W 为4000元，边际收益大于边际成本，即 $VMP_L>W$，所以雇用第3个工人是有利可图的。增加1个工人，能给企业增加2000元利润。

当企业雇用5个工人时，第5个工人的边际产品价值 VMP_L 为2000元，边际成本 W 仍然为4000元，边际收益小于边际成本，即 $VMP_L<W$，因此，应该不雇用第5个工人。此时，增加1个工人，企业利润就会减少2000元。

当企业雇用4个工人时，第4个工人的边际产品价值 VMP_L 为4000元，边际成本 W 为4000元，边际收益等于边际成本，即 $VMP_L=W$。这时，利润达到最大，为12000元，再增加1个工人，并不能给企业增加任何利润。

3. 产品市场与要素市场利润最大化两个条件之间的关系

完全竞争厂商追求利润最大化，在要素市场中满足要素的边际产品价值 VMP_L 等于要素的边际成本 W，即 $VMP_L=W$，这与产品市场中厂商追求利润最大化，满足产品的边际收益 P 等于产品的边际成本 MC，即 P=MC，在本质上是一致的。完全竞争厂商在产品市场中追求利润最大化满足 P=MC，就一定满足要素市场的利润最大化条件 $VMP_L=W$。利润最大化的两个条件是等价的，要素市场最优的劳动投入量一定能够生产最大利润。接下来，我们对这一关系做一个简单说明。在产品市场中，完全竞争厂商追求利润最大化，则有：

$$P=MC$$

对于边际成本 MC 与边际产品 MP_L 之间的关系，通过第六章的学习，我们知道，有：

$$MC=\frac{W}{MP_L}$$

因此，就有：

$$P=MC=\frac{W}{MP_L}$$

从而，也就有：

$$P\times MP_L=W \quad 或 \quad VMP_L=W$$

因此，满足产品市场利润最大化条件 P=MC，则一定满足要素市场利润最大化条件 $VMP_L=W$。

二、劳动的需求曲线

1. 根据完全竞争厂商雇用劳动的原则推导劳动的需求曲线

首先，我们用图形来说明完全竞争厂商雇用劳动的原则，以及对劳动的需求曲线。

根据表 12-1，我们画出厂商的总产量曲线 TP_L 和劳动的边际产品曲线 MP_L。如图 12-2（a）所示，总产量曲线 TP_L 随着劳动投入的增加而上升，但曲线的斜率递减，这实际上反映了增加 1 单位劳动所增加的总产量即边际产量是递减的。如图 12-2（b）所示，劳动的边际产品曲线 MP_L 向右下方倾斜，意味着随着劳动投入量的增加边际产量递减。

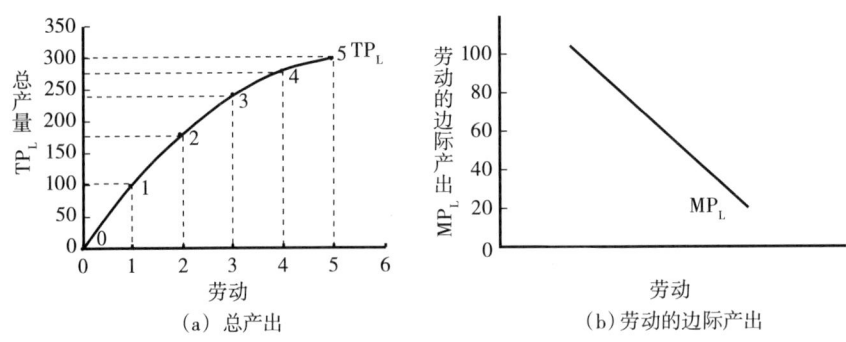

图 12-2 某服装企业的生产函数

其次，我们也可以用坐标图来表示边际产品价值曲线 VMP_L，如图 12-3 所示，横轴表示劳动投入量，纵轴表示工资 W 以及边际产品价值 VMP_L。与边际产品曲线 MP_L 一样，边际产品价值曲线 VMP_L 由于劳动的边际收益递减而向右下方倾斜。

为了实现利润最大化，在给定工人的工资为 4000 元时，企业的理性选择应该使得劳动的边际产品价值 VMP_L 等于市场工资 W，这意味着利润最大化的劳动雇用水平在 A 点，厂商最优的雇用工人数为 4；当工资上升为 6000 元时，利润最大化的雇用水平在 B 点，厂商雇用 3 个工人；当工资上升到 8000 元时，利润最大化的雇用水平在 C 点，厂商应该雇用 2 个工人。

通过观察可以发现，A、B、C 这样的组合点正好反映了在每一个工资水平下，厂商为了实现利润最大化最优的劳动投入数量，这样的组合点正好落在边际品价值曲线 VMP_L 上。**因此，边际品价值曲线 VMP_L 就是完全竞争厂商的劳动需求曲线，劳动需求曲线向右下方倾斜。**劳动的需求曲线反映了在其他条件不变时，完全竞争厂商对劳动的需求量与工资之间的依存关系。劳动的需求曲线向下倾斜，这是因为边际收益递减规律，即随着劳动投入的不断增加，劳动的边际产品和边际产品价值下降。

2. 劳动需求曲线的移动

同商品的需求曲线一样，区分沿着劳动需求曲线的移动和劳动需求曲线的移动很有必要。引起劳动需求曲线移动的因素有：商品价格变动、其他要素供给变动等。

（1）商品价格的变动对劳动需求的影响。企业生产的产品价格越高，对劳动的需求越大；产品的价格越低，对劳动的需求越小。劳动的边际收益不仅取决于劳动生产率，而且取决于产品的市场价格。由于要素的需求是一种引致需求，产品的价格变动会引起边际产品价值的变动。即如果商品的价格 P 发生变动，在任何既定的雇用水平上，$VMP_L = P \times MP_L$ 都将发生变化。

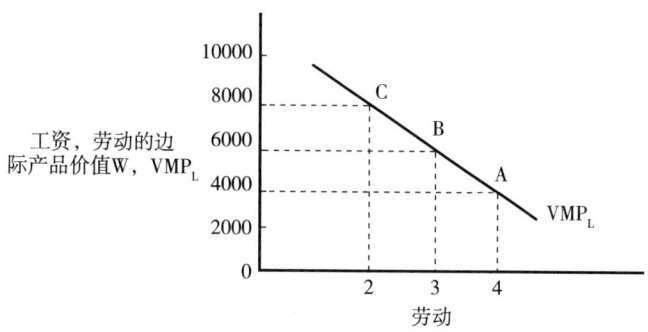

图 12-3　某服装企业的边际产品价值曲线与劳动需求曲线

如图 12-4（a）所示，当服装的价格上升，劳动的边际产品价值 P×MP$_L$ 上升，边际产品价值曲线 VMP$_L$ 即劳动的需求曲线向上移动。如果工人的工资仍然为 4000 元，则企业最优的劳动雇用量从 A 点移动到 B 点，利润最大化的劳动雇用水平从 4 上升到 5。如图 12-4（b）所示，当服装的价格下降，劳动的边际产品价值 P×MP$_L$ 下降，边际产品价值曲线 VMP$_L$ 即劳动的需求曲线向下移动。如果工人的工资仍然为 4000 元，则企业最优的劳动雇用量从 A 点移动到 C 点，利润最大化的劳动雇用水平从 4 下降到 2。

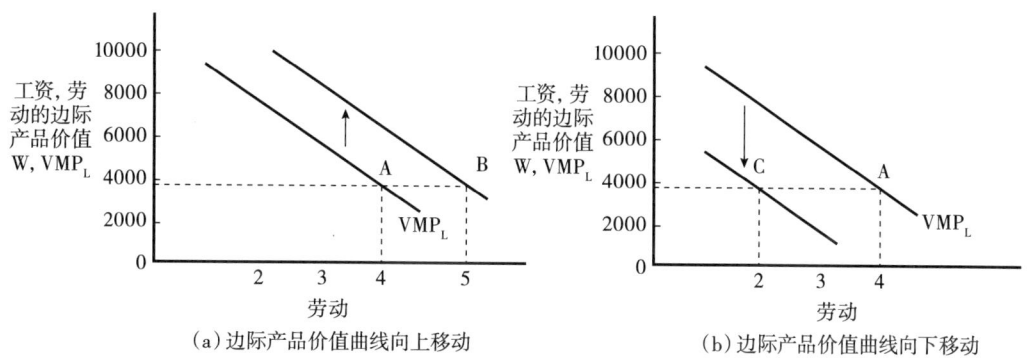

图 12-4　边际产品价值曲线的移动

（2）其他要素供给的变动对劳动需求的影响。假定服装企业投入更多的机器设备，使得每个工人能够生产更多的服装，劳动的边际产品 MP$_L$ 增加，从而劳动的边际产品价值 VMP$_L$ 增加，如图 12-4（a）所示，边际产品价值曲线 VMP$_L$ 向上移动，在给定的工资水平下，利润最大化的劳动雇用量将增加。同样，工人的受教育程度提高，也会推动边际产品价值曲线 VMP$_L$ 向上移动。相反，服装企业减少机器设备的投入，每个工人能够生产的服装减少，劳动的边际产品 MP$_L$ 减少，从而边际产品价值 VMP$_L$ 下降，如图 12-4（b）所示，边际产品价值曲线 VMP$_L$ 向下移动，在给定的工资水平下，利润最大化的劳动雇用量将减少。

三、劳动的供给曲线

1. 时间分配预算线

劳动供给问题由消费者来决策。一天有 24 个小时，一个星期有 7 天，人们必须决定如何分配这些时间来工作或者从事其他活动，也就是说，消费者需要决定如何在劳动与闲暇之间选择，配置时间资源。我们通常用闲暇来描述那些不以获取回报为目的的工作，如用于家庭、业余爱好、运动等方面的时间。闲暇被假设为是可以享受的，而工作则是通过获得收入给消费者带来利益，但闲暇并不一定意味着是游手好闲的时间。消费商品和服务可以给消费者带来效用，闲暇也能给消费者带来直接的效用。我们可以把闲暇看作是一种正常商品，当收入增加时人们愿意享受更多的闲暇。

考虑某消费者，他既喜欢闲暇，又喜欢有钱。假定他除去必要的吃饭和睡觉时间，每天有 16 小时可以用于工作或者闲暇，小时工资为 10 元。**我们可以用时间分配预算线来表示消费者在闲暇与收入之间所有可能的组合。**如图 12-5（a）所示，横轴表示闲暇时间，纵轴表示工作获得的收入。预算线 BL_1 在横轴的截距为 16 小时，表示消费者最多可以享受 16 小时的闲暇，但此时收入为 0（假定消费者没有其他收入）。预算线 BL_1 在纵轴的截距为 160 元，表示消费者把所有时间都用于工作，可以获得最大收入 160 元，但此时闲暇为 0。消费者还可以选择预算线上的其他组合，如 A 点，享受 10 小时闲暇，获得 60 元收入，即消费者提供给市场的劳动时间乘以小时工资（16-10）×10＝60（元）。预算线的斜率是纵轴的截距与横轴的截距之比，即-160/16＝-10，为负值，表示消费者享受 1 小时闲暇就要放弃 10 元的工资收入，也就是 1 小时的工资。因此，消费者享受 1 小时闲暇的机会成本就是放弃 1 小时的工资收入。

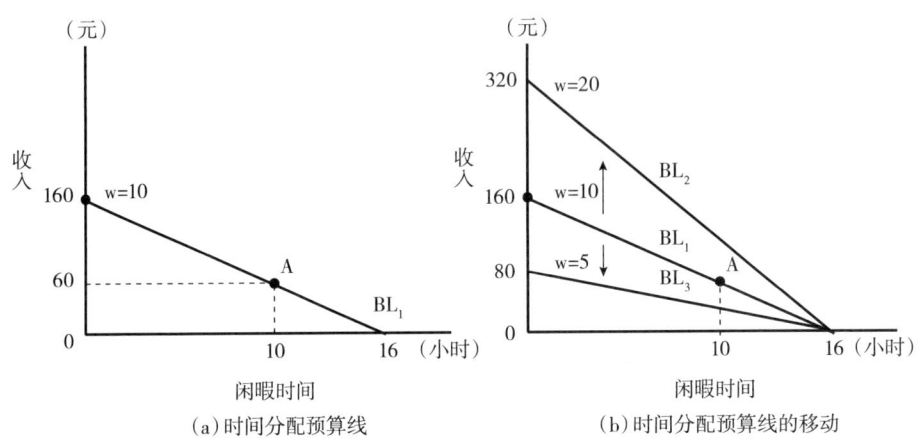

图 12-5　时间分配预算线及其移动

假定工资上升为每小时 20 元，消费者每天可以提供给市场或者闲暇的时间没有变化，预算线在横轴的截距仍然为 16 小时，纵轴的截距则是可支配时间全部提供给市场时获得的最大收入，为 16×20＝320（元），如图 12-5（b）所示，预算线从 BL_1 向上移动到 BL_2。与之相反，小时工资下降为 5 元，预算线从 BL_1 向下移动到 BL_3，预算线在横轴的截距仍然为16小时，在纵轴的截距下降为16×5=80（元）。

2. 工资的变动对劳动供给的影响

现在的问题是，当工资上升的时候，人们是提供较多的劳动、享受更少的闲暇，还是提供较少的劳动、享受更多的闲暇？我们知道，价格变动对需求量的影响可以分解为替代效应和收入效应。其中，替代效应是由于价格变动引起了相对价格的变化，消费者会增加相对便宜的商品的购买，减少相对昂贵的商品的购买；收入效应是由于价格的变动引起了实际购买力的变化，进而引起需求量的变化。

同样，闲暇价格的变化对闲暇需求量的影响，也可以分解为替代效应和收入效应。闲暇的价格就是工资，闲暇的价格上升就是工资上升，享受闲暇的机会成本上升，人们会减少对闲暇的消费，提供更多的劳动时间，这是闲暇价格变动的替代效应。另外，正常商品的价格上升，会引起购买力下降，从而减少对商品的需求；与之不同，闲暇的价格就是工资，工资上升，不是引起购买力下降，恰恰意味着购买力上升，消费者会增加对闲暇的购买，提供更少的劳动时间，这是闲暇价格变动的收入效应。

在绝大多数工资水平上，闲暇价格变动的替代效应大于收入效应，工资上升会使闲暇的需求减少，从而劳动的供给量增加。在极高的工资水平上，闲暇价格变动的收入效应大于替代效应，工资上升会使闲暇的需求增加，从而劳动的供给量下降。如图12-6所示，在较高的工资水平上，劳动的供给曲线呈现向后弯曲的特征。

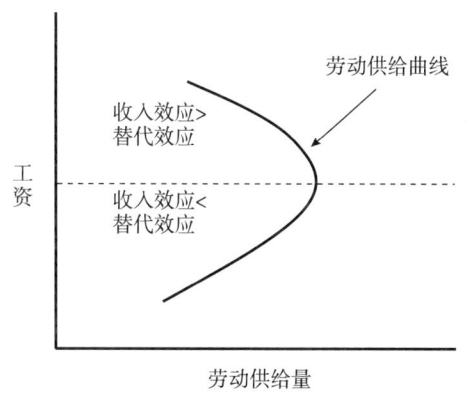

图 12-6 向后弯曲的个体的劳动供给曲线

3. 工资上升的替代效应和收入效应分解

用图12-7说明工资提高如何导致劳动供给数量的下降。假定某消费者每天有16小时可以用于工作或者闲暇，初始小时工资为10元。消费者效用最大化的均衡点位于既定的时间分配预算线 BL_1 与某一条无差异曲线相切的 A 点，享受10小时闲暇，提供给市场的劳动时间为6小时，获得的收入为60元。

现在假定工资提高到20元，时间分配预算线移动到 BL_2，消费者的均衡点为预算线 BL_2 与另一条无差异曲线相切的 B 点，消费者享受的闲暇为13小时，提供给市场的劳动为3小时，获得的收入为60元。设想一下，在工资上升的同时，该消费者同时被告知必

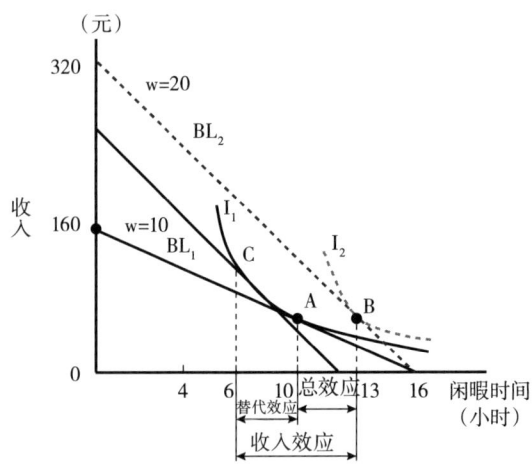

图 12-7 工资上升的替代效应和收入效应

须偿还一笔贷款,这个好消息与坏消息的组合使得他的效用水平不变,于是,均衡点在 C,C 点与 A 点在同一条无差异曲线上,但与更陡峭的预算线相切。从 A 点到 C 点的移动就是工资提高的替代效应,工资上升使得消费者享受更少的闲暇,提供更多的劳动。

现在我们取消对贷款的偿还,该消费者的选择将移动到更高的无差异曲线上,新的最优选择为 B 点,从 C 点到 B 点的移动是工资提高的收入效应,工资上升使消费者享受了更多的闲暇,减少了劳动时间,从而劳动的供给曲线向后弯曲。现实中,大学生暑期打工赚取生活费的劳动供给曲线可能是弯曲的。只要收入达到目标,学生就停止工作,并将更多的时间用于闲暇,这样,工资上升会导致较少的工作时间,因为它使学生能更快地达到目标生活水平。

四、劳动市场的均衡

与商品市场一样,要素市场的均衡同样是由供求关系决定的。劳动市场的需求曲线 D 是所有单个厂商的劳动需求曲线(等于每个生产者的边际产品价值曲线 VMP_L)水平加总。劳动的市场供给曲线 S 是所有单个消费者的劳动供给曲线水平加总,尽管在较高的工资水平上,现有工人也许提供较少的劳动,但高工资也会吸引进来新的工人,由此,劳动的市场供给曲线向右上方倾斜。

劳动的供给曲线与需求曲线共同决定均衡工资水平和均衡就业量。如图 12-8 所示,劳动的需求曲线 D 与供给曲线 S 的交点 A 是市场的均衡点,均衡工资为 w,均衡就业量为 L。如果市场工资高于均衡工资,较高的工资吸引更多的工人进入就业市场,劳动的供给量大于需求量,导致工人失业。失业工人之间的竞争,使得工资下降。随着工资的下降,劳动的需求量增加,供给量减少。最终,市场工资趋向于均衡工资,就业量趋向于均衡就业量。

反之,如果市场工资低于均衡工资,较低的工资导致工人退出就业市场,劳动的需

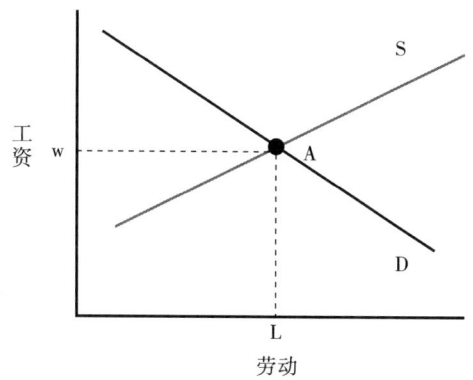

图 12-8 劳动市场均衡

求量大于供给量,工人供不应求。企业之间对劳动的竞争,使得工资水平上升,随着工资的上升,劳动的需求量减少,供给量增加。最终,市场工资趋向于均衡工资,就业量趋向于均衡就业量。

第三节 资本市场

一、资本需求的原则

资本指物质资本,是企业用来生产物品与服务的厂房、机器设备等耐用工具,并不是指股票和债券,资本是用于生产新物品和服务的过去生产的物品的积累。相应地,投资就是对物质资本的购买,而不是购买股票、债券或其他金融资产。企业应该如何决定购买多少台机器设备呢?这与劳动市场一样,**追求利润最大化的企业对物质资本的使用同样应该满足使用资本的边际收益等于使用资本的边际成本,更专业的术语是,使用资本的边际产品价值等于资本的价格。**

二、投资需求曲线

在讨论企业的资本购买决策时,经济学家一般不用资本的边际产品价值与资本的价格进行比较这种方法,而是通过对资本的预期收益率与现行利率的比较,分析企业应该购买多少资本,当然,两种方法的结果本质上是相同的。资本的预期收益率是企业使用资本的收益与购买资本的成本之比。请记住,这里的资本是机器、厂房和设备,而不是货币。

假定某食品加工店计划买入一台面包机,成本为 500 元,使用到年底即报废,预计购买面包机能给店主增加 75 元收入,则面包机的预期收益率为 75/500=15%。该食品加工店要不要购买这台面包机呢?答案取决于市场利率,也就是店主借入资金支付的市场利率。预期收益率大于市场利率，则购买面包机；预期收益率小于市场利率，则不购买面包机。如果借入资金的市场利率为18%，预期收益率小于市场利率，店主不应该购买面包机。在这种情况下，店主需要支付的资金成本为500×18% = 90（元），而购买面包机的预期收入为75元，因此，不应该进行资本投资。

在较高的利率水平上，企业会减少对资本的购买；而在较低的利率水平上，企业会增加对资本的购买。这对企业投资于计算机、机床、联合收割机和印刷机等物质资本同样适用。利率和物质资本投资之间的关系可以用投资需求曲线来表示。**投资需求曲线向下倾斜表明，利率上升，投资支出下降；利率下降，投资支出上升。**如图12-9所示，利率从10%下降到5%，企业购买资本的支出从10万元增加到15万元。图中沿着投资需求曲线从A点移动到B点的运动反映了利率与投资支出之间的关系。

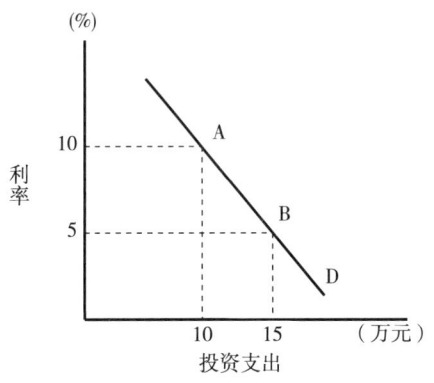

图12-9 投资需求曲线

资本的预期收益增加，投资需求曲线向右移动。当企业家对经济前景乐观时，他们认为投资收益会增加，乐观主义使企业家提高他们的预期收益，投资需求曲线向右移动。当企业家对经济前景悲观时，他们认为企业经营将会碰到困难，悲观主义使企业家降低他们的预期收益，投资需求曲线向左移动。

第四节　土地市场

一、土地市场的均衡

土地是经济活动中最基本的生产要素之一。土地的一个重要特点是供给量固定不变，土地的供给对价格完全缺乏弹性。**我们把为在一定时期内使用土地而支付的价格称为土地的租金。**经济学家所说的租金，不仅是就土地而言，而且还用它来讨论所有供给不能变动的要素。支付租金这一概念不仅适用于土地，而且也适用于任何一种供给量固定的要素，例如，当你租用厂房或公寓时的支付。**租金是对使用供给量固定的生产要素**

所支付的报酬。

土地的供给曲线是完全没有弹性的，即垂直的，因为土地的供给是固定的。将单个土地所有者的土地供给曲线水平相加，就可以得到整个市场的土地供给曲线。与劳动的需求类似，厂商对土地的需求同样遵循使用土地的边际收益等于使用土地的边际成本的原则。土地的需求曲线向右下方倾斜，需求量与土地价格反方向变动。将单个厂商的土地需求曲线水平相加，就可以得到整个市场的土地需求曲线。

向右下方倾斜的市场需求曲线与市场供给曲线共同作用，即可决定土地市场的均衡。只有在土地的需求量正好等于固定供给量的价格时，土地市场才处于均衡。如图 12-10 所示，土地的市场供给曲线为 S，市场需求曲线为 D，均衡点为 E，均衡价格即地租为 R，均衡数量为 Q。

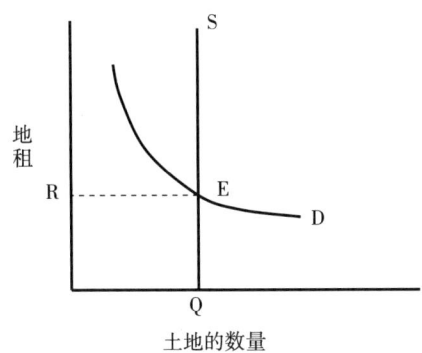

图 12-10　土地市场的均衡

如果土地的租金高于均衡价格 R，厂商对土地的需求量就会小于现存的土地供给量，一些土地所有者就不能将土地租出去，他们不得不以较低的租金来出租土地，土地所有者之间的竞争将使得租金下降。同理，租金也不会停留在均衡价格水平 R 以下，如果租金低于均衡价格，对土地的需求没有得到满足的厂商出价会比较高，使得租金上升到均衡水平。只有土地的需求量正好等于固定供给的竞争性价格时，市场才会均衡。

假定土地只有一种用途，如用来种植苹果，当苹果的需求上升，土地的需求曲线就会右移，土地的租金就会上升。这说明土地的价值是由苹果的价值派生出来的，土地需求是一种派生需求，是由对土地所生产的苹果的需求派生出来的。因为土地的供给没有弹性，无论得到多少租金，土地的供给量固定不变，所以土地的价值完全由产品的价值派生而来。

二、经济租金

经济租金是对生产要素所支付的金额与为得到使用该要素所必须支付的最小金额之间的差额。经济租金类似于生产者剩余，即使去掉这一部分，要素供给量也不会减少，因为要素所有者仍然获得了其愿意接受的最低要素收入。

与劳动就业相关的经济租金是超过雇用工人所需最低支付数量的那部分工资。如图

12-11 所示,劳动的均衡价格为 W_0,均衡数量为 L_0,企业对所雇用工人的总支付为矩形 OW_0AL_0,工人提供数量为 L_0 的劳动所需要的最低支付为 $OBAL_0$,三角形 BW_0A 的面积就是经济租金。在完全竞争市场上,所有工人都得到均衡工资 W_0。这一工资是用来使最后一个"边际"工人供给其劳动的,但所有其他"边际内"的工人都获得了租金,因为他们的工资大于使他们工作所需要的工资。

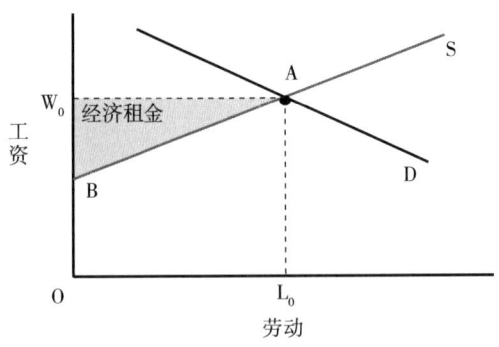

图 12-11 经济租金

值得注意的是,如果供给是完全有弹性的,也就是说供给曲线为水平形状,则经济租金为零。因此,只有在要素的供给曲线向右上方倾斜时,要素所有者才获得经济租金。当要素的供给曲线垂直,供给完全无弹性时,支付给要素所有者的全部金额都是经济租金,因为无论支付多少金额,要素的供给都是不变的。

要素完全无弹性中一个经常举的例子就是土地。由于用于耕种或者生产的土地至少在短期内是固定的,土地的供给曲线是完全缺乏弹性的。在土地的供给完全缺乏弹性时,土地的价格完全由需求决定。如图 12-12 所示,土地的供给曲线为 S,垂直于横轴,无论价格怎样涨跌,土地的供给量总是固定不变,供给量为 Q。当土地的需求曲线为 D_1 时,土地的价格为 R_1,对土地所有者的总支付 OR_1E_1Q 均为经济租金。当土地的需求曲线为 D_2 时,土地的价格上升为 R_2,对土地所有者的总支付 OR_2E_2Q 为经济租金。因此,土地的需求增加,导致土地价格上升和经济租金增加。

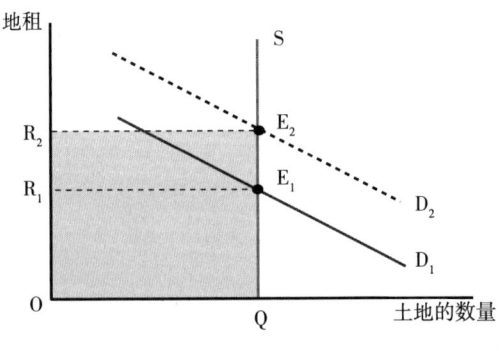

图 12-12 地租

复习思考题

1. 术语和概念

边际产品；边际产品价值；边际收益递减；投资需求曲线；租金；经济租金

2. 选择题

（1）下面不属于生产要素的是_____。
 A. 厂房　　　　　　　　　　　B. 工人
 C. 土地　　　　　　　　　　　D. 布料

（2）完全竞争厂商雇用工人的最优原则是_____。
 A. $VMP_L > W$　　　　　　　　B. $VMP_L < W$
 C. $VMP_L = W$　　　　　　　　D. 不确定

（3）某工人在工资每小时 2 美元时挣 80 美元，每小时 3 美元时挣 105 美元，由此可以判定_____。
 A. 替代效应起主要作用
 B. 收入效应起主要作用
 C. 收入效应和替代效应均未发生作用
 D. 上述三者都不对

（4）_____下，要素供给者不能获得经济租金。
 A. 要素供给曲线垂直
 B. 要素供给曲线水平
 C. 要素供给曲线向右上倾斜
 D. 在任何情况下，要素供给者都可以获得经济租金

（5）在其他条件不变的情况下，如果产品的价格上升，那么，_____。
 A. 劳动需求曲线向右移动，均衡工资上升、均衡就业量上升
 B. 劳动需求曲线向左移动，均衡工资下降、均衡就业量下降
 C. 劳动供给曲线向右移动，均衡工资上升、均衡就业量上升
 D. 劳动供给曲线向左移动，均衡工资下降、均衡就业量下降

（6）厂商对劳动的需求曲线向右下方倾斜，其根本原因在于_____。
 A. 产品价格下降　　　　　　　B. 工人工资下降
 C. 边际生产力递减　　　　　　D. 以上都对

（7）如果产品价格 P 大于 1，则边际产品价值曲线 VMP_L 与边际产品曲线 MP_L 的位置关系为_____。
 A. 边际产品价值曲线 VMP_L 位于边际产品曲线 MP_L 的上方
 B. 边际产品价值曲线 VMP_L 位于边际产品曲线 MP_L 的下方
 C. 边际产品价值曲线 VMP_L 与边际产品曲线 MP_L 重合

D. 两者的位置关系不确定

（8）在产品市场中竞争厂商根据 P = MC 确定产量，在要素市场中竞争厂商根据 $VMP_L = W$ 确定要素使用数量，则下面表述正确的是_____。

　　A. 厂商必须满足这两个条件才能获得最大利润

　　B. 竞争厂商在产品市场和素市场应根据不同原则进行决策，因此，两者本质上不同

　　C. 两者本质上是一致的，因为可以从 P = MC 得到 $VMP_L = W$

　　D. 以上都不对

（9）关于经济租金大小，以下说法正确的是_____。

　　A. 要素的供给曲线不变，当要素需求曲线越平缓时，经济租金越小

　　B. 要素的供给曲线不变，当要素需求曲线越陡峭时，经济租金越小

　　C. 要素的需求曲线不变，当要素供给曲线越平缓时，经济租金越小

　　D. 要素的需求曲线不变，当要素供给曲线越陡峭时，经济租金越小

（10）如果土地供给曲线垂直于横轴，纵轴表示地租，横轴表示数量，下面表述正确的是_____。

　　A. 土地的价格即地租的大小仅与土地的需求有关

　　B. 如果土地的需求曲线与供给曲线相交于横轴，则地租为 0

　　C. 土地使用者付给土地所有者的地租都可以称为经济租金

　　D. 以上都正确

3. 分析讨论题

（1）完成表 12-2。

表 12-2　边际产品与边际产品价值

工人数量 L	每天总产量 Q	产品价格 P	劳动的边际产品 MP_L	劳动的边际产品价值 VMP_L
0	0	10		
1	40	10		
2	70	10		
3	90	10		
4	100	10		

表 12-2 中，如果工人工资每天为 200 元，那么该企业将雇用多少工人？如果工资每天为 300 元，该企业又将雇用多少工人？如果每天工资为 400 元，该企业又将雇用多少工人？工资与企业愿意雇用的工人数之间是什么关系？

（2）假设有报道说，每天吃一个苹果将有利于身体健康，那么：

①该消息将如何影响苹果的需求和均衡价格？

②该消息将如何影响摘苹果工人的边际产量和边际产品价值？

③该消息将如何影响摘苹果工人的需求和均衡工资？

第十三章

外部性与公共物品

化工厂向空气中排放废气，影响了附近居民的健康，但化工厂并未承担生产的全部成本，有些成本由市场之外的其他主体承担了，这时便产生了负外部性。化工厂投入资金研发新产品，常常会引起其他企业的模仿，但化工厂并不能获得研发的全部好处，就会缺乏研发的动力，这时便产生了正的外部性。无论哪一种外部性，都会导致产品的供给偏离社会有效的产量水平，并产生社会福利净损失。本章将讨论外部性与资源配置的无效率。

在本章还将讨论公共物品的供给问题。我们知道，自由竞争的市场可以提供社会所需要的牛奶、面包，但像国防、疾病控制这些物品或服务，自由竞争的市场往往不能提供有效的数量，如果由市场来生产，就会导致供给不足。本章将重点讨论外部性、公共物品是如何导致市场失灵的，以及如何解决外部性和公共物品的供给问题。

第一节　外部性

一、外部性的含义与类型

外部性是企业或者个人向市场之外的其他主体强加的成本或收益。 外部性既包括负的外部性带来外部成本，如排放废水、废气，也包括正的外部性带来外部收益，如教育、发明。外部性既可以在生产中产生，也可以在消费中产生。相应地，外部性包括四种类型：生产的负外部性、消费的负外部性、生产的正外部性、消费的正外部性。

如果你居住地附近有一家化工厂向河流中排放废水，向空气中排放废气，影响了你和其他居民的生活，这就是生产中的负外部性。你使用空调、驾驶汽车对大气造成了污染，这就形成了消费中的负外部性。养蜂人把蜂箱放置在果园旁边，蜜蜂采蜜的同时也会给果树传播花粉，提高果树的产量，这时，养蜂人和果农的行为可能相互都产生了生产的正外部性。养蜂人从果农那里得到了正外部性，因为蜜蜂从果树上采集了花粉和花蜜；果农也从养蜂人那里得到了正外部性，因为蜜蜂的授粉提高了果树的产量，或者减少了果农人工授粉的成本。

二、负外部性与资源配置效率

在讨论负外部性与效率问题之前，我们先厘清一些基本概念。私人成本是由产品或服务的生产者负担的成本，如工人工资、土地租金、资本利息、原料燃料支出等，但不包括污染物的危害对他人造成的成本，也就是不考虑外部性时生产者承担的成本。**边际私人成本（Marginal Private Cost，MPC）是多生产 1 单位产品或服务由生产者负担的成本**。外部成本是生产产品或者服务的成本，但不是由生产者负担而是由生产者之外的其他人负担的成本。**边际外部成本（Marginal External Cost，MEC）就是多生产 1 单位产品或服务由生产者以外的其他人负担的成本。边际社会成本（Marginal Social Cost，MSC）是多生产 1 单位产品或服务增加的总成本**。边际社会成本 MSC 是边际私人成本 MPC 与边际外部成本 MEC 之和，即 MSC=MPC+MEC。

举例来说，假设纸张市场是完全竞争市场，造纸会排放废水，产生所谓的外部成本。如图 13-1 所示，纸张的市场需求曲线为 D。根据前面的学习我们知道，需求曲线 D 也是纸张生产的边际社会收益曲线（Marginal Social Benefit，MSB），以及消费者对纸张的边际支付意愿曲线。纸张的市场供给曲线 S 是单个纸张企业的边际成本曲线水平加总。由于纸张生产的边际社会成本是边际私人成本与边际外部成本之和，所以，纸张的边际社会成本曲线与边际私人成本曲线之间的差额就是纸张生产的边际外部成本。

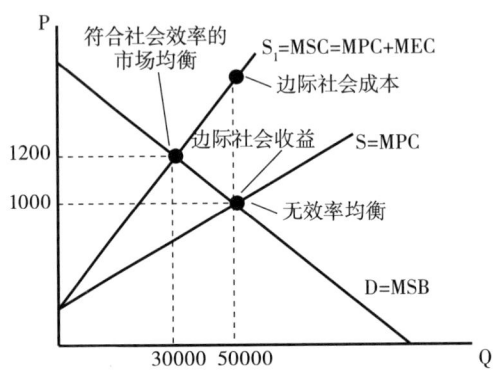

图 13-1 负外部性与社会福利净损失

当市场不受管制时，边际私人成本曲线 MPC 与边际社会收益曲线 MSB 相交。均衡数量为 50000 吨，均衡价格为 1000 元。但这一均衡是无效率的，因为厂商在进行决策时没有考虑外部成本，对整个社会来说，产品的边际社会成本 MSC 大于边际社会收益 MSB。当存在外部成本时，就整个社会而言，符合效率的产出水平应该满足边际社会成本 MSC 等于边际社会收益 MSB，这时的资源配置才是有效率的。从图 13-1 可以知道，有效率的均衡产出为 30000 吨，均衡价格为 1200 元。可见，如果造纸企业不考虑外部成本，就会在任意给定的价格水平下生产过多的纸张，达到均衡时纸张的定价会严重偏低。一般而言，竞争会促进有效率的消费，因为均衡价格会迫使消费者权衡额外 1 单位产品的边际收益和边际成本。但在存在外部成本的情况下，均衡价格只是让消费者权衡了边际社会收益和边际私人成本，并没有考虑边际外部成本，产品定价存在扭曲，导致消费者需求过多。

三、正外部性与资源配置效率

并非所有的外部性都是负的，在某些情况下，一个经济活动创造了外部收益，即个人的行为给他人带来了收益却并未获得相应的补偿。在现代经济中，知识的创造可能是最重要的正外部性的例子。一家企业的创新迅速地被同一产业里的竞争对手效仿，这种个体与企业之间的知识传播就是技术外溢。

在讨论正外部性与效率问题之前，我们同样先要搞清楚一些基本概念。私人收益是由产品或服务的生产者或消费者获得的收益，不包括市场之外的其他主体获得的收益。**边际私人收益（Marginal Private Benefit，MPB）是多生产 1 单位产品或服务由生产者或消费者获得的收益**。外部收益是生产产品或者服务的收益，但不是由生产者获得而是由生产者之外的其他人获得的收益。**边际外部收益（Marginal External Benefit，MEB）是多生产 1 单位产品或服务由生产者以外的其他人获得的收益。边际社会收益（Marginal Social Benefit，MSB）是多生产 1 单位产品或服务增加的总收益**。边际社会收益 MSB 是边际私人收益 MPB 与边际外部收益 MEB 之和，即 MSB=MPB+MEB。

人们很自然地认为，正外部性有利于社会，那些为其他人创造了收益的行为，给社会带来了价值。但值得注意的是，无论是负的外部性还是正的外部性，竞争均衡都是无效率的。荒废花园会带来负的外部性，照看花园则会带来正的外部性。荒废花园造成的负外部性会鼓励人们过多地荒废花园，照看花园造成的正外部性则会鼓励人们过少地照看花园。

我们来考虑教育培训的正外部性问题。教育会带来正外部性，接受良好的教育不仅给个人带来更好的就业机会和更高的收入，而且还会减少犯罪和传染病的流行，促进社会文明和公民素质的提高，推进社会民主制度建设等。正是由于存在正外部性，如果没有政府的干预，教育决策由家庭和市场中追求利润最大化的企业做出，那么，将会导致均衡数量下降，缺乏效率。

图 13-2 为教育市场的均衡。行业的供给曲线 S 表示利润最大化的教育机构在每一个可能的价格（学费）下，愿意提供的教育服务数量。行业的需求曲线 D 表示在每一个可能的价格（学费）下，消费者愿意接受的教育服务数量，或者说消费者的边际支付意愿。教育的边际社会收益是边际私人收益与边际外部收益之和，教育的边际社会收益曲线与边际私人收益曲线之间的差额就是教育的边际外部收益。

边际私人收益曲线 MPB 与边际社会成本曲线 MSC 相交，行业达到均衡，均衡数量

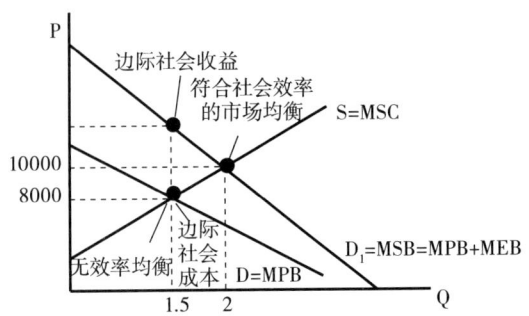

图 13-2　正外部性与社会福利净损失

为 1.5 万人，均衡价格为 8000 元。但这一均衡是无效率的，因为消费者在进行决策时没有考虑所有收益，教育的边际社会收益 MSB 大于边际社会成本 MSC。

当存在正外部性时，就整个社会而言，符合效率的产出水平应该满足边际社会成本 MSC 等于边际社会收益 MSB，这时，资源配置才是有效率的。从图 13-2 可以知道，有效率的均衡产出为 2 万人，均衡价格为 10000 元。

由此可见，如果家庭不考虑外部收益，就会在任意给定的价格水平下购买过少的教育，达到均衡时，教育的定价会严重偏低。一般而言，竞争会促进有效率的消费，因为均衡价格会迫使消费者权衡额外 1 单位产品的边际收益和边际成本。但在存在外部收益的情况下，均衡价格只是让消费者权衡了边际私人收益和边际社会成本，并没有考虑边际外部收益，产品定价存在扭曲，导致消费者的需求过少。

四、外部性的解决办法

1. 界定产权

界定产权可以减少因外部性造成的效率损失。产权是法律上建立起来的对生产要素或者产品和服务的所有、使用和处置方面的权利，是由法律强制实施的。在纸张企业造成污染的例子中，只要产权明晰就可以达到资源配置最优，因为企业的决策满足边际社会成本 MSC 等于边际社会收益 MSB 这一条件。

应该把污染权界定给纸张生产企业，还是把清洁的水权界定给河流附近的居民？这两种不同的产权安排会影响资源配置的效率吗？我们来看一个例子，假设一家造纸企业生产纸张污染了附近的河流，影响了下游一家渔场的养鱼效益。假定对于造纸企业和渔场来说，治理污染有两种方法，一是造纸企业安装一个过滤装置，成本为 200 元；二是在河流的下游建一个污水处理厂，成本为 300 元。

对上游的造纸企业来说，不同产权界定下的选择与利润有以下几种可能结果：

（1）造纸企业拥有污染权，即不需要对污水进行处理，利润为 500 元。

（2）造纸企业不拥有污染权，选择在下游建一个污水处理厂（成本为 300 元），利润为 500-300=200（元）。

（3）造纸企业不拥有污染权，自己安装一个过滤装置（成本为 200 元），利润为

500-200=300（元）。

（4）造纸企业不拥有污染权，直接赔偿渔场的损失（需要赔偿400元），利润为500-400=100（元）。

对下游的渔场来说，不同产权界定下的选择与利润也有以下几种可能结果：

（1）渔场拥有清洁水权，用清洁的水养鱼，利润为500元。

（2）渔场不拥有清洁水权，直接用污水养鱼，利润为100元。

（3）渔场不拥有清洁水权，可以选择自己建一个污水处理厂（成本为300元），利润为500-300=200（元）。

（4）渔场不拥有清洁水权，可以选择与造纸企业协商安装过滤装置（成本为200元），利润为500-200=300（元）。

首先，我们来考虑不同产权配置对社会福利的影响。如果将河流的污染权界定给造纸企业，而下游的渔场不拥有河流的清洁水权，则渔场的选择与社会福利有三种情况：

（1）直接用污水养鱼，渔场的利润为100元，而造纸企业的利润为500元，整个社会的利润为100+500=600（元）。

（2）自己建一个污水处理厂，需要支出300元，渔场的利润为500-300=200（元），而造纸企业的利润为500元，整个社会的利润为200+500=700（元）。

（3）与上游的造纸企业协商，让造纸企业安装一个过滤装置，并支付过滤装置的成本200元，渔场的利润为500-200=300（元），而造纸企业的利润为500元，整个社会的利润为300+500=800（元）。

很显然，当把河流的污染权界定给造纸企业时，渔场最好的选择是与上游的造纸企业协商，让造纸企业安装一个过滤装置，并支付过滤装置的成本200元，整个社会的总利润为800元。

其次，我们考虑另外一种情形，如果将河流的清洁水权界定给渔场，而上游的造纸企业不拥有污染权，则造纸企业的选择与社会福利也有三种情况：

（1）直接排放污水，并支付渔场的损失400元，造纸企业的利润为500-400=100（元），而渔场的利润为100+400=500（元），整个社会的利润为100+500=600（元）。

（2）在下游建一个污水处理厂，需要支出300元，造纸企业的利润为500-300=200（元），而渔场的利润为500元，整个社会的利润为200+500=700（元）。

（3）自己直接安装一个过滤装置，需要支出200元，造纸企业的利润为500-200=300（元），而渔场的利润为500元，整个社会的利润为300+500=800（元）。

很显然，当把河流的清洁水权界定给渔场时，造纸企业最好的选择是自己安装一个过滤装置，需要支出成本200元，整个社会的利润为800元。

由此可见，无论将污染权界定给造纸企业，还是将清洁的水权界定给渔场，市场交易的最终结果都是造纸企业安装过滤装置，社会的利润为800元。换句话说，不管把河流的污染权或清洁水权界定给谁，结果都是一样的，资源配置可以达到最优。**因此，只要产权是明确的，并且交易费用为零或者很小，则无论在开始时将财产权赋予谁，市场均衡的最终结果都是有效率的。由于诺贝尔经济学奖得主罗纳德·科斯提出了这个原理，故将其称为科斯定理。**因为交易各方把所有的成本和收益都考虑进来了，就不会有外部性，并且产权赋予谁并不重要，只要产权是明晰的，市场交易的结果总是最优的。

在前面的讨论中，假设造纸企业和渔场之间的谈判是没有摩擦的，可以无成本地顺利进行。科斯定理表述中的"交易费用为零或者很小"就是为了保证将污染权界定给造纸企业时，双方的协商能够顺利进行。当造纸企业拥有污染权时，造纸企业就会向渔场索要超过200元的过滤装置费。为了向造纸企业支付较少的过滤装置费，下游的渔场可能向造纸企业证明清洁水养鱼的低收益。进一步地，当下游的渔场不止一家而是很多家时，渔场召集起来协商并分摊过滤装置的成本将会非常困难，导致谈判不成功。以上原因导致科斯式的谈判很难出现。如果无法进行谈判，产权的分配就会对污染的数量构成影响。

最后，我们对科斯定理的基本结论做一个简要的概括：

(1) 如果谈判能够顺利进行，则权利的清晰界定会导致有效率的结果，整个社会的福利会达到最大。

(2) 有效率的资源配置与产权归属无关。

(3) 产权的归属会影响收入分配，产权的所有者可以得到另一方的补偿。

2. 政府解决外部性的办法

当存在外部性时，由于人们无法考虑自身行为的所有社会成本及收益，就会造成无效率的均衡。政府的政策试图通过迫使人们将外部成本与收益"内部化"，达到矫正外部性的目的，这些政策包括税收与补贴。20世纪初，著名经济学家亚瑟·塞西尔·庇古提出了一个解决外部性的办法，即如果决策者忽视了活动的外部成本，政府可以通过征税的方式，迫使他们像承担了所有社会成本那样行动，税额的大小等于结果有效时的边际外部成本。这种矫正负外部性的税费后来称为庇古税。

通过把税收确定在边际外部成本这一水平上，假定政府能够准确地计算外部成本，并能够按照边际外部成本的大小来征税，厂商的行为就会与外部成本由其直接负担一样。当存在污染这样的负外部性时，生产者在决定供给多少产品时会考虑到污染的成本，因为现在税收使其要支付这些外部成本。并且，由于市场价格反映了对生产者征收的税收，消费者也会减少对该产品的购买。

庇古的观点同样适用于正外部性对效率的影响。**当存在正外部性时，政府的目标在于通过提供补贴，引导决策者像获得了活动的所有社会收益那样行动，补贴的大小等于活动的边际外部收益。这种矫正正外部性的补贴称为庇古补贴。**最优的庇古补贴等于多生产1单位产品的边际外部收益。生产者获得由消费者支付的价格，再加上对每单位产品的补贴，这促使他们生产更多的产品和服务，这种补贴就是产业政策的一个例子，一个支持产业产生正外部性的一般政策形式。

第二节 公共物品

一、不同类型的物品

通过前面的学习我们已经知道，在提供人们所需要的物品方面，市场可以有效地发挥作用。当牛奶的价格上升的时候，利润最大化的厂商就会增加牛奶的供给，使牛奶市场达到供求均衡，这种均衡能使消费者剩余和生产者剩余达到最大。但是，市场却很难提供像路灯这样的物品，当路灯的提供者不能将一些受益人排除在外的时候，路灯的供给就会不足。我们把像牛奶、饼干这样的物品叫作私人物品，像路灯这样的物品叫作公共物品。当物品是私人物品的时候，市场能很好地发挥作用，当物品是公共物品的时候，市场却很难发挥作用，就会出现失灵。我们可以从物品消费中的排他性与竞争性来区分物品的类型。**排他性就是物品具有阻止他人使用的特性，竞争性是指一个人使用某种物品将会减少其他人对该物品的使用。**

（1）**私人物品**是既具有排他性，又具有竞争性的物品。例如，考虑消费一瓶可乐的情况，一方面，当你饮用一瓶可乐时，你可以阻止别人喝这一瓶可乐，最简单的方法就是你不给他喝就可以了，这就是你消费可乐时的排他性。另一方面，当你饮用这瓶可乐的时候，别人就不能同时饮用这瓶可乐，这就是你消费可乐这种物品时的竞争性。

（2）**公共物品**是指既不具有排他性，也不具有竞争性的物品。公共物品能被消费者同时消费，并且没有人能被排除从中受益。如街道上的路灯，当你在享受路灯给你带来的好处时，我也能在同一时间里享受路灯带来的好处，并且我享用路灯的行为并不影响你的享用。当警察巡逻减少了盗窃行为的发生时，所有的人都会变得更加安全。我们并不能保证一部分人从警察的服务中获益，而阻止另外一些人从中获益，而且一部分人享用这些服务也不妨碍别人享用这些服务。因此，公共物品不具有排他性，也不具有竞争性。同样，一旦国家提供了国防服务，要阻止一个人享受国防的好处是不可能的，而且，当一个人享受国防的好处时，并不影响其他人从国防中获得收益。因此，国防既不存在排他性，也不存在竞争性。

（3）**公共资源**是指具有竞争性，但不具有排他性的物品。如海洋鱼类资源、共有牧场、环境等物品。当你在大海中捕捞鱼的数量多了，留给别人的鱼类资源就会减少，因此，海洋鱼类资源具有竞争性。但这类资源并不具有排他性，因为你很难限制别的渔民在共有的大海中捕鱼。同样，对于一块共有的牧场，当你放牧的数量多了，留给别人可放牧的数量就会减少，同样你也不能阻止其他人在共有牧场放牧。

（4）一种物品在消费中具有排他性，但不具有竞争性，这样的物品就是**自然垄断物品**。在自然垄断行业中，在有需求的产量范围内，存在着规模经济，甚至出现以零边际成本提供产品，这样的产品如果具有排他性，就可以由自然垄断企业来生产。互联网和有线电视就是这方面的例子。

二、公共物品与市场失灵

无论是私人物品还是公共物品，其符合社会效率的产量水平都应该满足产品的边际社会收益 MSB 等于边际社会成本 MSC。 那么，怎么来衡量公共物品的边际社会收益呢？要确定公共物品的边际社会价值，就要知道个体对公共物品的边际收益，然后再进行加总。

我们来假设一个例子。某购物中心有 A、B、C 三家百货商店经营服装，三家商店都遭遇到了盗窃问题。商店可以雇用一位保安来减少盗窃案件的发生，由于三家商店位于同一楼层，保安巡逻带来的好处是三家商店都可以从中获益，一家商店雇用保安减少盗窃案件的发生，并不能阻止其他商店获得同样的好处。因此，保安巡逻服务属于公共物品，这样的服务既不具有排他性，也不具有竞争性。

那么，三家店铺每天应该雇用几小时的保安巡逻服务呢？每个商店对保安巡逻服务的需求，反映了安全服务降低盗窃案件给商店带来的边际收益。如图 13-3 所示，横轴表示每日雇用保安巡逻小时数，纵轴表示雇用保安的价格。三家商店雇用保安巡逻的边际私人收益曲线分别为 MPB_A、MPB_B、MPB_C，由于公共物品没有竞争性，同样 1 单位产品可以给所有商店带来好处，因此，雇用保安巡逻服务的边际社会收益曲线 MSB 是三家店铺的边际私人收益曲线 MPB 垂直加总。由于在购物中心保安巡逻同时保护了所有店铺，多雇用 1 小时保安巡逻服务对所有店铺带来的收益是各店铺的收益之和。例如，当每天雇用 24 小时保安巡逻服务时，A 愿意支付的价格为 0 元，B 愿意支付的价格即边际收益为 2 元，C 愿意支付的价格即边际收益为 8 元，雇用 24 小时保安巡逻服务时边际社会收益则为 10 元，社会需求曲线或边际社会收益曲线是单个店铺需求曲线的垂直加总。**需要再次强调的是，我们找出公共物品的边际社会收益曲线的方法是，将个体的边际私人收益曲线即需求曲线垂直加总，而私人物品的边际社会收益曲线则是将个体的边际私人收益曲线即需求曲线水平加总。**

假定商店雇用保安巡逻 1 小时的工资为 10 元，则商店雇用保安的边际成本曲线 MC 是一条水平线。从图 13-3 可知，符合社会效率的保安巡逻时间为每天 24 小时，此时保安巡逻服务的边际社会收益则为 10 元，边际社会成本也是 10 元，边际社会收益等于边际社会成本，为有效率的产出水平。

但像保安巡逻这样的服务，由竞争性市场来提供，就会导致供给不足。因为公共物品很难阻止别人享受同样的服务而不需要付费，在公共物品供给中会存在搭便车的行为。**公共物品供给中存在正的外部性，竞争性市场的产量会偏低，从而出现市场失灵。**

让我们再来观察图 13-3。如果保安巡逻服务完全由三家商店独自决策，每家商店将购买多少小时的保安巡逻服务呢？我们知道，私人决策的有效率选择是，满足保安巡逻服务的边际私人收益等于边际成本。对于 A 来说，在任何保安巡逻服务数量下，由于边际私人收益曲线均位于边际成本曲线下方，即边际私人收益小于边际成本，则 A 不购买任何数量的保安巡逻服务；对于 B 来说，当边际私人收益等于边际成本时，最优购买数量为 5 小时；对于 C 来说，当边际私人收益等于边际成本时，最优购买数量为 14 小时。

根据最优决策原则，如果 C 已经购买了每天 14 小时的保安巡逻服务，则对于 B 来

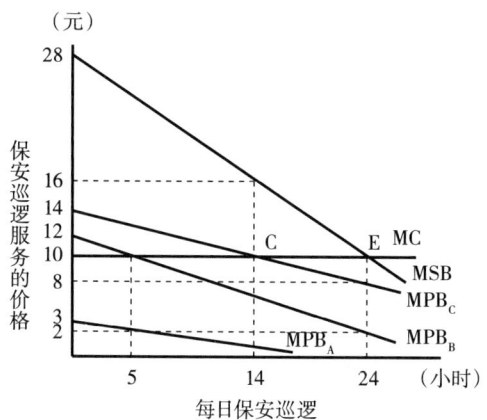

图 13-3 有效的公共物品供给

说,再增加购买 1 小时保安巡逻服务的边际私人收益要小于边际成本。因此,B 的最优决策就是不购买保安巡逻服务,同样,A 也不会购买保安巡逻服务。此时,A、B、C 之间的博弈达到了纳什均衡,即给定其他商店的最优策略,每一个商店都不会改变自己的最优策略,竞争性市场的均衡数量为 14 小时。请继续仔细观察图 13-3,在竞争性市场均衡数量为 14 小时的情况下,三个店铺的边际社会收益为 16 元,大于再雇用 1 小时保安巡逻服务的边际成本 10 元,资源配置并没有达到最优,符合社会效率的均衡数量为 24 小时。正是由于商店 A、B 对保安巡逻服务不付费,却从商店 C 的贡献中获得收益,他们成为公共物品供给中的搭便车者,导致公共物品的供给不足。

在有些情况下,私人部门提供了解决搭便车的办法。如三个商店签订合同,要求每家商店支付一定的费用,从而购买 24 小时的保安巡逻服务。但每家商店都可能隐藏自己对巡逻服务的边际支付意愿,商店之间也很难达成一致协议,公共物品由私人提供将会导致供给不足。

三、公共物品的供给

公共物品并不总是由政府来提供,实际上,公共物品可以通过各种方式来提供。一些公共物品是通过自愿捐献来解决供给问题的,如某人捐资修建村庄里的一条公共道路。但私人捐献对于庞大的公共物品需求来说是微不足道的。一些公共物品可以由追求私利的个人或者企业来提供,因为生产这些公共物品可以带来利润,所以私人能够提供公共物品。如英国历史上的灯塔曾经就是由私人建造的,私人通过收费获得收益从而愿意提供灯塔。当然,绝大部分公共物品还是由政府提供,国防、法律体系、疾病控制、公安、消防等都是由政府用税收来付费而提供的,这是由于公共物品供给中,每个需求者可能并不清楚自己对公共物品的偏好,即使他们知道自己对公共物品的偏好,也可能会隐瞒自己的偏好,从而成为公共物品供给中的"免费乘车者"。

复习思考题

1. 术语和概念

外部性；边际私人成本；边际外部成本；边际社会成本；边际私人收益；边际外部收益；边际社会收益；科斯定理；庇古税；庇古补贴；公共物品；公共资源

2. 选择题

（1）外部性是经济交易中产生的由_____承担（获得）的成本或者收益。

A. 消费者而非生产者　　　　　　　　B. 生产者而非消费者

C. 非参与交易者　　　　　　　　　　D. 竞争对手

（2）有效污染水平指的是_____。

A. 无污染

B. 边际社会收益为 0 时的污染水平

C. 边际社会收益等于边际社会成本时的污染水平

D. 边际社会成本为 0 时的污染水平

（3）下列反映了外部成本的概念的是_____。

A. 恶劣天气影响农民的小麦收成，减少了农民的收入

B. 小麦的需求增加抬高了馒头的价格，损害了消费者的利益

C. 吸烟影响了吸烟者的健康

D. 吸烟影响了其他人的健康

（4）某化工厂污染了一家渔场的水源，二者之间达成协议的交易成本很低，_____，水污染处于有效的水平。

A. 当水源的产权给予化工厂而非渔场时

B. 当水源的产权给予渔场而非化工厂时

C. 只要水源的产权给予化工厂或者渔场的任何一方

D. 没有正确的选项，因为题目的前提是错误的：根本就不存在有效的污染水平

（5）无管制的市场往往会生产出_____具有负外部性的物品和_____具有正外部性的物品。

A. 过多；过多　　　　　　　　　　　B. 过多；过少

C. 过少；过多　　　　　　　　　　　D. 过少；过少

表 13-1　某厂商生产的边际收益与边际成本

数量	边际私人成本（元）	边际私人收益（元）	边际社会收益（元）
500	5	9	11
550	6	8	10
600	7	7	9

续表

数量	边际私人成本（元）	边际私人收益（元）	边际社会收益（元）
650	8	6	8
700	9	5	7

请根据表 13-1 完成 6~9 题。

（6）表 13-1 表示的是具有_____的物品的市场。

A. 负外部性

B. 正外部性

C. 既有负外部性又有正外部性

D. 没有外部性问题

（7）在没有管制的情况下，市场均衡产量为_____。

A. 550 单位　　　　　　　　　　B. 600 单位

C. 650 单位　　　　　　　　　　D. 700 单位

（8）有效产出水平为_____。

A. 550 单位　　　　　　　　　　B. 600 单位

C. 650 单位　　　　　　　　　　D. 700 单位

（9）政府可以采取什么措施来实现有效数量的产出？

A. 对供给者给予每单位产出 8 元的补贴

B. 对供给者给予每单位产出 2 元的补贴

C. 对供给者征收每单位产出 2 元的税收

D. 对供给者征收每单位产出 8 元的税收

（10）公共物品的边际社会收益曲线是通过_____而得到的。

A. 水平相加所有个体的边际私人成本曲线

B. 纵向相加所有个体的边际私人成本曲线

C. 水平相加所有个体的边际私人收益曲线

D. 纵向相加所有个体的边际私人收益曲线

3. 分析讨论题

（1）在全国研究生英语入学考试前，一些学生打算聘请一位经验丰富的英语老师进行考前辅导。外聘英语教师每次训练费用为 300 元。根据某同学的市场调查，学生的支付意愿如下：其中，①有 10 人，每人愿意为第一次辅导付费 10 元、第二次 5 元、第三次 2 元，但不愿意为第四次付费；②有 40 人，每人愿意为第一次辅导付费 5 元、第二次 1 元，但不愿意为第三次和第四次付费；③有 30 人，每人愿意为第一次辅导付费 5 元，但不愿意为第二、第三、第四次付费。

根据上述信息，学生愿意聘请英语老师辅导几次？

（2）图 13-4 给出了大学教育的私人边际收益。大学教育的边际成本为固定的 6000 元/年，大学教育的外部收益为每个学生 4000 元/年。

①如果大学是私人举办的，政府不参与大学教育，多少人会接受大学教育？学费是

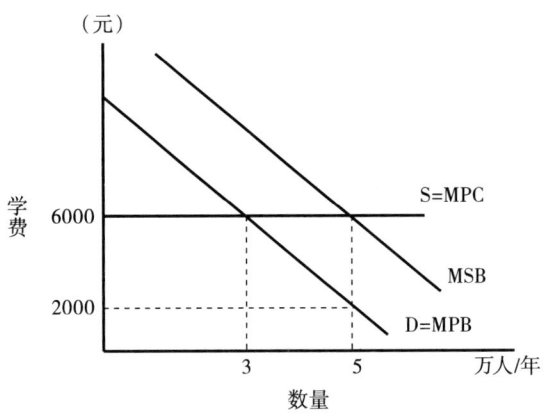

图 13-4 大学教育的收益与成本

多少?

②有效的学生数量应该是多少?

③如果政府举办公立大学,为达到有效的学生数量,大学应收取多少学费?纳税人要支付多少?

④如果政府决定贴补私立大学,为达到有效的学生数量,政府需要给学校多少补贴?

参考文献

[1] 保罗·萨缪尔森,威廉·诺德豪斯. 萨缪尔森微观经济学(第18版)学习指南[M]. 北京:人民邮电出版社,2010.

[2] 保罗·克鲁格曼,罗宾·韦尔斯. 微观经济学[M]. 北京:中国人民大学出版社,2009.

[3] 道格拉斯·伯恩海姆,迈克尔·惠思顿. 微观经济学[M]. 北京:北京大学出版社,2010.

[4] 杰弗里·M. 佩罗夫. 中级微观经济学[M]. 北京:机械工业出版社,2009.

[5] 戴维·柯兰德. 微观经济学[M]. 上海:上海人民出版社,2008.

[6] 罗宾·巴德等. 经济学原理学习指南(第2版)[M]. 北京:中国人民大学出版社,2004.

[7] 罗伯特·E. 霍尔,马克·利伯曼. 微观经济学原理与应用(第二版)[M]. 大连:东北财经大学出版社,2004.

[8] 罗伯特·H. 弗兰克. 微观经济学(第5版)[M]. 北京:中国财政经济出版社,2005.

[9] 迈克尔·帕金. 微观经济学(第8版)[M]. 北京:人民邮电出版社,2009.

[10] 玛莎·L. 奥尔尼. 微观经济学思维[M]. 北京:中国人民大学出版社,2013.

[11] 马克·拉什. 帕金. 微观经济学学习指南[M]. 北京:人民邮电出版社,2004.

[12] 麦克尔·L. 卡茨,哈维·S. 罗森. 微观经济学(第3版)[M]. 北京:机械工业出版社,1999.

[13] N. 格雷戈里·曼昆. 经济学原理(第5版)[M]. 北京:北京大学出版社,2009.

[14] 欧瑞秋,王则柯. 图解微观经济学[M]. 北京:中国人民大学出版社,2005.

[15] 罗伯特·平狄克,丹尼尔·鲁宾费尔德. 微观经济学[M]. 北京:中国人民大学出版社,1997.